周易

一卦多断精解

李计忠 详批精解 《周易》系列

易界名家 独门首传

李计忠 著

团结出版社

图书在版编目（ＣＩＰ）数据

《周易》一卦多断精解/李计忠著 . -- 北京：团
结出版社，2010.1（2022.12 重印）

ISBN 978-7-80214-595-5

Ⅰ.①周… Ⅱ.①李… Ⅲ.①周易－研究 Ⅳ.
① B221.5

中国版本图书馆 CIP 数据核字 (2009) 第 240137 号

出　　版：团结出版社

　　　　　（北京市东城区东皇城根南街 84 号　邮编：100006）

电　　话：（010）65228880　65244790（出版社）

　　　　　（010）65238766　85113874　65133603（发行部）

　　　　　（010）65133603（邮购）

网　　址：http://www.tjpress.com

E-mail：zb65244790@vip.163.com

　　　　　tjcbsfxb@163.com（发行部邮购）

经　　销：全国新华书店

印　　装：三河腾飞印务有限公司

开　　本：170mm×230mm　　16 开

印　　张：17.5

字　　数：209 千字

版　　次：2010 年 1 月　　第 1 版

印　　次：2022 年 12 月　　第 4 次印刷

书　　号：978-7-80214-595-5

定　　价：49.00 元

　　传统的术数文化，异彩纷呈，门类繁多，可谓浩如烟海，诸如：八卦六爻、四柱命理、梅花易数、奇门遁甲、大六壬、小六壬、紫微斗数、铁板神数、手相、面相、骨相……不胜枚举。纵观这些术数派别，都因其运算规则的迥异而各成体系。在中国历史上，精通术数者，不乏其人。商周时代的姜子牙、汉代的张良和京房、三国时的诸葛亮、唐朝的李虚中和袁天罡、宋朝的邵康节和陈抟老祖、明朝的刘伯温等，都由于他们在术数上的高深造诣而名传千古。

　　历史发展到二十一世纪的今天，在中华古老的土地上，周易文化事业又有了新的发展。传统的理论被不断地丰富与完善，"一卦一断"与"一卦多断"在预测技法上争奇斗艳，一些新派理论也在不断涌出。面对浩如烟海的易学典籍，人们在感叹其博大精深的同时，更有一种老虎吃天、无从下口的感觉。

　　有没有一把开启易学宝库之门的金钥匙？有没有一架阶梯能让所有好奇的初学者跨入易学术数的高门槛？有！当代易学界的精英们也都各尽所能，各展所长，为易学事业的发展而努力。这其中有位佼佼者做得尤为突出，他就是我国著名的易学学者、海口市乾易国学研究院院长——李计忠。

　　李计忠先生青年时期开始研习中国术数，后曾师从众多名家：在相学上得安徽民间老艺人曹宝件先生的亲传，并受手面相老师陈鼎龙先生的点拨；在风水上，得玄空派老师冯宝成老人的亲传，曾受三合派老师陈玉良先生、八宅派老师杨启能老先生的点拨；

在八卦六爻上，有幸受北京白云观掌门人震阳子的亲传，老道长把密不外传的人外绝学——108阵法传授于他（这108阵法是专门用来调解各种疑难病症，化解人生实病的独家秘法）。

李计忠先生师承百家，融汇贯通，心性禅悟，厚积薄发。他习古而不拘古，独树一帜，自成一体。其六爻八卦技法运用得可谓炉火纯青。四柱命理、奇门遁甲、阴阳风水、手相、面相等均有很高的造诣。尤其用108阵法调理风水，化解凶灾更是效果奇妙，令人称绝，在国内外享有很高的声誉。

与此同时，李计忠先生还有一个心愿，就是把自己所学所悟用文字记录下来，毫不保留地奉献给社会，以推动我国易学文化的发展。因此，他从2001年初开始整理多年积累的卦例，亲自撰写了《周易一卦多断入门》《周易一卦多断点窍》《周易家居与环境》《周易八卦与阵法》等四十多部易学书籍。李计忠先生的系列著作，吸百家之长，不拘古法，灵活多变，独具风格，文字简洁生动，通俗易懂。在卦理的分析上，李计忠由浅入深，由表及里，由主观思想到客观环境，循序渐进，深刻透彻，层层剖析，丝丝入扣，展现了一位易学大家的独特风采。

这一次，李计忠先生又针对广大初学爱好者的实际情况，从自己多年来的教学实践和经验积累出发，亲自主持编撰了这本《周易一卦多断精解》。这本书由浅入深，循序渐进，条理分明，语言朴实，通俗易懂；同时奇招秘法，犹如粒粒明珠，闪光于字里行间，耐人寻味。

当然，由于时间比较仓促，此书在编写过程中不足之处也在所难免，诚望同道者斧正。

李玮

庚子年冬月

目　录

总　章

从古至今，六爻八卦预测一卦一断已成定式。随着社会的发展，玩卦人的文化素质在不断提高，问卦人的要求也在提高，单纯的一卦一断已不能满足实际需要，因此一卦多断便应运而生。

一卦多断是对一卦一断的继承和发展。如何实现一卦多断，确实不是一件轻而易举的事，首先要求要有扎实的基本功，对六爻、梅花易数、六壬、奇门、风水、相术和五行生克制化、刑冲合害都应烂熟于心，同时还应有高深的社会科学和自然科学知识，如法律知识、医学知识、经贸知识、人际知识等，在这个基础上融会贯通，灵活运用，才能产生出神入化的效果。本书通过实例分析，向朋友们全方位介绍一卦多断必须掌握的知识和技法。

第一节　大象、大卦、倒卦

实行一卦多断重点要掌握以下几种方法：

大象提取法：

卦成必有象，我们要抓住内、外、体、用；主卦与变卦，主卦与互卦，上互与上卦，上互与下卦，下互与下卦，下互与上卦；卦与宫，卦与岁、月、日的各种关系及类象（重日，次岁、月，断行运流年重看岁）；运用五行生克制化、刑冲合害的规则，推演体用的旺相休囚死，作出取舍，一锤定音。

大卦类象法：

大卦就是把复卦（上下卦）看成是一体的大象。

如大卦中的《雷山小过》（䷽）可看成是大坎；《风泽中孚》（䷼）可看成是大离；《地泽临》（䷒）可看成大震；《风地观》（䷓）可看大艮……

1998年5月，我给××一家客户预测，闲隙之时，朋友们坐下聊天，这时进来一男青年问："老师你能测出我在外面干什么啦？"得《风泽中孚》（䷼）大离卦，我笑着对他说："我要是说出来你可别恼我。""说吧，对了我承认，错了不见怪。"我说："这位小伙子在外面刚与一少女亲吻亲热回来。"小伙子唰地脸红了，不好意思地说了实情。又一次证实了周易的科学性。上巽下兑《风泽中孚》卦取上互为艮，下互为雷，艮为少男，兑为少女，拥抱在一起成大离，雷有热烈震动之意，离有红红火火之象，兑为口向上，巽口朝下，因此有一对男女情侣嘴对嘴亲热搂抱之象。

大卦的运用并不是我的发明，《左传》史书中有明文记载，可很少见后人重视和流传。

倒卦类象法：

倒卦就是将复卦或单卦倒过来看，取倒象而断。

如：《地天泰》（䷊）可看成（䷋）《天地否》，正证实了"否极泰来"这一成语。

1999年夏，我在××省遇一中考学生母亲，占测其女参加音乐学院应考能否中榜？得《地天泰》（䷊）六静卦。卦成后，在场的一个学员张口就说"好卦，喜报三元！"我一看卦象，《地天泰》（䷊）卦，三爻辰土兄弟持世，六爻子孙酉金为应，世应相合，卦逢六合，六合卦并不一定都好。再说母占女考试，应爻子孙临午月败地，有火生土，土旺金埋之意，且考试官休父藏，于是便将卦倒看成《天地否》，变"喜报三元"为"虎落陷坑"之卦，立即作了反断。

我告诉卦主："你不要听我学生错断，依我看到目前为止，你花了不少的钱，请了一位家庭辅导老师，她是一个女性，是属虎的；另一方面在东北方向离你家不远的地方找人拉关系，这个人是你家亲戚，名字中必有'金'、'土'、'艮'之类字，很大可能是'银'字之类的字……"问测者连连点头说："我找的家庭辅导老师是我隔壁邻居，她是属虎的，另外我托的关系是我娘家房舅，他名字中确有'银'字，是在省黄梅剧团工作，他与省艺校负责招生的人很熟，也给了他三千块钱作为费用，既然这一切你都断准了，那么我孩子能中榜吗？"我告诉她："你孩子这次是考不中的，她的天赋很不错，但今年肯定不行，只要通过努力会'否极泰来'，明年是可以成功。"2000年她的孩子果然如愿以偿。

　　复卦倒断，单卦也可以倒断。如（☳）雷卦可以看成艮卦（☶），详见《东方河洛研究》第一期（创刊）中古例欣赏《管辂射覆》实例。

第二节　用神、爻位、月日

灵活取用：

　　用神不是死神，用神是万物万象，用神是天地。一卦多断用神可以说是千变万化的，每一爻都可以看成是用神，有时连日、月建都用上。喜、用、忌、仇之间又因测事的不同而相互转化。假设是断父母之病，官鬼爻就是原神而不是忌神。再说求卦问事的人总想通过一卦问出一切吉凶。过去如何？以后怎样？问父母、子女、风水等。面对这种一卦多断用神要随着事变，有时一种五行要反复使用多次，关键是要灵活运用。

　　庚辰年壬午月甲午日巳时，我正在给学员讲课，来一女士求测，我就在课堂上，现场实例操作摇卦得《山天大畜》变《山泽损》。主测之事断完后，那位女士又问起儿子的情况。我说："你的儿子是属马的，1966年生，对吗？"答："是的！""儿媳是属猴的。""对！太准了！"一片掌声之后我又断出她儿子是1990年恋爱，1991年同居，1992年办理结婚手续，是旅行结的婚，同年怀孕第一胎是男孩流产，1995年生一女孩，是剖腹产。1998年她的儿子因赌博罚了款，现在不务正业，外面有两个女朋友，今年三月（辰月）她的儿媳一气之下跑到娘家去了，娘家在本市的东南边……这些断语使被测者听了目瞪口呆。

《大畜》卦二爻寅木持世，问儿子，首先谁是她的儿子，这就要运用五行六亲变通法亦称六亲飞宫法。"我生者为子孙"，寅木所生者是火，主卦无火只有寻伏神，午火父母伏于二爻寅木之下，所以断她的儿子属马的。当然不能一概而论，有时定属相是在对冲宫里找，有时是在三合局里寻，这一例是由于用神伏而不现，又是直坐母下嫡生，也是三合局中的核心五行，所以断无差疑。断儿媳自然是儿子的五行午火所克之金为妻财了，其他五行六亲断法仿此。

1990年庚午流岁，午为桃花，所测之月、日伏神四重桃花相见，遍地桃花一片红，自然恋爱时机已到，男女情投意合是婚龄佳期。

1991年同居是男女结婚信息不同，这是用流年飞宫断出来的，这里不加细述。

爻象爻位的关联性：

六爻断长相、六亲、疾病、生育、风水等，一看爻象，二看爻位，阳爻阳位、阴爻阴位为当位，阳爻阴位、阴爻阳位为不当位，断法上差异很大。由于断事不同，各爻位所代表的事物也不同。有关这方面的理论详见实例章节。

月、日的重要性：

日辰乃占测之主，不看日辰则不知卦之吉凶轻重。盖日辰有冲起、冲实、冲散冲动、冲空、冲静、冲旺等功能，又能合能填月破之爻。对弱能扶助帮比，对强旺能抑挫制伏，对发动的能去制服，对伏藏的能提拔，可以成事，可以坏事，称为六爻之主宰。

月令为提纲，月建亦能救事也能坏事，故言万卦之提纲。凡看月建只论生克与日辰相同。大凡月建的祸福不过司权于月内，不能始终其事，而日辰不论久远到底有权。

日辰与月建的关系是同功同权，各司其职，在具体分工上，日建管始终，月建只管当月，过月无用。断卦时都要将逐爻对照月令、日辰看旺衰，看生克制化，刑冲合害，方能准断吉凶祸福。

注：断流年卦，断终生卦，一卦多断推六亲不论月日，论刑冲克害。

第三节　飞爻、飞宫、飞数

飞宫三法指飞爻、飞宫、飞数三种法则。它是高层次断卦之要求，熟练掌握和运用飞宫三法，对于提高预测的准确性，有极大的帮助。

下面分飞爻十六变，飞宫移位推，飞数依次轮三法详述。

飞爻十六变：

飞爻十六变，就是将八纯卦通过上飞下飞进行十六次轮回。前八飞是我们常用的方法，通称剥皮法，主要是用来找卦宫安世应的。现在讲的十六种飞变法，除了八纯卦到归魂这八个本宫之卦外，通过十六次变化多出了八个与它宫类同的卦。使六爻八卦由原来的六十四卦变成了一百二十八卦，这就是道家所说的"鬼卦"。古人称之为六爻神断，道家也有称之为"怪卦"，同时也是一百零八阵法的基础。

第一回上飞有五。初爻变、二爻变、三爻变、四爻变、五爻变。

第二回下飞有四。四爻变、三爻变、二爻变、初爻变。卦名上出现重复飞入它宫。六变为游魂卦，七变为外戒卦，八变为内戒卦，九变为归魂卦。这里出现了九变法，各家论点不一，有的把它称之为九爻预测法。道家九易秘法掌门人就属于九易派，在易学界享有很高的声誉。

第三回复而上飞有四。二爻变、三爻变、四爻变、五爻变。接第二回十变为绝命卦，十一变为血脉卦，十二变为肌肉卦，十三变为骸骨卦。

第四回复而下飞有三。四爻变、三爻变、二爻变，十四变为棺椁卦，十五变为冢墓卦，十六变为本体卦。

这种爻飞法十六变，单从第十变就可以寻找到爻与飞的对应关系。十飞它宫第二爻，第二爻变就会内乱无穷，因为它是绝命之宫，多主血光、刀厄、伤、残、病、死。这里很明显的，我们无论从什么角度上来推断都是大凶之象。如乾卦第十变成为离卦，坎卦第十变飞入坤宫，艮卦第十变飞入巽宫，震卦第十变飞入兑宫，阴阳互飞为对抗五行，对照月日四季旺者胜，衰者败，吉凶全在其中。

十 六 变 卦 表

爻位	静	1	2	3	4	5	4	3	2	1	2	3	4	5	4	3	2
十六变卦	六世	一世	二世	三世	四世	五世	游魂	外戒	归魂	内戒	绝命	血脉	肌肉	骸骨	棺椁	冢墓	本体
变卦	八纯	一变	二变	三变	四变	五变	六变	七变	八变	九变	十变	十一变	十二变	十三变	十四变	十五变	十六变

八宫十六变卦表

宫位	乾宫变卦	坎宫变卦	艮宫变卦	震宫变卦	离宫变卦	坤宫变卦	巽宫变卦	兑宫变卦
六世	乾	坎	艮	震	离	坤	巽	兑
一世	姤	节	贲	豫	旅	复	小畜	困
二世	遁	屯	大畜	解	鼎	临	家人	萃
三世	否	既济	损	恒	未济	泰	益	咸
四世	观	革	睽	升	蒙	大壮	无妄	蹇
五世	剥	丰	旅	井	涣	夬	噬嗑	谦
游魂	晋	明夷	中孚	大过	讼	需	颐	小过
外戒	旅	复	小畜	困	姤	节	贲	豫
归魂	鼎	临	家人	萃	遁	屯	大畜	困
内戒	大有	师	渐	随	同人	比	蛊	归妹
绝命	离	坤	巽	兑	乾	坎	艮	震
血脉	噬嗑	谦	涣	夬	履	井	剥	丰
肌肉	颐	小过	讼	需	中孚	大过	晋	明夷
骸骨	益	咸	未济	泰	损	恒	否	既济
棺椁	无妄	蹇	蒙	大壮	睽	升	观	革
冢墓	同人	比	蛊	归妹	大有	师	渐	随
本体	乾	坎	艮	震	离	坤	巽	兑

飞宫移位推：

　　飞宫法是六爻预测之要法，特别是卦断吉凶，事出何因，应在何人，是至关重要的。

　　飞宫法就是六亲飞位法，它是以世为我，取生克定宫位。飞宫也称作飞位法，就是我常讲的"卦飞十二宫"。许多易学爱好者学易半途而废，就是因为六爻配十二宫法没有吃透，问非所测，自我抛弃，实在可惜。

六亲飞宫法：

　　飞宫即飞位是以世爻为核心而推算出来的。生世者为父，父克为母；生父者为祖父，祖父克者为祖母；父比者为叔伯，伯克者为姆，叔克者为婶；世比为兄弟；兄克为嫂；比克为弟媳；世克为妻，妻克为妾；妻生为女；克女者为婿，婿生为甥，女生为甥女；世生为

周易一卦多断精解

子，长子之前爻为次子，次子之前爻为三子，子克者为媳；子生为孙，媳生为孙女；孙克为孙媳，媳孙生为玄孙；以此推之罔不周悉。入生方者吉，入忌方者凶（兄入鬼爻凶，财入孙爻吉）。休空者必远离，鬼杀者必带疾（官鬼爻休囚为鬼，旺逢刃为杀）。大问小从世前一位数上去，小问大从世下一位数下来。俱以一水、二火、三木、四金、五土之数，数到之爻即取为用。先纳甲，后纳音，坐入卦宫如数定，六亲本是先天意，吉凶祸福自然真。

如××市王女士问测运气，先断她姊妹，定卦主为老大，姊妹三人，下有两个妹妹。

伏《震为雷》						得《地风升》				
纳音	卦爻	纳甲	纳支	六亲		纳音	卦爻	纳甲	纳支	六亲
金	、、	庚	戌	妻财		金	、、	癸	酉	官鬼	
木	、、	庚	申	官鬼		水	、、	癸	亥	父母	
土	、	庚	午	子孙	伏	木	、、	癸	丑	妻财	世
金	、、	庚	辰	妻财		木	、	辛	酉	官鬼	
木	、、	庚	寅	兄弟	伏	金	、	辛	亥	父母	
土	、	庚	子	父母		土	、、	辛	丑	妻财	应
震宫找伏神						卦兄弟爻不现卦宫找				

主卦《地风升》兄弟，子孙不上卦，从卦宫找伏神，世爻为自己本身，上飞不见兄弟，下飞一水、二火、三木恰遇第二爻寅木伏于亥水之下，寅木坐伏阴宫阴爻且与亥水生合，纳甲配纳支，丙寅纳音属木，丙寅辛亥天合地合，化水木互生，一水、三木，故断有三个妹妹，其中有一妹夭折，现有姐妹三人。为什么断有一妹夭折？

这是结合飞爻十六变而来，第十变是二爻绝命卦，所以有一妹夭折。再者《地风升》卦宫为震，第四飞变为本卦，第十变为绝命飞入兑宫，第十四变飞入坤宫为棺椁，也说震卦通过四变与坤卦通过十四变一样同是《升》卦，别名棺椁多不吉，详见《精彩卦例通解》

中的《技法活变断卦出奇》一例。

飞宫法最高层次是"卦飞十二宫"，这是综合命理与六爻合断终身命运的最高境界。只要方法得当，一般来说万无一失。要想掌握此法必须了解陈抟（字希夷）鼻祖和徐子平两种起宫法。

1. 陈抟鼻祖十二宫布局法《紫微斗数》《铁板神数》《邵子神数》《铁算盘·河洛真数》皆属同类共宗。

生月起子逆数之，数到生时便安宫，身宫又从生月起，顺数至时即定身。这是安命宫和身宫之诀，学者必熟背不可。

接着布局命盘，设女命辛亥年九月二十一日申时生人。

推得命宫在寅纳甲庚寅，格局木三局。

（副宫）身宫生在午纳甲甲午，纳音金。

无论男女阴阳十二宫都是从命宫起一律逆排：

一命宫寅，二兄弟丑，三夫妻子，四子女亥，五财帛戌，六疾厄酉，七迁移申，八奴仆未，九官禄午，十田宅巳，十一福德辰，十二父母卯。

2. 徐子平鬼谷子星命十二宫布局法它是命理学上的一种补充，许多易林中人都是采取此法为人测八字，现代派很少运用。

子平法布十二宫，起命宫的方法与陈抟老祖起法有很大的区别，现作如下介绍：

设女命辛亥年九月二十一日申时生人。

从子上起正月逆数到生月，再从坐下之月按生时，顺数到卯时安宫。这是常用的一种方法。

3. 歌诀沄：

> 寿前十日子上起，惊蛰九日八亥方；
>
> 清明八日戌宫起，夏前七日酉宫上；
>
> 芒种五日申宫装，小暑六日未上居；
>
> 立秋五日旦起午，白露六日起子宫；

寒露六日辰宫在，立冬二日卯位走；

大雪五日寅宫藏，小寒七丑莫乱忙。

歌诀法比较易背记，但不利的因素很多，盲人多用此法，可很少见常人用之。

4. 数字加减法这种方法采用的人较多，这里不做介绍，我所采用的是掌推法，就是前面介绍的第一种方法推出命宫。

辛亥年九月二十一日申时生：

第一步子上起正月逆数到辰宫为九月；

第二步从辰上起申时顺数到卯时，无论是什么时辰出生都要数到卯，卯时生人就直坐此宫。

辰申、巳酉、午戌、未亥、申子、酉丑、戌寅、亥卯，此命命宫入亥宫，命宫是亥。无论男女，阴阳均逆排。（命宫天干是按年上起月法推之）

一、命宫亥，二财帛戌，三兄弟酉，四田宅申，五儿女未，六奴仆午，七妻妾巳，八疾厄辰，九迁移卯，十宫禄寅，十一福德丑，十二相貌子。

陈抟法与子平法十二宫的差异很大，故而我常用的是陈抟法安布十二宫，以求统一。

八卦飞十二宫的方法要求十分严密，其要求是：

一要生时准确，生时不准全盘皆非。

二要起卦必按年、月、日、时起卦，方法是实数和支数起卦均可。

三要摇卦预测必带有断终身信息，如断一两件事就不必飞配十二宫了，以免烦琐。

六爻卦配十二宫法：

起六爻卦（亥年 12+9 月 +21 日 ）÷8=5……2（☵）上（亥年 12+9 月 +21 日 + 申时 9 ）÷8=6……3（☵）下；再求动爻（亥年 12+9 月 +21 日 + 申时 9 ）÷6=8……3 三爻动；装卦：

主卦《革》	互卦《姤》	变卦《随》
官鬼未土、、	官鬼戌土、	官鬼未土、、应
父母酉金、	父母申金、	父母酉金、
兄弟亥水、世	午火妻财、　应	兄弟亥水、
兄弟亥水〇	父母酉金、	官鬼辰土、、世
官鬼丑土、、	兄弟亥水、	子孙寅木、、
子孙卯木、应	官鬼丑土、、世	兄弟子水、

接着配上十二宫：

阳爻持世顺行法

	一宫	二宫	三宫	四宫	五宫	六宫
宫位	命宫	兄弟	夫妻	子女	财帛	疾厄
	寅	丑	子	亥	戌	酉
主卦爻	初爻	二爻	三爻	四爻	五爻	六爻
	子起	丑	寅	卯	辰	巳
宫位		七宫	八宫	九宫	十宫	
		迁移	奴仆	官禄	田宅	
		申	未	午	巳	
变卦爻		二爻	三爻	四爻	五爻	
		午	未	申	酉	
宫位			十一宫	十二宫		
			福德	父母		
			辰	卯		
互卦爻			三爻	四爻		
			戌	亥		

　　无论是按生辰八字起卦还是随机起卦，摇卦，只要排出十二宫都可以结合采取卦配十二宫断事宜，静卦和八纯卦可采取主卦飞前六宫，互卦飞后六宫。

阴爻持世逆行法

	一宫	二宫	三宫	四宫	五宫	六宫
宫 位	命宫	兄弟	夫妻	子女	财帛	疾厄
	寅	丑	子	亥	戌	酉
主卦爻	六爻	五爻	四爻	三爻	二爻	初爻
	午起	亥	戌	酉	申	未
宫 位		七宫	八宫	九宫	十宫	
		迁移	奴仆	官禄	田宅	
		申	未	午	巳	
变卦爻		五爻	四爻	三爻	二爻	
		卯	寅	丑	子	
宫 位			十一宫	十二宫		
			福德	父母		
			辰	卯		
互卦爻			四爻	三爻		
			巳	辰		

这种排列飞宫法不可打乱，它是按照阳爻持世子上起，阴爻持世午上起，逆行法是前卦亥水兄弟是阴爻持世方可这样排列的，读者勿误。

卦飞十二宫是陈抟鼻祖命易断法的独特创举，是本书推举的重点。受全国广大易友的重托，本人也愿意将多年研究出的成果公开同好，还望斧正。现将卦配十二宫断诀原本摘抄如下：

八卦配十二宫断诀

首论命宫宜旺相，贵人禄马福难量；

若值休空多患难，一生颠簸惹灾殃。

兄弟宫中喜旺强，合生身世棣华量；

衰空带鬼无同气，冲克身爻定不良。

夫妻宫中喜旺生，女财男子助吾身；

杀刃临爻多怪疾，衰空难保百年姻。

子女宫中吉曜临，子孙岐嶷有精神；

冲克身世多忤逆，衰空杀刃嗣伶仃。

财帛宫中忌破空，旺临财位福无穷；

最怕耗神兄爻劫，一生得失小人侵。

疾厄休空反称心，生身合世必相侵；

身克世冲总不犯，最嫌帝旺与长生。

迁移身世生其爻，迁徙无恒祖业抛；

吉曜临之迁则吉，凶星如值柱奔劳。

奴仆宫中喜旺兴，生身合世必多情；

福德养妈财养婢，吉神会遇似陈琳。

官禄宫中要吉星，吉曜生旺必荣身；

休衰恶杀兼兄子，皓首依然一白丁。

田宅宫中喜土金，子孙奕业得相承；

水火木星多进退，休空到老素寒人。

福德旺兴生世象，一生常得吉人钦；

衰空终岁身勤动，凶曜奔忙也是贫。

父母宫宜生旺临，合生身世荫垂深；

衰空受克无瞻依，伤世冲身定不仁。

　　八卦配十二宫，须要懂得六爻断法和十二宫断法，有人认为十二宫断法根本没有接触过，不易掌握，其实并不难，只要听四五个小时的课便能完全掌握基本法则，当然要达到很高深的层次绝非一日之功。

　　以上断语原本摘抄陈希夷八卦配十二宫歌诀，只作个别改动，如：夫妻宫"财临子值助吾身"，改成"女财男子助吾身"。原著的意思是财爻、子爻入夫妻宫都好，这样表述一般读者容易误入歧途。女命喜财爻临夫妻宫，谓之财来生官，官指夫，男命子孙爻临夫妻宫，子孙生财，财为妻，如果女命子孙爻入夫妻宫定克夫再嫁，或生死

周易一卦多断精解

离别，子孙克官鬼也。

歌诀中的旺衰，指的是两个方面。一是所飞入之爻的旺衰，这一点很好认识；二是所坐之宫的旺衰，是由命局定长生十二诀。如上例命宫坐庚寅，纳音木，命宫木三局，是按阳男阴女顺，阴男阳女逆的方法定十二宫旺衰死绝的。

空亡以卦日定和生年定。

神煞、刃等以生辰八字定，又要参看当日占卜定神煞。

飞数依次轮：

飞数法是建立在爻飞、飞宫的基础上，按照一水、二火、三木、四金、五土之五行定数。如生我者为父，父克者为母，生父者为祖父，祖父克者为祖母，生祖父者曾祖父，曾祖父克者为曾祖母……皆以世爻为核心生生不息，环而周之。对易断祖上、阴阳宅能起到抓纲理线的作用，操作运用上没有多少难度，这里不做细论，细读实例便可悟出其理。

第四节　六爻占辨性情容貌

一、性情

以八卦论：

爻与世爻在《乾》刚直好高，有德有威。在《坤》宫性厚重，寡言，宽大能容。在《坎》宫心情委曲，戏险多威，凶则狡诈心乱，事多更变。在《离》明白刚烈，爽直有气节，无气则性暴，做事有头无尾。在《震》志大言高，驰骛声名，凶则心多回测，胸无定见，心急事滞。在《巽》性温和，好卑奉，无气则随波逐流。在《艮》吉安有执持，见事多退缩不前。在《兑》性和悦饶舌，见物多感，好酒色，无气则奴颜婢膝。

以五行论：

申金主重义，驰骋声誉，无气则好勇好杀，好音乐。酉金主和蔼温柔，无气则多贪欲嗜酒色。寅木主雍和，有文章才艺，无气则拗曲散乱。卯木主力建骈雄，刚直不阿，无气则心毒多机。子水主清高正直，不好奸淫，智谋深沉，无气则浮浪不实，做事有始无终。亥水主性圆通，与物和同，无气是谲诈轻淫。又水旺则性缓，衰则性急，发动、冲动，心多机变，若动逢合住，或临死墓绝胎，必无知觉，如动逢冲散，则搏激之水，必是立志无恒，颖惑不定者。巳火主好华美修容，性快不隐匿，无气性暴慢，生平起伏不定。午火主强敏无私，好胜为事急疾，无气刚暴无，急终有慢。辰戌土主厚重有威望，聪明正直，不信神物，不畏鬼怪，无气定心性酷毒。丑未土主宽宏廉直，耿介无私，多仁多义（木库为智金库为仁义），无气则拙钝无能而已。

以六亲论：

动财则好奢不好学，化父则忧道不忧贫。子世逢空，羊质而虎皮。兄持入世，酒囊而饭袋。世持鬼杀，笑里藏刀。鬼杀逢空怒中无毒。

以六神论：

青龙则慈和乐易，明敏从容。朱雀则快言语，多口舌，带杀则喜生是非，我招诽谤。勾陈则厚重有规矩，行事迟钝，不动则无转变。螣蛇则多心机疑虑，虚浮诈伪。白虎则性急不仁，好勇斗狠。玄武则阴谋秘算，狡谲多端，同兄弟则贪吝，加咸池则淫邪。龙逢蛇克媚而不忠。虎逢龙克勇而有礼。雀受克伤者多诽谤，蛇逢合制者多智。财合玄贪财好色。子合玄嗜酒多情。兄合勾者鲁钝，福合龙者清和。龙衰清静自得。虎加兄，小人跨霸。玄加刃量悭见小。

逢冲者伶俐，入墓者呆痴，临刑害者多嗜杀，居胎养者欠老成，空动而无生无克者，肆意猖狂，静而无克无冲者，胸怀高洁，衰值时辰，冷酷卑偏，旺临月将度量渊宏，冲多好斗，刑多好讼，带贵则有威德而不狂妄，带马则志四方而喜遨游。带德则恭俭温良，带合则从容和雅，八纯卦性宜躁急，六合卦性必宽和。

二、容貌

六爻分布十二部位

初爻	二爻	三爻	四爻	五爻	上爻
履足	腿膝股	腹、小腹	胸	耳目口	
		臀、肛门	背	面须手	头发冠
		腰、小便	乳	鼻人中	

现将二十四部位分述如下：

（1）形体

形体以卦身为用。木瘦、金方、水主肥，土形敦厚背如龟，上尖下润明如火，五种类型细致推。这是五行体形诀，也有金瘦方，火形尖，木形高，土形矮，水形柔而刚且多汗，木旺胖高衰瘦长；土旺身短矮而胖，衰者纤小脸发黄；勾陈兄弟来刑克，必是矮短五大郎；金木临死休囚绝，更被刑克瘦高梁；化出水木鬼刑伤，身多湿气酸疼凉，土金逢合互生旺，行走从容坐端庄。

（2）头部

上爻、乾宫、父母为用。辰戌鬼带刑害动，或遇勾陈兄弟合住者，主缩头。临金，头有异骨突出。以六神定其骨在何处，雀前、武后、龙左、虎右、勾蛇居中或在四隅。带刑头有角，金福动必癫头，木化火鬼必白癫或有疖疤。土头缩，木头长，火头尖，水多汗，化木水鬼主头疯，化火鬼主头疼。乾兑圆，坤艮方，震巽长，离坎胖。合则正，冲则摇，克则歪，刑则呆，六爻带火临杀，头必带疾，忌临鬼爻。

（3）头发

以上爻、震、巽宫木财为用。旺发多，衰发少，木发长，金发沙长，水发白，土发短，戌土发稀。六爻与二爻合，发长垂肩。临雀者赤，临武者黑，临虎者白，少年则发质刚硬，临勾者黄，临龙者滋润整齐，临蛇者卷曲而蓬发也。

（4）脸面

面：以五爻、父母为用神及六亲所持之五行、卦、卦宫、地支断脸面之美丑、胖瘦、润枯，同时以六神定面部疤、痕、痣、纹所在之位。

乾宫面圆形，坤宫方形脸，其他宫相对而断。地支定论较准确，爻克五行寅申巳亥多是面尖，子午卯酉面圆鼻翘，辰戌丑未面方厚。也有论子午卯酉仰面，寅申巳亥头偏，辰戌丑未瓜子脸，缩颈低头之论。五爻是父爻面大，文弱书生；是财爻面秀美；是子孙爻主有福之相；兄弟爻鬼面丑劣，斑麻点痣。又以五行辨别，水浮肿黑，金瘦骨险肤白，火尖削枯燥，土丰额高准，木为秀长。鬼爻加腾蛇，面多皱纹，鬼临玄武面有黑斑痣，火临官鬼见朱雀，动而逢合，面有疤记，卯木官鬼动，面主斑麻。

（5）相貌

以五爻为用：从五行，六神，动静，六亲方面加以细辨。

① 五行上：水为口，火主目，木左耳，金右耳，土为鼻，根据旺衰枯荣不同辨别。

② 青龙腻润，白虎粗丑，勾陈促俗，眉目攒聚；朱雀喜带笑容，逢冲则疾言谎色；玄武带忧容，常有迷色表情，受刑克，必是愁感哭形；腾蛇相必古怪。

③ 冲者另断：玄武冲地角尖；朱雀冲眼必露，也称金鱼眼。青龙冲左耳异常，白虎右耳异常，勾陈冲鼻歪斜古怪，不冲刑者按正常断。

④ 五行临六神冲克五爻，按五行之六神临五爻断。六神（兽）按水口、火目、土鼻、金右耳、木左耳分辨。如腾蛇所临之爻来冲克五爻，当五爻临之断。加兑颈项结喉大，加父面有麻痣，加财两鬓蓬松须卷曲，加鬼必麻或面带破相，加福（子孙）耳目口鼻破相或异常。其他六神同类断。

（6）眼目

以五爻、离卦、火子孙之爻为用。

临青龙睛目漆黑有神，临白虎或虎旺动来克必白眼，临勾陈眼突（金鱼眼），临玄武泪眼或沙眼迎风流泪。临青龙、玄武被虎冲克，眸子中有白点或黑点，临腾蛇常害眼，蛇衰乃鼠眼或蛇眼、三角眼，衰蛇加鬼或蛇鬼冲合五爻，是吊眼、三角眼，逢月日冲，眼睛常转或斜视不定。动又逢冲，是频睐眼（睐眼）。离卦金宫火鬼带刑害动来伤土，主盲人。木主花眼或吊眼，衰空带合微小近视，见金近视戴眼镜。火旺而动，目光如电，金鬼发动眼常疾……

（7）双耳

五爻、坎宫、子孙爻为用。木龙左耳，金虎右耳。土鬼逢刑害动临勾陈，腾蛇来合者，必是聋，空亡一边疾。金鬼耳鸣，水鬼耳出脓或糖耳，金木化水鬼亦同。木鬼阳则耳痒，阴则耳痛。火鬼耳生疮，加白虎见刑害者耳必缺，鬼带刃杀动必聋。

（8）鼻子

五爻，艮宫，土福为用。旺大休小，化金木有气，鼻息如雷，睡觉好打呼噜。化水多鼻涕，化土鬼，带刑害鼻塌，化火鬼有血疾。化木财多鼻毫。火旺生土，鼻如悬胆，准头红润。金旺鼻翼露骨。木旺克土，翼长准头小，仰鼻孔。

（9）人中

以五爻、兑宫、土福（子孙）爻动断之。又五爻合四爻为用。旺相深，休囚浅，龙深虎浅，腾蛇勾陈短，朱雀赤红，玄武黑或鼻气濡湿。

（10）口齿

以五爻、兑宫、水福（子孙）爻为用。乾、兑圆，坤口方，兑宫丑未鬼爻带刑害动，阴则结疤，缩舌，阳则龋齿缺唇。化金露齿，化木多髯，阳土逢冲掀唇，阴土逢冲喜谈笑，牙黄。临勾陈遇合，寡言少语，临朱雀旺空多诳语。化财饮食粗鲁，财爻逢冲，饮食迅速。遇合细嚼慢咽，财加青龙爱食佳肴，说话口齿伶俐。水财蛇冲必如猪食狗吞，土财虎冲定是狼吞虎咽。木鬼舌大口不关水，火鬼声气浅短，水鬼言语多涩，金鬼缺牙露齿。土鬼缺唇露腮，逢冲结舌（结疤）。又如兑宫金爻被伤，或勾陈腾蛇动来合住者，决然十聋九哑（兑为口，金为声）。然必四柱八字皆无全，而朱雀又空绝者必应，不然只能断结舌，非哑巴。金旺而动，声响四方，空动声震如雷。动而逢合，声则低微，鬼加天哑（神煞），又杀动者，主喑哑（半哑，张口说半句话或声调极低）。

口形上又有金方、土厚、水大、火尖、木小之说，断时多加留意才是。

（11）胡须

以五爻震巽宫木财为用。火雀须赤，水玄须黑，土勾陈，腾蛇旺黑短，衰黄短，腾蛇又主法令纹长。金虎须白或须长。木财旺动，须多，蛇长而卷曲，龙长直而不乱，也主法令纹长。木龙逢死墓空绝，必无须，值死气而逢胎养微有须，旺则多浓，衰则少。又如五爻亥水临鬼动必是络腮胡子。女占只能断各部汗毛重。腋、阴毛同上所论。

（12）手臂

以艮宫、兄弟爻为用。六爻兄弟为肩为大臂，五爻兄弟为小臂。勾陈相并宽肩，化出火土之鬼，必患搭手（搭手是一种恶性肿毒，在单手后摸之部）。化出水木之鬼或被水木鬼刑冲，必患风湿酸疼或肩周炎。化木臂长，如化木而生世克应，必精通武术拳棍。蛇鬼临爻手曲弯，虎鬼加刑及艮宫兄弟无故自空，必折臂致残。玄鬼加金，臂上画缀刺字。金鬼加刃，主手臂刀伤。木鬼加财，臂常酸疼。木化木，手臂上多青筋。木动逢合，臂筋牵连，手难缩伸。更有化兄弟，饮食不便，化土臂短。四爻兄弟为手掌，水润泽，火枯燥，掌心热，金洁白，土肥厚或指短。木多毫毛或指细长。加龙肌细润泽，加白虎手粗硬或见伤疤，加蛇掌多乱纹，加玄鬼或带刑，掌上多裂纹，加勾陈掌厚，加朱雀掌心热并燥。

（13）前胸

以五爻火父为用（又说间爻阳为胸阴为背）。旺者胸阔，休者胸狭。合者饱满克者凹。火化鬼或动化火鬼及持火鬼，俱主心气痛，或有灸疮。水化鬼或持水鬼胸有汗斑，加白虎患白癜风，加朱雀、勾陈、腾蛇患有赤紫斑或称之为紫癜疯。金化金，胸骨露，也称脊胸，水鬼化水鬼常呕血，化出金父必患痨疾。

（14）后背

以五爻、艮宫、阴土、父母为用。土爻，勾陈旺者背丰厚；土爻腾蛇旺，脊有深坑；金虎旺，背露骨；腾蛇临水兄爻或水化兄爻及化水兄，背常多汗；化火鬼或火鬼来刑克五爻，曾患北疽（毒疮）灸疮；值阴土鬼，背驼；加勾陈腾蛇，驼脊；故有"土形敦厚背如龟"之说。

（15）乳房

以四爻、水、子孙爻为用。旺乳大，休乳小，金水乳汁多，火土乳汁少。木乳长，木财乳上有毫毛。被鬼刑害，曾患乳疾，临鬼虎受克或受冲入墓必患乳腺癌。

（16）腹脐

以四爻、坤宫、土，父母爻为用。旺者腹大脐大，休者腹小脐凸，勾陈临土腹凸且肥厚，临腾蛇腹凹绞深。逢龙见合，腹必下部丰满。逢玄武化鬼，腹常冷痛。坤宫玄武水鬼动，腹有黑斑，雀火鬼动，红斑，金虎鬼动，白斑，化出金土之鬼，腹患痞块（病症名），化火鬼曾患腹疾或针灸、手术之类。

（17）小肚

以三爻妻财为用。三爻值土脐必深，值金筋骨必露不平润，值木财丹田上有重毛。若三爻与二爻子孙相合，必与阴毛相连。若女人化出子孙，在坤宫者必怀胎孕，子孙逢冲将临产分娩，临胎爻（二爻为胎爻）发动也然。

（18）腰部

以三爻木财为用。值鬼动，腰常痛或腰酸软，绝中逢合或无故自空者（临静空或自化空）主腰酸软。值火鬼常患腰疽（毒疮），金刀来刑害，必刀伤或手术，再见蛇必有刀痕。若临蛇，木动，女的必腰细善舞。

（19）臀部

以三爻、土、父母爻为用。土临勾陈，臀厚大，土见蛇臀尖削，加冲必凸，化火带合臀有疖疮，阳左，阴右断之。合爻在下，疽（疽，中医指的是一种皮肤病）。在下傍,合爻在上疽在地边。合爻是子孙，疽近小便（生殖器），合爻是土财，必近肛门，动化木鬼或木鬼来刑克，断其曾挨过杖棍，临蛇伤痕永留。

（20）肛门

以三爻妻财为用。财化火鬼，或火鬼动来刑害财爻，必有疮毒血症，化金鬼则有痔漏，化水鬼有脾泄症，财带刑冲有脱肛。

（21）生殖器

以二爻，子孙为用。持鬼伏揣，主白浊、血尿、疝、淋带之病，化鬼为遗精。如巽宫鬼动来刑害二爻,必患疝气。土鬼化福，必是偏坠。女人三爻为阴，若持官兄或化官兄者，非是女身。如子孙逢空墓绝，而四值（四柱八字）俱不带子孙者，必是石瘕。

（22）股与大腿

要以二爻，巽宫，兄弟爻为用。旺腿肥粗。衰腿瘦劣。逢冲好走动，旺动，行走急耐远。土行迟，金行稳，水步小而急，火行急而摇。临蛇蛇行，临雀雀步，临龙行止端详，临虎阔步。金土逢勾陈行如风，坐如钟，临木化财，腿多毫毛。

（23）膝盖

要以二爻，震宫，兄弟为用。持鬼，伏鬼，化鬼，或鬼动来刑克害，膝有病或患鹤膝疯（膝肿大之疾）。水湿气（腿脚湿症），金木酸疼，火生土一足大，阳左阴右。金鬼加羊刃来刑克，主刀伤。鬼动逢合，膝难屈伸，鬼化土财，有筋脉曲张。

（24）双足

初爻，震宫，兄弟为用。阳土脚背厚，阴土脚底厚，火尖削，木脚长，水多汗，旺者大，休者小。木鬼动有脚气，火鬼动灸巴（干裂），水土鬼动脚烂臭。如见蛇虎不被刑害，及在震宫无故自空者，必主折足致伤残。水化木鬼，木鬼化水，皆主湿气酸疼不便行走，若木鬼化木鬼或两木鬼来刑克必拄拐棍。蛇土逢阴鬼，足底凹，兄空动，或爻旺空动，遇四柱八字冲者，脚跟不着地。兄弟化子孙，为足趾削尖，合则正或缠足（古代裹脚女人）。金为指甲，化土，脚趾大小相平，化木脚长指短，化火临虎，指甲尖利，化鬼必损伤，重阴动则先缠后放，交（阳动）则先大后缠小。临父母爻足大，临子孙爻足小，临财半缠脚，兄鬼刑克不是歪脚必有足疾，重者残废。

第五节　祖业、六亲、婚姻

一、祖业

大象为生时之基本。大象旺相，生时家道荣昌。大象休囚，祖亦穷困潦倒，白手成家，不得祖福，分文无继承。故伏藏之卦无本宫大象者必无祖业之享。若象旺爻亦旺者，为全备之福也。

二、身、世、命三要

安终身卦身诀：

> 子午持世身居初；丑未持世身居二；
>
> 寅申持世身居三；卯酉持世身居四；
>
> 辰戌持世身居五；巳亥持世身居六。
>
> 凡卦之身，用之为重，世爻空破，取身象断事，方可补救。

安命诀：

> 卯酉持世命居初，辰未持世命居二；
>
> 巳午持世命居三，子亥持世命居四；
>
> 丑戌持世命居五，寅申持世命居六。
>
> 古人曰：命限空亡或死绝，十中难逃一二，占病者最为应验。
>
> 凡测终身，最重要的是要看身、命、世。带贵马德合（年、月、日、时取之）加龙，旺相得位者，富贵。临空、劫、刑、刃、白虎，被刑害冲克者，又临死墓绝胎，且无福神解神救助，必贫贱无成。

三、六亲分断

 卦中六亲有真假之分，一是要采用飞爻，飞数加以辨别，同时要分清伏、飞、主、变、内、外六亲排位和坐宫，才能准确辨清真伪。

断父母：

 生我者为父，父克者为母。初爻、五爻为父位，由于卦是千变万化的，有时将卦倒看错开看，这时父母爻位会发生改变，因此，必须要灵活掌握。如断终生卦初爻五爻为父，二爻六爻为母。有时取变卦之爻断之。

 用爻旺静不受日、月和动爻刑害克冲，或用爻衰静而遇年、月、日和动爻生和者，皆主父母双亲寿延。

 爻静者不论阴阳真假，若逢死、墓、绝、胎、旬空死气，被年、月、日、动爻刑害克冲者，决主双亲无寿。

 财爻独发或卦中有财无父，主少年伤克或离祖过房。如财爻傍动，持世不动，而父母爻不空绝者，只主父子不睦而已。

要问父母寿元先后，须以真假论之。阳宫阳爻为真父，阳宫阴爻为继父，阴宫阴爻为真母，阴宫阳爻为继母。傍爻带天煞并白虎刑动伤真阳爻者失父，带地煞并白虎刑动伤真阴爻者失母。真阳爻带天煞者，失父，真阴爻带地煞失母。

天煞、地煞是神煞的一种，不可不用，它是以测卦之年支对照用爻而定的。

占卦年支	子	丑	寅	卯	辰	巳	午	未	申	酉	戌	亥
用爻天煞	未	辰	丑	戌	未	辰	丑	戌	未	辰	丑	戌
用爻地煞	申	巳	寅	亥	申	巳	寅	亥	申	巳	寅	亥

断父母何年离丧，也是流年三限，对照用爻发生墓、死、绝、动、刑、害、克而定。继父继母仿此断。叔伯、婶、娘、姑、姨要用飞爻、飞数断切不可混淆。

飞爻父母入财方，带死墓绝胎，被年、月、日及世爻刑克者已故。若父母爻持鬼,伏鬼、化鬼与日、月大杀羊刃合者,衰则带疾旺必丧身。父母爻旬空或刑、害、克、冲得日、月、兄弟、官鬼爻动来合住者，必是带疾延寿。见孤寡煞动来生合，主父母孤苦度生延年。如太岁动来冲刑，年内有灾。月动来冲刑，月中见灾。得青龙福神来解救可免大凶。凡父母富贵、贫贱、带疾、祸福皆与占命第七节断法相同。

断兄弟：

断兄弟姊妹以兄弟爻为用神，不论内外卦，不见用神则取伏。兄弟多少以数定，三飞中称之为飞数，以水一、火二、木三、金四、土五而推之，旺相加倍，休者如数，死囚减半，墓者离祖或夭，空绝者无。飞数中的第二和是结合兄弟宫定局法，数以水二、木三、金四、土五、火六定个数。如前面论飞爻法所举之例，得《地风升》卦，兄弟爻不现，取伏神。寅木兄弟伏于二爻亥水之下，木三得兄弟姊妹三人，由于阳爻寅木伏于阴位阴宫，故只有姐妹，没有兄弟。又上飞为大，下飞为小故本人老大（四爻持世），兄弟寅木伏于二爻为下飞，所以断二个妹妹。以十二宫之法断也是如此。另外一种用卦宫和卦参断，本卦巽、坤得卦坐震宫，巽为阴为女，坤为阴为母，震宫数为三。无论用何种方法断其结果一致。

兄爻旺相而与年、月、日生合者，必连枝茂盛和睦友爱。如遇四传（年、月、日、时）生合者，世代和睦，枝繁叶茂。若遇冲克者，则减福，兄衰而逢冲并刑克者，只身单传之人。兄弟爻旺，但逢傍爻，伏、化爻刑害克冲者，有而无情。鬼持世动，与鬼爻独发，或卦内有鬼无兄弟爻皆主刑克，或有亦分离。若鬼爻旁动或持世不动，也主不睦之相。兄动生世身者，多恩义重，刑冲克害身世者必互斗群争。如内卦兄弟爻不现又不伏，方取与世比肩之爻为兄弟。从世上飞数为兄姐，下飞数为弟妹，阳为兄弟，阴为姐妹。五行、爻位、卦位、宫位都应细加分析。遇常禄马德者贵，见财、子、福、禄者富，见沐浴咸池者下贱，带破碎大小耗者败，休空又受伤者无贵神救助者死夭，若休空受伤，得日、月父福动来合者，带疾方延年。兄弟爻持鬼伏鬼，化鬼者灾病空则无妨。岁动刑冲，其年有灾凶。月动刑冲月内应凶。得龙、福、解神动来冲克无凶。旁爻带月杀亡神劫杀动来刑并真阳爻而兄失，刑并真阴爻而弟亡。若真阳真阴带月杀又自刑（辰午酉亥）亡神，劫杀动者主兄弟死。如动爻来冲则反断。凡兄弟富贵、贫贱、带疾、祸福，皆同世爻卦理以五行生克而论。

纯艮纯坤卦有两爻兄弟皆系本宫，乃真兄真弟。《大壮》《蹇》亦有两兄弟爻，皆非本宫系假兄假弟。《泰》《渐》各有两兄弟爻，乃真兄假弟。《泰》卦丑真辰假，《渐》卦辰真未假。《旅》《咸》卦各有两个兄弟爻乃假兄真弟，《旅》卦午假巳真，《咸》卦申假酉真。《解》卦，寅木兄弟爻为真弟，假兄乃真中之假，因辰宫原有寅木在二爻，乃真中之假，是真哥假弟。《豫》卦乙卯兄弟（乙是纳干，《坤》卦下纳乙而得到的）虽兄弟爻在内卦世卦,但震宫无乙卯,故假中之假。又如《姤》卦,申酉为兄弟,应爻隔断申酉,是两姓兄弟或断隔山(父)隔水(母),兄真而弟假。《谦》卦申酉为兄弟,世爻隔断申酉金,亦是两姓兄弟,申是兑宫所无,兄乃假中之假,酉为兑宫所有,弟则真中之假。其他诸卦彷此。

又如月辰并兄弟旺动合世者,必有继义兄弟。兄下伏财,隔母所生,兄动化财,移桃接李。兄下伏父,名父异娘(借鸡下蛋),兄居养位,定是抱养拾婴者或借腹生子。

古人云:若占兄弟畏三刑,旺相逢刑一二人,更复休囚同无气,旺加亡劫渐凋零。断兄弟旺衰是重要的,但刑冲克害更加注重,不可忽略。

断婚姻:

男断婚姻以本宫内卦出现的妻财为主,不现则看内卦伏神。如内卦无伏神则以飞宫论之,方以世克之爻为妻,妻克之爻为妾。又自占卦以应爻为正妻,即以应克之爻为妾。如临阳宫阴爻旺相带吉神者,必相貌美丽贞洁。临阴宫阴爻,衰墓带刑、刃、亡、劫者,必丑陋无能而夭折。若兄弟持世动,及兄爻独发或卦中有兄无财,或财爻无故自空者(不旺、不动、不化、自化空)则必克妻,否则分离。如若财爻旺相自刑,主夫妻不睦,终见生离(离婚、分居)。旺者不死离,兄爻旁动及持世不动,而财爻不空者,亦主不睦。如果财动冲克世,与世应相刑害者,主夫妻无情,世动夫凌妻,应动妻欺夫,世应俱动,必常争吵,化出之爻相刑害者同论。如果财临死墓绝胎,加刑、刃,又是兄动克应,用爻必主刑克三妻。若得月日生合或可带疾延年。飞爻财入兄方或应持兄动,遇月、日刑破克害必死离,若得旺相有救,但主妻不贤,好生是非,妯娌不和或不与夫主一心,多偷财物,私匿房财,常去他家。妻爻生合父母,敬事公姑,生合兄弟,妯娌和好,生合子孙善抚扶卑幼,冲克父母兄弟子孙者反断。若妻居五爻尊位，生合世爻者，喜掌管家事，女作家公。如冲克世爻及带岁月、日破，与大耗小耗，暴败、破碎并者，必凌夫破家。妻爻带玄武咸池、红艳、驿马，必恣意贪淫，亲小人，慢君子，朝三暮四，与父母爻合则与年龄大的人，与子孙爻合则与年龄小的人，与应爻合者，必与外人私通。合会进神动来生合，则淫纵无度，色胆包天。如果合退神动来合制只不过是眉来眼去，有色心而无色胆，欲淫无为。合而逢空只不过是想而无为。合若逢冲，被败露，虽淫不滥。财如暗动合应爻旁爻，可有私奔企图。兄弟合财者，兄私弟媳，父母合财者翁妇相通。子孙合财，义子悬枕，福动化鬼合财，财动化鬼合福亦然（咸池、红艳者尤验）。应爻与财爻（飞妻）如临兄弟，动化财来合世必姨妹同宿。合多而刑煞临身（指卦身），女必为妓，男必为倡。古书又云：贵多善舞裙歌扇，合多暗约相会期。若问郎君几妻妾，咸池、红艳合身论。断卦中要综合正卦、伏卦、变卦、互卦中内卦是本宫之财，伏财、化财、变财、飞财（飞爻所断），只要与应爻、世爻发生生合者都应重点分析，一般是可断出妻子和婚外恋之事（因过去有妾，现代只谈一夫一妻）。子、寅、辰、午、申、戌阳爻为妻，阴爻为妾。一财一位，二财二位，四财四位。如内卦本宫一财，应爻又一财，二财并旺，双妻重婚。一空一旺合连续一弦（当次）三空一旺合连续三弦。如二财俱旺，而一财带咸池、红艳，必一正一偏。看何爻得日、月世生合，便知何人得宠操权。

　　若问妻为闺女不是，可从卦中看出，一财不见鬼者是闺女，或财鬼相合或财下伏鬼者。已见一夫不是闺女，二财而二鬼争合或财下伏鬼又化鬼者，已见二夫，又卦有二鬼一空一旺者，必是再嫁之妇。二鬼旺，而且月动爻刑冲克害财爻，主生离改嫁之女。世身（卦身）重合应，妻必重婚。世应妻爻三合，当招偏正之夫。"男取身生为床帐（卦身所生之爻），女娶身克为香闺（卦身所克之爻），香闺墓绝未谐配，床帐空亡来娶妻。"意思是说男占测婚姻逢卦身所生的妻爻

（财爻不同，妻爻是飞数、飞宫法所指），是没有娶过妻子，女占测婚姻卦身所克之爻为用是大家闺秀，没有许配过人。

许多求测者都想知道对方品德相貌如何，这里简略阐述。

妻临金，色白净身瘦小，性刚烈。临木色秀身长妖娆多姿，性宽慢。临火赤颜身矮性急躁。临土色黄身肥矮而性温和。临水色黑身活动敏捷性和宽，动多机变。冲无主心，合无知觉。妻持父寿高，伶俐，善持家，能说会算，为事分明。妻持兄，性损财物，耗财，不和奴婢，旺相，破家好赌，妯娌不和。妻持子孙爻，性善多见识，旺相善持家，生贵子，带雀，常唠叨。妻持财，貌美，性安和，能掌家理财，旺相益夫，有财帛。妻持官，貌丑，性狠毒，粗喉，女生男貌，旺相者好杀骂夫，管夫如奴。财伏父下，为人尊重之女，财伏子孙之下，性善不损物，喜打扮，好要骄。财伏兄下，貌丑，贫淫好赌，视夫为敌，把色狼当朋友，日不归家，夜不回，男不可娶也。

妻妾富贵贫贱，未娶者则从父断，出嫁后则夫断。未娶之时，但看外卦本宫父母爻，如外卦父母不现，则看伏爻，若外卦不现又不伏，则以生妻之爻为妻之母，克妻母之爻为岳父，并与本身父母分阴阳真假断。妻父妻母带禄马贵人，臣家之女；带财禄德福旺气，富家女；带咸池沐浴玄武休囚死气，贫贱家之女；带虎贵，武职之女；带虎刃劫杀，军匠之女；带勾土旺相，田家之女；带雀火旺财，戏艺之女；带玄武红艳，淫家之女；带刑、害、亡、劫无气，贱人女；加金虎刑、刃、屠剑家女，朱雀量空，巫卜之女；加龙福无气，寒儒之女；加虎财生旺，浊富之女；加蛇，乃不务农而流浪之女；蛇逢生旺，乃九流家之女；蛇逢冲并墓合，乃艺术人家之女；生合世，则得其荫，刑害冲克世，则被其侵凌。《归藏》中曰："妻临克位号重财，还是金爻入震来，贵煞会同当旺相，因妻受禄搴三台。"如辰宫财爻带白虎，白虎属金，又克震木故谓重财。又如坤艮宫财爻带青龙属木，又克坤艮之土，也为重财。乾兑带朱雀，离宫带玄武，坎宫财带勾陈螣蛇，皆为妻临克位号重财。四柱贵为德合聚集于一爻，更旺相居二五爻上，又得太岁相扶，而无刑破者，必为驸马仪宾。若出嫁娶之为妻，妇人之贵贱贫富从夫，皆同世爻论吉凶。

娶妻远近有说，娶妻迟早，妻年长幼各有所论。妻财持世与出现，必住近而娶早。伏藏不现，住远而迟娶。财爻与世爻同居一卦，近亲之女。财爻世爻被月、日动爻隔断，必娶远程之女。如乾卦戌世，寅财或申爻、午爻、辰爻动，或月、日并动申、午、辰爻，皆为隔断。又八卦定其何方，以二十八宿定其何地（二十八宿是指年、月、日定星宿），如卦逢空女，则以财爻长生方定位。凡妻爻在二爻（二为宅爻），谓之坐宅，不是上门之客便是童养媳，或者亦是贴壁邻居之女。妻爻合世、身、命爻或临之必早娶。妻阳世阴者，妻年长，世阳妻阴妻年幼。妻居辰戌丑未为长女；居子、午、卯、酉、中女，居寅申巳亥少女。

断子孙：

以内卦出现子孙爻为用，如内卦不现，则看伏神，若内卦不现，又无伏，方看飞宫。以世生之爻为长子，长子前一爻为次子，次子前一爻为三子。仍以一水、二火、三木、四金、五土之数飞之。子生之爻为孙，阳爻多男，阴爻多女，生旺加龙喜才貌过人，加禄马贵人德合，旺相得位主有贵子，休囚加刑刃，顽蠢不尊父命，不受管教，不务正业，终必破家夭折。飞宫子入父爻遇月、日刑冲克害者，必死。卦中父持世动，与父母独发，或有父无子，或子爻空墓死绝，或天狗白虎埋儿煞，相刑克冲并者主无子，否则亦必是移桃接李之脉或二姓三名之后嗣。如果子孙临天狗白虎得日月生合，主迟得而不孤，若绝处无救，更带孤寡煞，鼓盆煞（白虎），埋儿杀动，断无子送终。如兄弟带亡，劫动来刑并,谓之有子不能送终。子爻逢贵人禄马旺动，化出文书（父母、文昌）文职，它日财福，事业大展宏图。化出天医太阴并太岁相扶主显贵。分长幼挨次推，便知何子发达。又论子孙出身以学堂为主，看身位所属何爻，取长生为学堂，如身爻属火，火长生在寅，寅为学堂。身属水，申为堂。身属木，亥为学堂，身属金，巳为学堂。若旺相无伤加禄马龙贵德合必学识渊源，才华盖世。"贵人居丑名宫阙，驿马当寅号学堂"。又"寅为学堂宫逢丙，志大才高禄万钟。"如若艮宫丙寅爻，得四值（年、月、日、时）贵马聚于一爻，大发突进，平步登云。如子孙爻休囚，又带地中跷、天哑、云龙、衰育、火朔五煞发动者必带疾。子孙旺相生合世爻，孝顺，衰囚冲克世，叛逆、不孝之后。带贵马德合吉神生合世者，不惟仁孝而且受子封。带虎、刃、亡、劫凶神来刑冲克害世爻，抗上逆叛，打娘骂父且暴死天天，破家荡产。内卦本宫子孙爻现，伏为真后，年、月、日、时他宫所见为庶生（不是亲生子）。如内卦子孙不现不伏，又无兄弟爻，必是庶生儿。又六爻动化子孙，主有插生子。子孙临应在他宫二爻，主有借腹生子，借鸡下蛋之嫌。子化子合世，必主有继子义男。福（子孙爻）临土静，只主单传，动则偷生（不是真正的夫妻怀胎），空则抱养。女儿一般以本宫出现的子孙爻为用，阴爻、阴位比照上述同断。克女之爻为女婿也同上所断。

第六节　断家宅

　　家宅：古代所指的是阴、阳二宅。这里主要谈及的是家宅中的阳宅，但不包括船宅。由于阳宅涉及人丁与风水的关系，内五行与外五行、环境空气、磁场对人的影响所产生出来的吉、凶效果，要想理解此章节，必须首先了解一些必不可少的风水常识。

　　八卦断家宅，无非是从八卦六爻中发现家宅各方位所蕴藏的吉凶信息，只要我们掌握了八卦风水，便会以卦测宅，以宅占事问疑。

　　传统模式是以龙、穴、水、沙、山向定局布卦，现场踏勘择吉造作，统称为看风水。

八卦占断阳宅风水是易学文化与现代文明结合而产生的。它属于高层次的预测技法。

八卦占断阳宅风水，如何具体操作呢？首先看内外卦象，内为宅，外为人，旺相者，人宅兴隆，休囚死绝者，住居无气，人丁不旺，家运不发。内外生合比和者吉，相刑冲克害者凶，空亡尤凶。如卦象衰空真空，方看用爻，以二爻为宅，五爻为人，人克宅造创整齐，宅克人则住宅不兴，人眷多灾。二爻旺屋多，五爻兴人丁旺，休囚死凶，旺相生合吉，刑冲克害凶，如若爻再空，必有灭门之祸。

另外从六亲上去看。世爻为吾，应爻为妻，女测卦，应为夫。阳父爻为父，阴父爻为母，阳兄爻为兄弟，阴兄爻为姐妹。阳财爻为正妻，阴财爻为偏妻。阳子爻为儿，阴子爻为女，阳鬼爻为祖父，阴鬼爻为祖妣。用爻上卦吉，用爻旺相，得太岁月日合者吉。用爻休囚死空伏藏而不上卦凶，带凶杀动，被岁、月、日刑害克破者凶。用爻持鬼、伏鬼、化鬼、阳鬼主有官讼，阴鬼必有灾病。凡逢用爻伏于官鬼之下，必有病讼，逢事多阻滞。又可将用爻按四季五行分断。如木用带吉神春季见喜；火鬼带杀夏季生灾；金值妻财秋宜得利；水逢兄弟冬必破财；土主四季分辰、戌、丑、未吉凶分明；若遇空亡，吉空则凶，凶空反吉。古人将六爻分六亲爻位逐一分布，看爻象吉凶，事宜全明。

鬼 谷 分 爻 法

上爻	祖妣	奴婢	宗	栋柱	墙离	马
五爻	父	宅长	香火	道路	人口	牛
四爻	妻	坑厕			外户	羊
三爻	伯叔	兄弟	主门	闺房、悬柜	床、碓、鞋柜	猪
二爻	母	宅母		学堂	厨灶	猫犬
初爻	子孙	基址		沟	井	鸡鸭

分类表中的有关事项，现代风水是少见的，如：

碓：古代用来碾米工具，现代除少数民族部落偶见有其留存外，大部分地区早已销声匿迹。

六畜等物在农村普遍存在，但没有分屋饲养。城市只能断有其物体，模型摆设，作为工艺品摆放的可能性，有时还要变断。如二爻部位摆放着狗或虎，又如现代城里人喜欢饲养猫、狗，可以直断其物……

更有密传《家宅章》中的绝句："逢冲逢克事不利，虎临兄弟是仇人，辰戌丑未忌神到，左右坟墓碍门庭；玄武官鬼临亥子，须知上代有水神……"后两句中"坟墓""水神"对农村是普遍存在的。但是在城市这种断语实在令人难以接受，断卦时应灵活掌握和运用。

六爻分论：

六爻断家宅时，应根据爻象、爻位、阳爻阳位、阳爻阴位、阴爻阴位、阴爻阳位等细察，爻与爻、爻与三传（岁、月、日）旺衰，刑冲合害，生克制化辨明吉凶。有关井、床、厕、门、户、道路、香火、栋梁、坟墓、六畜分布是本身所固有的产物，是吉是凶要结合风水，八宅九宫细究，不可妄言。断卦时当然要根据爻位，所临之爻、六神决断。

用神遇父动，则子伤畜损；兄动则妻伤财耗；鬼动，伤兄大小不宁，官非事生；子动，克夫、削职；龙鬼持克，喜处生灾；雀鬼雀兄持克，口舌破耗；蛇鬼持克，虚惊常有；玄鬼持克，非阴私盗贼必奴婢走失，刀兵厨伤蹼跌（伤筋断骨）；勾鬼受克必田土交夹，生易无门，契券不明。

初爻凶，祖基、坟场、子孙不吉。二爻凶，灶厨不宁，母有灾咎。三爻凶床席不吉，人丁欠安。四爻凶，主房卧室乱，夫妻矛盾，妻灾必应。五爻凶，香火不安，父有灾凶。六爻凶，房梁断朽，奴丁遭殃。卦中哪一爻吉或凶，应事主事在其中，逐爻逐位细推详。

卦身论宅基：

断宅基卦身为用神，卦身旺象，基宽大，休囚则狭小。阳爻基方，阴爻基圆。卦身入乾卦基高，坤、坎基卑下，近湖泊沼泽池塘。临艮傍山陵近坟墓，临震近临闹市林木，临巽近竹木花果，花园菜地。离、乾向阳，近窑冶（炼钢厂等）。独临坤，近平郊旷野坟墓，临兑近池塘沼泽。

卦身所临之爻十二支有别。

子水基两尖中阔；亥水基湾水曲；

寅木远树椿杨；卯木两家基址相连；

巳火向围被人包住；午火前大后尖；

申金石砌中宽；酉金四方不开阔，狭窄；

辰土基高；戌土基横；

丑土基前小后大；未土基长，后如轮匙勾转。

身逢重（〇阳动）基曲圆；逢交（×阴动）基方直。逢刑冲基高低破缺。逢生合基方圆整齐。逢三合而遇日辰动爻刑冲克害，基地有一方缺，身遇三刑基在尖角上，身遇六害崩败旧基重造。卦逢六合，中央地基；卦值六冲，头巷口地基，身临父基有旧屋新增。身临兄伴为已产。身空伏鬼且是他人之基，身下伏官非官基必绝户。身下伏子，道观僧房之基或祠堂庙宇之基。身不现又不伏或身临空绝，不是绝户之地，必是他人之基。父化鬼者绝户官基；身衰值木者旧地基草木丛生；身金化金者拆屋重建之基；身土化金移高塞低；身土化土新开之基。龙父旺动克身，东屋逼基；虎父动克身，右傍已卖出，水鬼克身（玄武）地基水湿；朱雀临财化父，火后地基（火场或火烧后废墟）。二爻克身基狭；身克二爻基不方正；三四爻克身门户冲基，五爻克身有路冲宅；六爻克身有墙栋角冲宅基，初爻与应爻带土来生合卦身，两家并基之地。兄临子水动克身爻，北方有人争基；兄临午火动克身，南方有人争基，东西仿此。

以上卦身指的是月卦身和卦身同看，以月卦身为主，卦身次之。

二爻断住宅：

断住宅主要是抓住二爻参看其他五行合断，应以二爻为用，又以父母爻为用，又可以父母为堂，官鬼为厅；妻财为仓（储藏室，库房）灶，厨房；子孙爻为过道、走廊、相房（书房）披屋、道路；兄弟爻为门户、墙壁。值玄武，水爻为坑厕；旺相得月、日、时生合带贵马，龙、喜、德、禄、财、福动者，新创整齐。休囚空死墓绝胎，逢年、月、日、时刑冲克害加蛇虎亡劫煞动，旧居破败。宅空绝户，宅旺重建，宅旺相必荣昌，宅休宜迁，宅囚人亡，宅死屋卖，宅水逢火者必发，木遇土者旺农田，土遇木房斜屋损，火值金者崭新，木见木重逢又见木命（纳音年命）人占测，五门一统，楼阁重重，贵人福德临宅。世代名家，华盖文昌入宅当今名官。火无水贫乏之居，水水无金穷寒之舍，二水二合宪台霜肃，一木二土台阁流劳，水见火临兄弟，和合之门，水逢金值父母，雍穆之家。鬼临宅空动必主大难临头。太岁临宅空动，人口必伤。白虎临宅空动，人死马倒。父空无正堂，父囚死堂屋崩漏，父化父非有二堂，必是楼房，也有拆旧屋建大屋。父化子拆旧屋起小屋。父化财拆旧屋重建，将旧屋当脚屋（厨灶、仓库……）父化官改堂为厅，凶衰不旺人。父化兄安门立厕，父伏财下与灶同间，父下伏兄，两姓合门出入。父下伏子，偏屋高，正屋低，父下伏官非官家必位官房。父下伏鬼带合停殡在堂。父下伏木鬼带火逢空衰死草屋。父下伏土鬼逢死墓，屋下有伏尸、坟墓。

朱雀在前，玄武在后，青龙在左，白虎在右，勾陈辰戌之方，腾蛇乃丑未之地，内五行与外五行同论。鬼空无厅，鬼化鬼有二厅，带杀则宅地不祥，夜多怪梦，如逢刑冲克害身世，必主重重灾讼。鬼化兄损财招盗，鬼化父伏父家人常见病人鬼崇，多招是非口舌，大贵之命却不妨，则反断。兄化兄重重门相对，主邻里争吵口角是非常见。兄化鬼生官符牢役，损妻耗财，财化财连廒（仓、储藏室）重灶，带凶煞妻病不宁，奴欺主叛逆，财化鬼也然。财化父居地窄下，人口多灾。财化兄破财，财化鬼贵人升迁，财世动主卖屋、房毁，同时又主克双亲。

咸池玄武临宅必出淫乱贼人，身世为本人，妻财为妻妾（女官鬼为丈夫），父母为上辈，子孙为下辈，兄弟为姊妹，细推逐位六亲方是。福（子孙）空、华盖宅出僧道易人。六亲同上所论；白虎并子孙临宅必浪荡后生。虎杀刃加刑害临宅家中常出凶恶之事；龙德福喜临宅家出善良之辈；朱雀子孙动家出诵佛念经之人；若逢披头煞临，宅出疯癫之人；贪狼加蛇鬼临宅，出长颈或颈畸形之人；宅爻临鬼动，见伏尸、天刑、飞廉、羊刃等凶煞克宅爻，主出带疾之人：麻面、残足跛腿、手疯、身疤、鼻涕、露齿无发、口疙、咳喘、疯瘫等，只有将卦配十二宫才能运用。其中神煞、星曜均系陈抟、子平两种十二宫断命法中分布于十二宫内。其五行可定属相、六亲、部位、病症，占者尤加细究。

卦象五行定宅式：乾圆、坤方、艮重、兑缺、离虚、坎实、震、巽直均以卦宫而定，再配合六神断，勾陈临父爻半边破屋；蛇临父爻牵连之屋；玄临父爻披搭之屋；雀临父爻间口（有一缺口）之屋；虎临父爻破损之屋；龙临父爻长短（左长右短）之屋。蛇加水临父爻休囚简陋之屋；宅爻土化土拖前带后；木化木横向屋或楼房重叠；火化火屋有龟头或烟囱，雀克玄者前高后低；龙克虎左高右低，金遇勾生者，中突四边低，龙死虎生西高东低，雀衰玄旺，前窄后宽；土旺木衰者必是平房矮屋。宅之大小可以旺衰生克而论。宅爻旺相逢生，财旺动化父，父爻旺相重现者，皆主宅大宽敞。父衰逢蛇，父旺雀休，皆主简陋之宅。父爻旺相新，休囚死旧，父衰宅爻旺半新半旧，爻旺六神衰新旧相接，财动化父折旧换新。宅爻父爻衰而财爻旺动必主房宅倾倒。又父爻、宅爻、世爻三空者，主三迁或逃亡绝户之宅。宅临乾、兑宫逢子动近处有庵堂寺观或庙宇，临金虎鬼爻，屠猪军人之家，逢虎兄弟动，近处有赌场，父爻动化官，近处有公馆；初二爻鬼处墓地动，开门见坟。又说：寅、巳、申、亥坟在四角，子午卯酉坟在四旁正对之位，辰、戌、丑、未坟在两旁。又有爻位所主三左四右，五前六后的说法，也是比较准确的。又说：金爻空动正西、西北、西南方主逃荒流离失所，东方可住，能留子孙。水爻空动，东北寡，西南孤，西北出足疾之人。正南可住，方保平安。火爻空动，东方灾困多年，西北两代孤寡，西南逃离居地不归，东南可住，方保吉祥。土爻又空又动，正西难住，主有三代老寡，西房幼寡留孙不绝，东北正东可住。木爻空动，正东、西北、东北有子，东南正西主孤，正西不可安床，西南有祸。凡测家宅逢世空、世逢冲或身世临五六爻动必主离祖过房逃离远门。世临外卦之爻，与宅爻同支为世临外宅，动则离祖分居，静亦住居偏宅。住宅冲六爻位变祖迁移。两鬼两财，两承宗祀，二父爻重现当权（指临月），重拜双亲，二姓三名之人。

木居外卦，旺动合宅爻父爻者必有大树，庇荫。以卦爻五行定方位，如日刑木爻其木已被砍折留桩或破坏，若月建刑克木折已久。

有关断家宅章节，无非是采取六爻分析阳爻各个环节上的吉凶，本章受篇幅所限。不可细述，详见实例，深刻领悟，灵活运用。

第七节　论富贵贫贱

六爻断富贵贫贱是单方面的，如断终身必须运用六爻配十二宫法综合评判，才能达到统一。否则，时来运转得好卦，就断其富贵。而霉悔当临得坏卦，便测其贫贱之命，未免有些片面。天有不测风云，人有旦夕祸福，人生命运随着社会发展和变化也不断出现起伏，只有将命与卦拧和在一起才能准确断出终身富贵贫贱来。

《归藏》一书中有云："刑胜德者亡，德胜刑者昌，故世犯三刑两破（岁破月破）壮年必死于兵刑……"这里很清楚地告诉我们，卦逢三刑，重点是看卦、爻、神煞的旺衰强弱，旺者胜，弱者败。世爻、用爻、身、命旺相加并贵、德、马星相扶，必主富贵。反之，世、用、身、命衰弱者，即使见了贵德马也是贫贱之命。

凡四值（年、月、日、时）贵马聚于用爻，相扶旺相得位，逢官、印阳爻者，必位居极品。但这要看占者是谁，官人逢吉更吉，庶民逢之平平，反主官非口舌。若禄马贵人龙德会于一爻，无刑破克害者贵，加白虎、刑、刃者，贵人定为将帅，阳爻金旺必掌兵权，军、警、政法，权柄在握。阴爻金衰亦为司理之职。阳爻木旺必是文职。阴爻木衰亦理赋税、工商、税务、银警、保卫之职。阳爻水旺必任盐商。阴爻水休亦能任水利航管之职。阳爻火旺任学堂、词馆、文教、出版、编辑之职。阴爻火衰任文学、教学、教官之微职。阳爻土旺司村、社（乡）之职。阴爻土衰农村基层文笔，财会之职。太岁临官贵生世带福禄在四五爻者，省地之职。月上将星临官贵生世，带驿马在二爻，地级之职。日辰临官贵生世带驿马在二爻，七品县府之贵。世爻持官禄贵马，四值（年、月、日、时）动变无文书来生合者，吏员小职。父爻加龙德雀喜，文名盖世；父旺带禄伏子，只不过是普通公职人员或农耕之匠。父伏财下，普通个体经营，父伏兄下，贫寒打工者。世旺静无伤，安闲一世，空世逢冲，奔走东西。杀动无刑无制到老孤贫，禄绝逢刑逢冲，终身贫蹇。兄动带桃花，酒色之徒。飞宫财下伏兄，薄艺走荡江湖。财爻与旺兄合必受寒贫之困，土财月并，店业营生。父空旺相，星相学者、易卜之人。鬼空旺相，巫卜、信佛信教之人。木下伏水者，舟船之翁。父爻加地劫，裁缝之匠。木财空旺，煤矿柴卖之人。土福旺者，农夫之人。金木火三合，矿山之民。水财生旺，水产、渔夫，财加刑、刃，生镣屠剑之夫。带禄马墓于外卦江湖散客。福加华盖孤辰，僧道、三教九流之士。凡世身居五六爻休废，或带马，逢兄子爻乱动者，必是贫贱之辈，出祖离宗。子孙持世伏父老必孤，财爻持世伏兄弟，一世寡贫。兄爻持世伏鬼多劳苦，父爻持世伏财，百事无成。财爻持世伏父多短寿，世、用、身、父旺静，而无刑害克破者，必寿高如松。

第八节　论事业功名

　　人在事业上的成功与否，不外乎有三个方面，一是名望名气贵卑大小；二是职务的权势高低；三是工作条件环境的好坏。这些在六爻八卦上都有着明显标志。如何运用六爻八卦预测事业功名，关键是如何取用神。如预测名望、名气和工作职务，不但要看官鬼爻而且还要看父母爻、财爻，有时子孙爻也要参看。如法院、公安、司法、军界、银行等工作单位的人来预测，可别忽视子孙爻的领导地位，如果我们只是认为子孙爻是剥官之爻，就把它看成是忌神，那就错上加错了。所以说用神是依据所测对象的不同而有变化的，不可一味死搬硬套。我们断卦时，还要抓住用爻旺衰休囚和爻与爻、爻与卦、爻与年、月、日之间的生克制化，刑冲合害的关系。

　　《增删卜易》又论：父母世爻同旺，终须变化成龙，日月动爻相生，定是王家巨器。占功名必应者，卦象一成，若非旺父生身，定是旺官持世。功名无成者，不是子孙持世，即是子孙爻发动，或是世爻被克，或是六爻乱动，必功名无成。

　　这些论点，一语道破天机。我们在预测过程中，只要掌握父母、世、身、动爻得日月生旺，无破刑、克、害、事业顺利，功名成就可求，反之无成。

　　当然还要根据被测者的实际变化运用，如前面谈到的是子孙爻持世,由于行业不同,子孙爻有时也充当用爻。还有刚刚起步的财团,几家合伙做生意，很可能遇到兄弟爻持世，如果把兄弟看成是竞争对手，夺财之物，概以忌神论断，其结果必得其反。在预测运用过程中，大象、卦象、梅花易数都要灵活运用，不可拘泥循规。

第一章
如何巧用
信息实行一卦多断

　　六爻八卦预测，一事一断，信息较为明显，它随着求测者的磁场反射，信息库里的突出形象很快跳入眼帘，预测起来易于提取，只要有一定预测经验的人，操作起来比较轻松容易。可是往往前来求测的人多数是想通过一次占测就能知道自己的终身，甚至为了应验占测者的水平，对过去的事问个没完没了。只要你测准了过去，他才相信八卦预测的科学。所以，我所接待的预测，绝大部分是一卦多断。

　　如何实行一卦多断，是大家较为感兴趣的问题。其实说起来很简单，而实际操作也并不复杂。其中最关键的问题就是选用神。测什么事就选什么用神，然后围绕着用神这个核心，展开分析推断。比如一事一断以世爻为用神，而卦主又提出要测问父母事，那么这时父母就是主用神。如果还问子女之事，那么，子女就是主用神。如果要是再看阳宅风水，那么就用断阳宅风水的规则去选用神，以此类推，综合起来，自然就成了一卦多断。在实行一卦多断中，应该说六爻都是用神，尤其涉及飞宫法的时候，有时一个爻位，六亲要反反复复地使用，既是此的用神，又是彼的用神，反复使用，穿插使用，灵活使用，其实这也是巧用。千万记住不要死板僵化，要学会多角度多方位使用，灵活多变。假如只知道世爻是自己，父母是父母，兄弟是兄弟，那就坏了，说明脑子里的死框框还没有冲破。我主要还是教给大家一些方法，具体运用还要靠自己在实践中不断摸索提高，功到自然成吧！

还要必须说明一点：实行一卦多断，必须要有足够的易学知识。也就是说，光懂六爻八卦是不够的，还必须广泛涉猎，四柱命理、梅花易数、奇门遁甲、阴阳风水、手相、面相、紫微斗数、铁板神数，以及相关的法律法规，医学、经济等社会知识。这些知识是一卦多断的基础知识。如果不懂或似懂非懂，一卦多断就不可能实现。

这也进一步说明，易学本身就是一个综合性的科学，包罗万象，进入了易学这个门，就等于进入了知识的海洋。它可以让你在这一广阔的文化领域中，不断地丰富和完善自我，增长自己的才干。这也是易学文化的无穷魅力所在，只要大家不懈地努力，一定能登上辉煌的易学殿堂。

实例中受一卦多断之限，不可能只断一件事，凡是经我预测的，都是以一件事为主，触一反三，从一卦中断出许多事来，有些是有联系的，有些是与主要事宜毫无牵连的，但所断之事件件应验，这就是我断卦的手法和风格。后面各章节都是如此，不再一一说明。

阴阳八卦断奇案

　　1997年农历十月，××省××市巡警队队长找我预测,队长说:"我们公安机关有一大酒楼承包给人经营,现在承包期到了,不想前几天酒店防盗门被撬,木柜也被撬,现金被盗七万多元,值钱的东西也被盗了。我们忙了4天也无头绪,今特来找你预测案情,看盗贼是本地的还是外地流窜犯。"我让王某摇卦得《损》之《颐》:

丁丑年　　　辛亥月　　　庚戌日　　　（寅卯空）

《山泽损》　　　《山雷颐》　　　六神

官鬼寅木、　应	官鬼寅木、	螣蛇
妻财子水、、	妻财子水、、	勾陈
兄弟戌土、、	兄弟戌土、、世	朱雀
子孙申金　兄弟丑土、、世	兄弟辰土、、	青龙
官鬼卯木〇	官鬼寅木、、	玄武
父母巳火、	妻财子水、应	白虎

我看了卦象跟刘队长讲了四条:

1. 门被撬坏是假象,锁被撬也是假象。

2. 钱根本没被盗,全部存在东北方向的农业银行里去了,有60万左右。酒店里放的钱很少,只有1万元左右,是放在酒店东墙木柜最下一层。

3. 王某是不想交房租,唱空城计,一切都是假象,是王某自己所为。

4. 此事是王某妻子打的主意,根本没有失盗,一切都不是别人所为,而是夫妻俩所造的假象。

　　刑警队首先查银行,确在东北方位且是农业银行支行,王某存了57万元。后提审王某的妻子,她都如实交代了经过,说确是她本人的主意，不想出房租报假案，推脱无钱交房租，想因此了事。案情和预测结果完全相同。

解析：

1. 门锁撬坏是假象。三爻四爻为门，今三爻丑土和四爻戌土相刑，说明门确被撬坏。但三爻临世是在内卦，又临青龙和妻财子水相合，必是自己所为。子孙爻代表锁，伏藏在世爻丑土之下，丑土为申金之库，说明原锁已被日主藏在暗处，又官鬼卯木独发，空化空所以坏锁是假象。

2. 钱存在东北方向的农业银行去了。财爻子水化子水临月而旺和世爻相合，卦书有"日月临财合世必得财，求财得利，唾手可得"。今财爻子水合世爻丑土，显然是财不丢之象。又官鬼爻逢空化空，也是财不丢之象，据此断财没丢。财爻子水在艮宫，财和世爻丑土都代表东北方位，艮又代表政府、寺庙、坟坑、银行、电影院等，说明日主把钱存放在东北方位一个较大的银行里，什么银行呢？艮为山为土，为山林土特产之类，所以我断为农业银行，结果确是如此。财为子水，亥子数是一数和六数，为什么断六呢？因子水临月旺又化子水，故断六数。酒店放一万元左右，是初爻父母巳火化出子水，只能按一数断。放在东墙木柜最低层，因变卦财爻在一爻，又是动变之卦主东，变卦为震也主东方，震卦又主木柜之象，子水在震宫一爻，故断在酒店东墙木柜最低层放一万元。

3. 王某不想交房租，唱空城计，报假案说假话。今世合财说明王某把住财不放，不想交房租，二爻官鬼动化退化空，临玄武。二爻之鬼是家中之鬼，是内部之鬼而化空，玄武不仅代表盗贼，别忘了玄武还代表说假话办假事，不诚实之人。正因为如此，故断王某是说假话报假案。

4. 是王某妻子打的主意。官鬼卯木是阴位阴爻为女，又坐兑宫主女，二爻为房，说明是本家女"鬼"，这不正是王某之妻子吗？

阴鬼动化阳鬼，正是王某之妻出的主意，秘密策划报假案。

卦书上讲，鬼临二爻，家中鬼若临日月或临日月之生，莫骂贼。今官鬼得月生，又在二爻，不正是论证以上观点了吗？官鬼二爻动化空临玄武，正说明是报假案说假话，制造假象，抵赖房租。可是聪明反被聪明误，搬起石头砸自己的脚。结果房租交了六万多元，罚款三万多元，补税七万多元，管理税补三万多元，夫妻各自刑拘半月，真是赔了夫人又折兵。

5. 公安开始无线索，因子孙伏藏之故。

人命惨案　八卦侦破

1996年阴历五月二十一日（五月令），××省×县地区某公司彭××前来求测：其弟是××集团的司机到深圳拉李宁牌服装，十六日该回却未归，测是否出事？

	丙子年　甲午月　甲戌日　寅时　（申酉空）		
	《火水未济》	《天水讼》	六神
	兄弟巳火、　应	子孙戌土、	玄武
	子孙未土×	妻财申金、	白虎
	妻财酉金、	兄弟午火、　世	螣蛇
官鬼亥水	兄弟午火、、世	兄弟午火、、	勾陈
	子孙辰土、	子孙辰土、	朱雀
	父母寅木、、	父母寅木、、应	青龙

排好卦我对彭讲：

1. 人在路上出事了。凶多吉少，头胸有伤，流血过多，而且凶手是在车上作的案。

2. 是在回家的路上遭到抢劫，车与货全被打劫一空，价值40万元，车被劫到西北方向，离我们这里约250公里左右，车能找到，但货难回。

3. 事情发生在本省境内，方位偏西南，离一个城市不远，地名带水字或水字旁，相距在490公里左右。

4. 凶手是三男一女，有一男一女坐在车里，女的和司机必有密切的关系，请到沿途的公安局派出所去找。

5. 上一级公安机关将坐镇指挥，两个地区将出动干警侦破此案。

6. 此案能查清，但终不能破获，犯罪分子逃之夭夭。

应验：测卦的当天，在××地区公安处，找到了其弟和另一个司机的尸体。正在×县地区西南，490公里高河镇处，地名带水。二人头胸多处受伤，失血过多当场死亡，连车带货全被劫走。事后在×县西北方——××省找到了车，相距270公里，车上的货已空。省公安厅坐镇指挥，×县、××二地抽出公安人员侦破此案。一位老公安干警看到我演算卦象的结果后感叹地说："八卦真乃神奇，确是一门了不起的科学呀！"

解析：

人在路上出事是五爻发动为道路。凶多吉少，是兄弟午火化午火临月建，坐下离宫，又在我地区南方旺上加旺，物极必反，主大凶。再就是午见午为自刑。"自刑带杀不为良，不是牢狱死，定在刀下亡。"二是用神入墓，白虎发动主血光孝服，鬼伏克用必大凶，勾陈临用入土之象。路上打劫，五爻为道路应临玄武主盗财。货物难找回是因财上逢空。车在西北方，五爻动变乾，乾主车象，方向西北，270公里卦数相加。事发生在本省境内，用神在内三爻临门户。490公里在车上来讲当日可到，方向偏西南，动变申，申居坤宫。带水字的地名，用神伏世下。女的和司机有密切的关系，离宫未土爻动与世爻午火合之子孙动代表公安指挥机关。两地公安人员出动，子孙辰未二爻坐两宫，故为二地。最后一点结论是根据卦遇游魂案难破的原理而定，犯罪分子逃之夭夭。经 ×、× 两地公安机关数日侦破，至今虽一切情况查明，凿证无疑，可犯罪分子逃之何方，却杳无音信。

运用八卦　巧断奇案

1997 年农历九月，刘某前来预测，说妻子是开出租车的，昨天上午离家,晚上没归。请老师预测一下吉凶如何？得《睽》之《兑》卦。

丁丑年	庚戌月	壬午日	（申酉空）
《火泽睽》	《兑为泽》	六神	

	《火泽睽》	《兑为泽》	六神
	父母巳火○	兄弟未土、、世	白虎
妻财子水	兄弟未土×	子孙酉金、	螣蛇
	子孙酉金、世	妻财亥水、	勾陈
	兄弟丑土、、	兄弟丑土、、应	朱雀
	官鬼卯木、	官鬼卯木、	青龙
	父母巳火、应	父母巳火、	玄武

根据卦爻所示，我讲了八条。首先说此人以前有过伤残之事，伤在腿部。刘某说她 1995 年开车撞伤过，大腿骨折，现在钢夹还没拿掉。

1. 车的颜色为红色，不是新车，新旧程度占 70%，车和人朝西南方向去了。当场的六个人听了一惊，认为八卦神奇，因车确是红色。

2. 车里有三个人，一个 40 多岁，瘦高人，脸长方形，会开车，中性皮肤，这人从事过保安工作；另一个是年轻的女青年，20多岁，皮肤白，瓜子脸，体形不胖，头发长，长相较漂亮，会开车。第三个是中年男性，30多岁，较胖，脸色黑红，是个职业杀手，从事黑社会职业。

3. 车主已经死了，是死在昨天的1点到3点之间，即未时。

4. 罪犯是为了财而劫车害命，不是强奸而害命。人能找回，车难找回。车已转入东南方位（有别的卦师测人被强奸，拉到东南方位去了，七个月能回，理由是辰月水库必归家之论）。

5. 作案时是先用软细之物（指绳子、腰带等物）套在脖颈上勒住咽喉，然后用铁器击伤头部流血而亡。

6. 出事地点在××市西南方70—90华里，多到池塘、湖泊、河流、水库、水井、沼泽地去找，应和各地公安派出所联系。

7. 在农历九月十二日或十三日若找不到，十八日必能找到或有信息。但车难找回，车已开往东南或西北方位。

8. 告诉信息的人必是两位年轻姑娘，是属蛇的或属羊的。

结果：十八日之前在西南方位去找毫无信息。十八日这天他们到××市西南80里路的一个镇——××集，到镇内一家商店打听，当时有二位农村姑娘在买东西，告诉他们说，距这里西南七里多路的水塘边有一具女尸。他们赶到那地方一看，正是所要找之人。尸体是在芦苇塘里边，被当地抗旱种麦子的老百姓发现，脖颈上确有一根不长的尼龙绳，头部多处受伤已高度腐烂。

据死者母亲提供，九月五日上午10点多，女儿回家一趟取什么证，看见车里确有二男一女。

九月二十六日抓住一名罪犯，47岁，长相如我所测。当过兵，会开车，曾在法院工作，因贪污、受贿被开除。其他两位没落网。

解析：

1. 车是红色的，父母爻为用，今父母爻巳火临日发动，火属红，所以断车是红色。火在九月为库，所以断不是新车。

2. 车里有三个人，第一个官鬼在主卦艮宫，鬼是卯木，皮肤不白主高瘦。第二个是女的，是变卦为兑卦，主少女。兑为金，长相漂亮，第三个黑胖中年人，互卦水火既济，鬼在一爻，水主黑，所以不白。职业杀手，因互卦一爻坐鬼，干事先行一步，临玄武。其他二人会开车，因鬼在二爻，一爻为车，鬼在车上，断会开车。40多岁是主卦数，20多岁是变卦数，30多岁是互卦数。从事过保安工作，因鬼在兑有阳刚性，又临青龙是刚柔并进，武职之象。兑主说，法院主说。向西南找，六爻父母动，是车动化未，未在坤指西南。

3. 人已经死了，是1点到3点。后公安厅驻×记者站采访我，问为什么一下子讲出人已经死了，如没死怎么办。我讲周易八卦已明确告诉我，我才敢说。丈夫测妻以财爻为用，今财爻不现，伏在兄弟未土之下，伏来受克，子未相害。卦书说：水在辰戌丑未四个月都为大凶之象。财爻子水月克日冲，月日克用乃大凶之象。财爻子水无一点生机，原神酉金在卦中虽月生日克又逢空，不生用神，此也是大凶之兆。卦中兄弟四土临月而旺克用神，是一拳难敌四手，这也是大凶之兆。

再看一下六神，五爻为道路临蛇动，用神同时伏五爻下处死地，说明车在道路出意想不到的凶险之灾。古书说蛇动主灾殃。上九爻，父母巳火临虎动主血光孝服。

整个卦中兄弟爻临月，忌神结党聚集，用神像蜻蜓点水，岂有不死之理？死在未时，是午时冲动用神，未时受克，因用神伏未土之下，而未土又动，克性更大，所以断死于未时。这和法医推断一致。

4. 罪犯是为财劫车而害命。卦中财不上卦，兄弟爻重又发动，必群兄劫财。父母爻动生兄弟爻更旺，正是这部车动，增强了群兄劫财劫车的念头。兄弟未土动直克子水财爻，这位年轻的女司机做梦也没想到在路途中遭此一劫，命归黄泉。有阴谋策划的凶杀案，是蛇动临兄主阴谋之故。

5. 作案时用软细之物勒住脖子。因五爻代表人的五官长相，又为脖颈，螣蛇动在五爻，蛇代表细软缠绕之意。后用铁器之物击伤头部，这是怎么断的呢？动变成兑，兑上缺，不正说明头部被铁器所伤吗？白虎在六爻发动主血光，头有缺口必流血，说明头部严重损伤。

6. 出事地点在西南，因巳火动变未，未土在坤宫主西南。70—90里路，是主卦变卦之数，卦的时序数也是如此。到有水的地方去找，是变卦为兑，兑为水，沼泽、湖泊之地。和公安派出所联系，因未戌都为库。

7. 在农历九月十二日十三日有信息，是用神子水临旺。十三日是丑日冲未能提出用神，可丑日和用神相合故未出。十八日是午日，午合走未，冲出子水，所以十八日这天找出尸体。这是合飞冲伏之功效。十八日午火代表信息，火旺信息必至。

8. 先前有过伤灾之事，《暌》卦代表伤灾。卦中鬼化鬼，兄化兄，都有伤灾标志，鬼在二爻，兄在三爻，故断腿伤过。

两个报信的女青年属蛇的或属羊的。因父母巳火代表信息，巳火动生未土，未动生世，巳火未土是阴爻阴位，变兑为少女，所以断两个告诉信息的女青年是属蛇或羊，可惜他们没能问二女青年是属什么的，无法验证。

至于破案情况，实属关系重大，不便多讲，请谅解。

九月二十七日，××省公安厅记者采访了我，并在其内刊发表了此案，进一步说明周易应用的科学价值。

技法活变　断卦出奇

王女士测运气

庚辰年　　壬午月　　丙辰日　　（子丑空）

《地风升》	《天风姤》	六神
官鬼酉金×	妻财戌土、	青龙
父母亥水×	官鬼申金、	玄武
子孙午火　妻财丑土×　世	子孙午火、　应	白虎
官鬼酉金、	官鬼酉金、	螣蛇
兄弟寅木　父母亥水、	父母亥水、	勾陈
妻财丑土、、应	妻财丑土、、世	朱雀

断：

1. 主卦是两官两财，兄弟爻不上卦，子孙爻不上卦，财无制，官鬼无制，所断此女婚姻不顺。1994年离婚，1997年结婚，1999年离婚。王女士听后咂舌而答："完全正确。"

2. 你是大专生，文化是两次攻读而成，你的工作是干金融行业的。王女士讲："李计忠先生你测得太对啦，第一次没考上，复读后才考上的。"

3. 你是一母两父，有姐妹无兄无弟，有一个妹妹患有神经系统的毛病，原因是其丈夫出现意外的伤害而引起她脑神经出现问题。听此王女士有些愕然，然后回答："我是一母两父，妹妹的丈夫两年前出车祸，从此得了脑神经上的毛病，整天睡不好觉。"

4. 你住的阳宅为大凶之宅，房下有坟地，前宽后窄，大门西南有条大河，河上是座大铁桥（为白虎架金桥，主伤亡之灾）。房后有条大河不利事业，不利子孙。房子东南方有一个大庙，庙的西偏门正对着你家的大门，主父母有高血压心脏病，胳膊腿有伤灾。你的房子很破旧，房顶西方、西南方漏水，墙壁渗水，一片潮湿阴气较重，主家中人身体常有病，不聚财。王女士说："简直太神啦，好像亲眼看见一样。我家住的房子的确是前宽后窄，大门西南是条大河，河上有铁桥，离我家非常近，桥偏对我家的门。房后是有一条河，距我家房有十几米远，房子东南是一个大庙，人称宗庙，庙的西偏门确实是对着我家的大门。我母亲是血压高心脏病，父亲是左腿出车祸伤断过，母亲和妹妹是整天吃药，根本存不住钱，房子是多年的老房，墙上的确渗水，屋里阴暗潮湿，我是一进家就头痛。我们也知道不好，但没办法解决。"

5. 王女士问她的身体健康如何。我说："你有胆囊炎，脾胃不好，供血不足，有时头晕，有时心慌气短，肾虚，现在有妇科病，做过两次人工流产。"王女士点头说："确实是这样，身体一直不好，看了很多医生也没用。"我告诉她适合看中医，吃一些补肾的药。

6. 王女士又问她的孩子如何。我说："你有一个儿子很聪明，身体健康，好动，性子急，学习成绩不好。"王女士回答："我儿子是很聪明，就是学习不用功，成绩不好。"我告诉她2003年以后，学习成绩会好的。

7. 王女士还问到以后婚姻如何。我说："你今年又交一个男朋友，长相很漂亮，但右眼受过伤有疤痕，视力不好。左前额有块伤疤较大，还有痔疮。"王女士点头称是。我继续讲："你现在的男友坐过三年大牢，应1999年出狱。现虽有工作，但工资不高。原因吗，是原来有官位，应青云直上，但是因贪污受贿而丢官坐牢。另外此男原来有家室，入狱后离婚，有一个儿子跟他妈妈。"王女士说："李计忠先生你说得真灵，这些复杂的事你竟然也知道。"我说："八卦是科学，只要功夫深，不论何事都在一卦之中。"我告诉她这次婚姻

周易一卦多断精解

定能白头到老。

8. 王女士最后问父母身体健康如何。

我断其父目前主要呼吸系统不好，母亲腿痛。王女士说正是如此。

解析：

1. 1994年离婚者是卦中财旺官旺，子孙入库，官鬼无制，兄弟爻不上卦，财无制，是各有新欢，另有所爱。多次婚姻是上六爻酉金化戌财回头生，世爻动去生合三爻的官星。1997年结婚者是应爻丑土财临岁而旺，因应爻丑土逢空，世虽空，动而不空。两丑财合两个官星，官星亦为入库，说明此年有结婚之喜。1999年离婚是兄弟爻旺相，官星受损，财星处死地，属财官休囚婚姻不到头。故断此年离婚。

2. 卦中虽官鬼两重，父母爻两重，但必定不旺，故不是大学本科生。但卦是财官合生，官父同宫相生，故断为大专生。世丑与上六动爻酉金相合，与三爻酉金紧贴相合，亦说明学业两次攻读而成。因丑为金库，又坤化乾，故断工作是干金融行业的。

3. 卦中二爻父母亥水化亥水为正母，五爻父母亥水是阴宫阴爻阴位，必是继父，阳宫阳爻则为真父为亲生之父。五爻亥水动化乾宫为阳，但亥化鬼，世爻丑动为金之库，说明其真正的父亲在王女士出生14岁时已去世，故断是一母两父。

此卦兄弟爻不现取伏。空亡死绝者无。兄弟爻寅木在月上处死地又不上卦，所断无兄无弟。世爻往上一爻为长兄，退二位为二兄，一个休囚，一个是官鬼，下顺一位为弟也是官鬼，下二位为二弟处囚地，均是无兄无弟的信息（按八卦飞宫而断）。与世爻同类者为妹妹，初爻丑土化丑土，坐巽宫为两个妹妹，因世爻丑土在坤宫主岁数大当然是姐姐，故断有两个妹妹。因应爻丑土旬上空，与上六酉金空合，酉动化戌，丑戌相穿，酉动受月令之克，火金主神经系统，上六主头，当然是脑神经系统有毛病。变卦为《姤》乾金冲克巽木，三爻官鬼酉金化官鬼酉金临螣蛇，此为鬼化鬼为不祥之兆。如鬼临空墓绝胎囚之地，加蛇虎多为刀刃车马之伤亡。鬼化鬼必有两姓，女是亡夫再嫁之命。因应爻丑土代表妹妹，初爻与三爻是同宫，所以三爻之官可取为妹夫。故断，其妹是因丈夫出现意外的伤亡而引起脑神经有病。

4. 主卦是官鬼重重无制，福神不上卦，金水旺，阴气较重，主家中之人多病，不利事业，不利财运，不利仕途，不利子孙，同时严重影响寿命。三爻四爻持螣蛇白虎，主家中会出现凶死暴死之人，所断此宅为大凶之宅。房下有坟地，是初爻丑土化丑土，丑乃鬼库，又与鬼爻半合临日月生，可见房下坟地较多。上卦为坤主宽大，下卦为巽主细长窄小，故断为前宽后窄（前宽后窄之房为三不遇宅，为大凶之宅。若遇此宅者，先败财后败人丁，家人难过60岁，并多为凶死之突）。五爻父母亥水动化官鬼申金，坤主西南，官鬼申金代表西南又代表桥，因为临乾卦上六为青龙，均代表桥梁，故断西南有条河，河上有座大铁桥。二爻亥水化亥水所断房后有条大河（房后乃福、禄、寿三山宜高起，不宜低洼，更不宜有河流）。三爻官鬼酉金化酉金临螣蛇，坐巽与日上辰土相合，故断房子东南方位有座大庙。（提示：八卦测阳宅螣蛇在三爻临官鬼申酉金或火，与日月合库，主宅基地四周均有大庙，方位以卦象爻位而定，休囚空绝主远年有庙，旺相与月相合，主近代建造，并且香火较旺，若子孙爻旺，庙里僧人多。此为定律，望学易之人谨记此理）三爻官鬼酉金与四爻丑土半合，故断庙的西偏门正对着本家住房的大门。卦中父母爻亥水在月日上受克，酉金入丑库无原神，故断父母有高血压病，心脏病。（提示：八卦断风水，山为骨、金为骨，木主神经、门向主神经，水为龙、水为血液、水为宅气、金主武、火木主文，土主皮肉，又主内堂，又代表祖屋，又代表杂官等。）此卦亥水受克，水火相战，必定父母有血压高心脏病。变卦是乾金克巽木，故断四肢有伤灾。

二爻父母亥水化亥水休囚主厅堂破旧，临勾陈主残墙破壁，故断为房子很破旧。上六爻官鬼酉金动生五爻亥水，又酉金化戌土与日令辰土相冲，五爻亥水化官鬼申金挂玄武，均主房子漏水之象，故断房顶漏水。卦中土金相生，金水相连，二五之爻临亥水，所断房内一片潮湿，阴气较重。墙壁渗水者，是五爻亥水化申金回头生又持玄武之故。家中人的身体常有病者，是五爻亥水休囚化官鬼之故。不聚财者是三爻四爻临蛇虎之故。

5. 卦中无木，木在月处死地，四爻为肝胆，丑土化午火临白虎，火土之旺说明有胆囊炎。三爻为腹，临官鬼酉金化酉金挂螣蛇，亦主胃上有病。供血不足者，是五爻亥水发动得酉金合生，又化申金回头生，与月令是水火相战，入日令之库，又有丑动克制，必然是供血不足。头有时晕，是坤化乾主头，上六酉化戌受日令冲，月令午火克金，故断头有时晕。血液受阻，四爻又代表心脏，临白虎发动，必然心慌气短。二爻为肾处休囚之地，故断肾虚。巽为股为子宫，在月处死地，丑空化空，必定有妇科之病。坤主腹，世爻化子孙临白虎，亦说明做过人工流产，火为二数故断做过两次人流。子孙爻又代表医药，木火为中医，故告诉看中医效果较好。

6. 子孙爻午火坐乾宫，临月建而旺，说明是男孩。午火旺也说明身体健康、聪明。临白虎主好动，午火主性急。午火虽旺但官星父星休囚，故断学习成绩不好。2003年是子孙爻与太岁相合，生助官星，官又生父，故到2003年学习成绩会好转。

7. 庚辰年与官星酉金合生，官星旺相，世爻丑土临太岁发动，与酉金半合，太岁辰土冲去戌土之财，故断庚辰年又交一个男友。金主白主秀气，故断长相较漂亮。五爻为此男友之眼睛，亥水动入日库，与月令午火相济，亥水受伤，内含丑未相穿，故断右眼受过伤，有疤痕。水火交战必定视力不好，（主卦为右变卦为左，所断右眼有病。）左前额有大的伤疤者，是上六戌土与日令辰土相冲，乾主头挂青龙，代表前额日角，故断左额有伤疮。为什么断是男友而不断是卦主呢？因上六官星动化乾主男，又丑酉半合，当然为男同志的双眼。若断此女的双眼应看二爻亥水（提示：此卦可以当作风地观看，此女的双眼近视戴眼镜，为什么呢？风地观是五爻为巳火，巳亥冲视力不好，有戴眼镜的信息。敬请读者多加领悟，若不懂，我给答疑）。初爻丑土为肛门空化空，因丑酉半合官局，当然是男同志有痔疮。为什么不断以前的丈夫呢？因此女摇卦主要信息反应的是现在谈的男友又《升》卦主眼前之事，官星酉金发动受月令午火之克，入动爻丑土之墓库。丑坐坤卦必是坐监之象，说明其男友是1997年入狱。1999年出狱是卯木合去戌土，克制丑土，冲出酉金，故断此年出狱。现有工作是2000年为辰酉相合，与太岁相合必有喜事临门，故为有工作。因是土财，所断工资不高。应有官位是官星坐坤得生，化乾为有权之故。官星得戌财之生又合丑财，与日辰财又合，故为贪污受贿之罪而坐牢。与前妻离婚是1998年寅午戌三合局，戌土为酉金的前妻，与他人合，就是妻子跟了别人。1999年卯木合走戌土，说明前妻在1999年已结婚了。有个儿子跟他妈，是月令午火为此男之子，与戌土相合之故。白头偕老是世爻丑土化回头生，又丑土世爻与官鬼酉金生合，酉金入丑土之库。

8. 五爻为父，动化官鬼申金，金主呼吸系统，五爻又为呼吸道，金在五月受克，说明父亲气管炎较重。二爻为母亥水坐巽，巽主腿，在五月也主休囚之地，说明腿痛。

周易一卦多断精解

兄弟持世　不破却发

张某打电话来测财运

己卯年　　　辛未月　　　壬戌日　　（子丑空）

《天水讼》	《风水涣》	六神
子孙戌土、	父母卯木、	白虎
妻财申金、	兄弟巳火、世	腾蛇
兄弟午火〇　世	子孙未土、、	勾陈
兄弟午火、、	兄弟午火、、	朱雀
子孙辰土、	子孙辰土、应	青龙
父母寅木、、应	父母寅木、、	玄武

古书有兄弟持世莫望财。今卦中兄弟四重发动而旺，财爻申金化兄弟巳火回头克，应爻坐父母寅木生助兄弟爻，看来是无财之象。这只是表面之象，不可妄下断语。我仔细分析了卦理。本卦虽兄弟持世，但卦中子孙爻四重，又临月日而旺，财源滚滚而来，并财源根深蒂固。因此我决断：

1. 此卦为发大财之象，主要财路来自与俱乐部、酒店、桑拿、澡堂、与水或与娱乐有关的场合。实际上张先生想扩大经营，承包一个大酒店，另外还有舞厅、桑拿。

2. 我断定他承包能成功，并且很顺利，承包合同已签好。

3. 承包的信息是某位领导提供的，承包人是三人合伙，以你为主，二男一女，并有个女领导帮忙。

4. 六月装修完工，秋冬二季发财。2000年庚辰年发大财。2001年发大财。从1992年到如今一直很好。往后还有六年的好运，你就放手地干吧。断完卦，张先生说："我从1992年到如今财运一直很好，并发了财。干酒店娱乐生意是我的本行，现在承包一个大酒店确是市里领导提供的信息。我找的这位副市长确实是位女同志，并很顺利地签好合同，是三人承包，二男一女，并以我为主。"后来反馈信息，此人2000年到2001年是发了大财。

解析：

1. 此卦为什么会发大财呢？主卦变卦兄弟四重群兄劫财，乍一看是无财可求，仔细推敲，便解其意。世爻兄弟发动化子孙爻未土相合，与月令未土合，日令为兄弟午火之库，兄弟爻入库，又化合怎么会劫财呢。火去生土，土又生财此为不利化有利，也说明张先生经营有道，管理得法。财爻申金与兄弟巳火相合在六月财临旺地，必是发大财之象。也说明张先生是贵人多，得贵人之力。卦中子孙六重临月日令而旺，子孙爻为财爻之原神，亦为顾客，客多生意好，必为发财之象。财路来自与娱乐有关，酒店、桑拿是世爻为午火应爻是寅木临太岁生合世爻，为木火通明之象，亦主娱乐场合。再看卦象是干金生坎水为吉，世应相生为大吉。世入日库，应入月库，所断张先生是干酒店与娱乐有关的生意。卦中金为财，坎水也主财，必是发财之象，能赚大钱。由于世应相生，说明办事求财比较顺利。

2. 能成功，合同已签成，是父母爻代表文书，今卦中兄爻午火发动与月令未土相合，说明有贵人相助。世爻与化出子孙未土相合，应爻父母寅木生合世爻，组成寅午戌合局，所断承包成功，合同签成。

3. 承包的信息是领导提供的，是财在五君位，财爻世爻俱在乾宫乾主领导，说明张先生的财路是领导提供的信息。乾动化巽，巽为文昌文书亦代表信息。承包是三人合伙，二男一女，主要是世爻动化未土相合与月令合，合者合伙。未土是财的原神是共同求财之意。未为阴，坐在巽卦为女，两个午火为两男，所以断二男一女，三人合伙经营。有个女领导相助，是上六爻子孙戌土化父母爻卯木，卯戌合生财爻申金，戌在乾位主权，巽主女，所以断有位女领导相助。

4. 六月份装修完工，是未土为库，临月而旺，世爻与未相合，午未合为通明之象，故断六月完工。秋冬二季发大财是酒店桑拿，以金水为财，秋冬正是金水旺相之时。2000 年发大财是太岁生财，子孙爻旺相。2001 年发财是身旺太岁合财之故。

父兄动生世　谋望必称心

刘先生测工作

戊寅年	癸亥月	乙亥日	（申酉空）
《山水蒙》	《山天大畜》	六神	
父母寅木、	父母寅木、	玄武	
官鬼子水、、	官鬼子水、、应	白虎	
子孙戌土、、世	子孙戌土、、	腾蛇	
兄弟午火×	子孙辰土、	勾陈	
子孙辰土、	父母寅木、　世	朱雀	
父母寅木×　应	官鬼子水、	青龙	

主卦《山水蒙》，是怀才不遇，命犯指背招小人口舌，是时运不祥之兆也。卦变大畜，故有阵势得开之象。是不利变有利之卦，我给刘先生决断如下几条：

1. 刘先生的职业是在公检司法上班，本人当过兵。

2. 文化程度高，必是高才生，具体工作应与文秘有关。

3. 工资不稳定，是招聘工，不是正式工作人员。

4. 刘先生是测什么时间能转为正式工作。这次转正考试成绩名列前茅。

5. 下月定能转正录取。

测完后刘先生说："我当过兵后考取大学，大学毕业后被招聘到公安局做文秘，至今没转正，前段时间转正考试，我在全区第二名，今想测一下是否能批下来，经你这么一说，我就放心了。"

解析：

1. 公检司法任职当过兵，是子孙爻持世，临腾蛇，又官鬼在五爻临白虎，是蛇虎俱旺，具有威武刚强之意。再看世爻寅午戌合火局，化乾卦，正说明此人是武界之人。

2. 文化程度高，做文秘职业，是父母爻寅木与月日相合得长生，寅午戌三合火局木火相照，文才通路正是此意。

3. 工资不稳定，不是正式工，是财上逢空兄弟爻发动之故。

4. 因父母爻动化官鬼子水临青龙，所断是测工作转正之事。

5. 下月定能录取转正是父母爻寅木动，被月日而合，又寅午戌合局入库，文书被合，下月为子月冲午火，官星得地，录取文书定能批下来。

提示：

测工作父母爻宜旺不宜衰，连续生世爻或生世爻必有工作之喜。再一点官爻代表事业不可缺少，旺相者大吉昌，谋望必然称意。以用爻为主，动速静迟。旺相出现速，阳变阴迟，阴变阳速成之象。动临震巽速；动临坎艮迟，用临卯酉速。一爻二爻动速；三爻四爻动迟。用临太岁不出一年；用临月不出一月；用临日本日可成。此是四值用神决断迟速之机也。

财动生世　财源滚滚

林先生摇卦测财运

<table>
<tr><td colspan="2">戊寅年　　壬戌月　　丙辰日　　（子丑空）</td><td></td></tr>
<tr><td>《山天大畜》</td><td>《地山谦》</td><td>六神</td></tr>
<tr><td>官鬼寅木〇</td><td>子孙酉金、、</td><td>青龙</td></tr>
<tr><td>妻财子水、、应</td><td>妻财亥水、、世</td><td>玄武</td></tr>
<tr><td>兄弟戌土、、</td><td>兄弟丑土、、</td><td>白虎</td></tr>
<tr><td>兄弟辰土、、</td><td>子孙申金、、</td><td>腾蛇</td></tr>
<tr><td>官鬼寅木〇　世</td><td>父母午火、、应</td><td>勾陈</td></tr>
<tr><td>妻财子水〇</td><td>兄弟辰土、、</td><td>朱雀</td></tr>
</table>

卦象成立，我对林先生说："你的财运一直很好。从1992年到1996年发了大财，有上亿的资产，国内外均有存款。1997年买了厂地，是靠山的东边，1998年盖了新厂房，厂房高大豪华漂亮。"对方十分惊奇地说："八卦神了，讲的完全正确，你能看出我是做什么生意的吗？今年有没有财运？""从卦上看，你是做石头一类的生意。"对方讲："正确，我是做石材生意的，这几年石板石料出口意大利，发了大财。"我告诉他今年从农历七月到十一月均为发财之兆。

到年底林先生打电话来，下半年得财一千多万元。我提示林先生2002年生意不可大做，不然要破大财。

解析：

此卦为世应相生，财官相生，又得动爻之财来生之，为得大财之相。卦中子孙爻两现生财，亦为得大财之相。世爻发动与财爻生合，也是发大财之象。卦中兄弟爻重重，财库辰土临月日，为什么不劫财呢？这是卦理最实质的要点。因戌月冲辰库，库门大开，月日冲财库是必发大财之象。再一点辰土合子孙爻酉金生财，财生世，是遇贵人相助而发大财。应财生世爻与世爻去生财爻，和财去生官鬼以及财爻与世爻相刑克相比是天壤之别。所以每一卦成立，要细推卦中的动态，方能断事出神入化，准确无误。此卦兄多生福神是求财根深蒂固，财源滚滚而来。卦中二官鬼发动也有制兄之功，所断此人发了大财。望广大易学爱好者要深识卦理。1992 年到 1996 年发大财是福神财爻临岁，一路金水连续相生，财遇旺地，大发无疑。

1997 年买了厂地，是 1997 年为丁丑年，与财爻子水相合，初爻财星子水动化辰库，变卦上坤下艮均为买厂地之信息。因坤主大主方，艮主三尖地也主高低不平，有山有地，所断此地必定是用来盖工厂，不是盖民宅。主卦为乾，乾主财化艮，说明房子高大象寺庙一样，不正是工厂加工产品经营之象吗？山东边是乾卦变艮卦之故。

1998 年盖新厂房，是二爻官鬼寅木临太岁发动，生合父母爻午火，午火又坐在艮卦，所断此年必盖新厂房。高大豪华漂亮是父母爻旺具有木火通明之象。卦中官鬼动群兄聚集，《谦》卦宽大明亮，金水相连必是豪华之象。做石料生意是乾卦变艮之故。

身旺能扛　应聘成功

陈先生测应聘是否成功

<table>
<tr><td></td><td>寅年</td><td>癸亥月</td><td>壬戌日</td><td>（子丑空）</td></tr>
<tr><td></td><td>《山雷颐》</td><td>《地雷复》</td><td>六神</td><td></td></tr>
<tr><td></td><td>兄弟寅木〇</td><td>官鬼酉金、、</td><td>白虎</td><td></td></tr>
<tr><td>子孙巳火</td><td>父母子水、、</td><td>父母亥水、、</td><td>螣蛇</td><td></td></tr>
<tr><td></td><td>妻财戌土、、世</td><td>妻财丑土、、应</td><td>勾陈</td><td></td></tr>
<tr><td></td><td>妻财辰土、、</td><td>妻财辰土、、</td><td>朱雀</td><td></td></tr>
<tr><td></td><td>兄弟寅木、、</td><td>兄弟寅木、、</td><td>青龙</td><td></td></tr>
<tr><td></td><td>父母子水、　应</td><td>父母子水、　世</td><td>玄武</td><td></td></tr>
</table>

断：

1. 此卦父母爻临月而旺，说明招聘单位是个大单位。一爻独发艮变坤也主是个大单位。陈先生讲是个大酒店。

2. 人家找你，你是大学毕业学过经营管理。对方说："对，我是本科毕业。"

3. 应聘成功，应做高级管理人员，月收入应五千元左右，半年后，还会提职加薪。

4. 明年为己卯年，太岁合世，必有贵人提携而升职。

5. 往后几年一路火土之象，工作顺利，财运亨通。

后陈先生打来电话说："先聘为一个小部门当总管，月工资正应所测五千多元，三个月后任大堂经理，七个月后提为酒店总监，月工资九千多元。"

解析：

卦中兄弟爻寅木发动克世，但寅木克不了世爻戌土，只因戌土临日令之故，又化进神，所断是人家找他。大学毕业者，是父母爻临月而旺。应聘成功，是财爻持世化进神之故。因世财在四爻临日而旺，所断聘用为高级管理人员。月工资五千元左右，是财星为土，土为五数，因土旺所断五千元。半年后还会提职加薪，是戌世临日，冲动三爻辰土与官星酉金相合之故。往后几年是世临太岁生合世爻，必是工作、财运通顺之象。

用合他人　事与愿违

张先生摇卦测合同能不能签成

戊寅年　　　庚申月　　　戊戌日　　（辰巳空）

《泽水困》	《坤为地》	六神
父母未土、、	兄弟酉金、、世	朱雀
兄弟酉金○	子孙亥水、、	青龙
子孙亥水○　应	父母丑土、、	玄武
官鬼午火、、	妻财卯木、、应	白虎
父母辰土○	官鬼巳火、、	腾蛇
妻财寅木、、世	父母未土、、	勾陈

我看了卦对张先生讲："合同签不成，被别人签走，七月八月是无财可求。"结果合同被别人签走。

解析：

此卦是应爻生世爻，并且是福神生世，应说是合同能签成，是得大财之象。但是世爻值月破又化库，子孙爻虽旺发动，但不生助世爻，也说明对方根本上就没打算给张先生签合同。应爻代表对方，临亥水入动爻父母辰土之库。说明此合同早有主了，所断合同不成。再一点父母爻代表文书，发动是合同签不成之象。但辰土动化空，辰又与五爻兄弟酉金相合，与世爻相克。所以合同被别人通过当官的朋友签走，张先生签不成。

七月、八月无财可求，是兄弟爻旺相克世爻，是破财之象。此子孙亥水入辰库不生世爻。到九月戌土冲开辰库放出亥水，方有财可求。

求财遭兄克　到头两手空

张厂长测财运如何

戊寅年　　壬戌月　　己亥日　　（辰巳空）

《泽雷随》	《泽地萃》	六神
妻财未土、、应	妻财未土、、	勾陈
官鬼酉金、	官鬼酉金、 应	朱雀
父母亥水、	父母亥水、	青龙
妻财辰土、世	兄弟卯木、、	玄武
兄弟寅木、、	子孙巳火、世	白虎
父母子水○	妻财未土、、	螣蛇

我给张厂长讲：

1. 无财可求，现产品积压太多，销路不好，厂子虽大，但产品不对路。

2. 有多数产品已变质，不但无利反亏大财。张厂长讲事实正如我所断，现已亏损一百多万。

解析：

1. 卦中虽财爻持世但临月破处空地，化兄弟卯木回头克，卯木与月合，日上临长生克身有力，不但无财反破财。卦象是用克体亦是不吉之象，应爻与世爻相穿，不是生合的关系，也主破财之象。

2. 财爻的原神不上卦，伏在父母之下受克入月库、日克，所以产品在库积压太多卖不出去。父母爻太旺克子孙爻，所以产品不对路，同时也可断质量不过关。再一点兄弟寅木在二爻临太岁与日相合相生而旺克世爻有力，也是破财之象。此卦第一个特点是子孙爻不上卦，第二点是财爻暗动被兄弟爻所劫，这就是财不宜动，动者失。

最后我结合卦中显示的信息，帮助张厂长进行经营策划，事隔三月左右，张厂长打来电话告诉我："经营策划已见成效，形势已开始向好的方面转化。"并表示十分地感谢！

仕途通畅　名利双收

张某摇卦测工作调动是否成功

戊寅年　癸亥月　辛酉日　（子丑空）

《雷火丰》	六神
官鬼戌土、、	螣蛇
父母申金、、世	勾陈
妻财午火、	朱雀
兄弟亥水、	青龙
官鬼丑土、、应	玄武
子孙卯木、	白虎

据卦象，我给张某讲：

1. 你是大学生，在事业单位当领导，是副职，但有实权。工作单位有名气，经济效益高。张某讲："我是本科毕业，在国税局上班，任副局长，现正局长调走了，我代理正局长的工作，单位效益挺好，工资高。"

2. 这次工作调动，实际上是提升，方位在西北方。对方说："我是调到市里地税局任局长。在我们县的西北方位，市委领导已给我谈过话了，可到现在有二十多天了，没有动静，不知还能调成吗？"

3. 工作定能调成，时间7天至10天可成功。后来信息反馈在戊辰日工作调成，实际上是7天。

解析：

1. 卦中财官两旺相生，官生父，父母爻持世临日而旺所断是大学生。有实权是副职，是世爻临五君位，申金持世之故。

兄弟爻旺子孙爻旺，财得旺木所生所以经济效益高、工资高。

2. 工作提升是午戌半合生世爻之故。财官世具在震宫震主动，所以工作调动。工作调西北方位是上六爻官星临戌土，戌指西北方。

3. 戊辰日工作调成者，是甲子旬，应爻官星出空辰官冲起戌官，父母爻申金得长生之故。

官爻在内卦　须防家中贼

某男摇卦让我看他有什么事

庚辰年	戊子月	壬子日	（寅卯空）

《火水未济》	《火山旅》	六神

	兄弟巳火、　应	兄弟巳火、	白虎
	子孙未土、、	子孙未土、、	腾蛇
	妻财酉金、	妻财酉金、　应	勾陈
官鬼亥水	兄弟午火×　世	妻财申金、	朱雀
	子孙辰土○	兄弟午火、、	青龙
	父母寅木、、	子孙辰土、、世	玄武

我认真地看了一会儿这位男子摇的卦，断道：

1. 你最近破财了，丢了700块钱，家里的金银首饰也被偷了。

那位男子听我这么一说，翘起大拇指说道："不愧神断。我正是为此事来找老师测一下是什么人干的。"

解析：

兄弟爻持世发动克财爻酉金，兄弟爻化财爻申金，所以破财。午火化申金，申金之财居艮卦，艮为7数，财爻申金又休囚，所以是700元。四爻妻财酉金坐离宫化离宫，离为火，金坐离宫受火熔炼乃成器之金，所以应是金银首饰也被盗走。

有人问，兄弟午火虽动，但在子月子日为破，又卦中子孙辰土紧贴兄弟爻发动，泄兄弟之元气，兄弟应无力劫财，可实际上为什么却劫财，这应如何解释？

实际上这是卦象的反推之理，纯属断卦的高层技法。①首先看世应挂兄弟，围劫财爻酉金，破财之象。②兄弟午火发动临世爻，受月日子水旺冲为破为真空真破，应看成是世爻本身日破，倒霉之象、无力得财之象。而不应该单纯地看成兄弟午火日破不劫财。③应爻兄弟巳火合克妻财酉金，巳火临白虎，妻财有伤。④妻财酉金在月日均处死地。⑤子孙辰土虽动但化出兄弟午火为月破，不能生财，综合分析就是破财之象。

2. 东西不是外人所偷，而是自家的一个晚辈所为，这个人是个男的，年龄应在19岁—21岁，属马或属羊的，应是你媳妇家的亲戚所为。

卦主某男子听我这么一说好像有所开悟。他说："原来是家贼难防呀！我那个外甥就是属羊的。开始我就怀疑过他，看来还真可能是这小子。"

解析：

测失物，取官鬼为盗贼，虽卦中不现但却伏于三爻世位之下，又月日帮扶为旺相有力。三爻在内卦为家中之人。二爻子孙辰土动化兄弟是化劫财之神。子孙为晚辈，坎宫化艮宫为男，艮为少男，且二爻为宅，为家中之晚辈。辰土化午火，午为马，合午者为未，未为羊，所以这个晚辈是属马或属羊的。子孙辰土动合妻财酉金，故应是卦主媳妇家的亲戚。（实际上是卦主大姨子家的孩子。）

3. 偷东西的人就住在附近，他家房后有个小山坡。男子说："越说越对啦，我媳妇的姐姐家就离我们不远，后面就是山。"

解析：

子孙辰土之下是父母寅木，父母为房，又变卦为艮，艮为山，所以房子后面有山坡。

4. 家中有两道门锁，完好无损。这个人在中午配了把钥匙，然后潜入家中行窃。那个男的说："门锁完好无损这是真的，那么到底他怎么配钥匙，我们就不知道了。"

解析：

子孙爻为锁，卦中两现又不受冲克，所以锁是好的。子孙辰土发动化午火，所以是中午配的钥匙。

5. 偷钱偷首饰是为了讨好他的一个女朋友。钱和首饰都用在了那个女朋友身上。那个男子说："太具体的我们也不知道，反正他和一个女孩好着呢！"

解析：

初爻父母化子孙临玄武，但不动不为赌博。二爻子孙临青龙发动，青龙主酒色暧昧之事，而且辰土动合财爻酉金，动变与月日又申子辰合局，子孙爻同财爻相合生财爻，所以是为交女友花费大而行偷窃之事。

临走时我告诉这位男子，如果破了案，你告诉我一下。大约第6天头上，他打电话跟我说："是他外甥干的，钱花了，首饰给他女朋友了。"

卦无财神　破散多多

郑先生摇卦测丢失的摩托车能不能找回

己卯年	辛未月	癸酉日	（戌亥空）

《天风姤》	《泽风大过》	六神
父母戌土○	父母未土、、	白虎
兄弟申金、	兄弟酉金、	螣蛇
官鬼午火、　应	子孙亥水、　世	勾陈
兄弟酉金、	兄弟酉金、	朱雀
子孙亥水、	子孙亥水、	青龙
父母丑土、、世	父母丑土、、应	玄武

我断：

1. 车是卯日所丢。你丢的车是豪华新车，车身为红色。回答："刚买几个月，本田摩托，2万多块，红色的。"

解析：

上六父母戌土发动，戌为火库，火乃红也，父母车也，故车是红色。因戌坐乾宫临白虎化兑宫，临月日为旺，所以是新车。乾变兑主二数，所以价值2万多元。

2. 你的车是在楼下被人偷的，当时车放在楼下的东北角，东西放着。你住的楼大门朝北方。回答："门朝向是对的。具体那车怎么放着，我记不大清楚了。"

3. 车是被两个男的偷的。当时被一个小孩子发现，你在家里正做些娱乐性活动，如唱歌、打牌等等。回答："我当时在上边玩啤酒机。我女儿在楼下玩，看见来的。"

4. 有人事先谋划好偷你的车。比较熟的人缠住你，然后别人把车偷走。回答："这我不知道。"

解析：

玄、蛇、虎三神具旺主阴谋计划干坏事，三爻兄弟酉金临朱雀，又与世爻丑土半合，合为绊住牵制之意，而四爻官鬼午火为盗贼与六爻父母戌土合库，又与变爻父母未土相合，父母为库，在乾宫还主车，与世爻不是同宫，说明一个不相识的人在下面偷车。

5. 车丢失后，小偷骑车在街上出现过，而且都被你本人看见过，但都被他跑掉了。第一次一男，第二次一男一女，日期应在辰日、未日出现。你已经报案了，在卯日辰日可找到，但应该是警察抓到小偷。回答："我好像是看见过，很像是我丢的车，但是我没办法拦住他，他骑得很快。只有靠警察啦。"

解析：

辰日冲戌库放出官鬼午火，官鬼为偷车贼，兄弟申金化酉金是说明两个偷车人，辰日合走一个酉金只剩下申金在五爻，居乾宫临腾蛇，所以是一个男的曾骑着偷来的车在路上出现过。申金入初爻父母丑土之墓是世爻曾看见过之象。未日未土冲开初爻丑土，申金酉金居五爻入丑库，乾主男，兑主女，主卦为前变卦为后，申酉二金一前一后，一男一女入父母丑土之库，如在路上开车之象。

卯日，卯木克合父母戌土，由动转静，卯日建合子孙亥水，子孙是公安机关，就意味着公安局将车扣押。辰日，日建辰土冲戌库放出官鬼，官鬼无处藏身，又辰日合动酉金，三酉动生子孙亥水，亥水旺直克官鬼午火，所以辰日可抓住小偷。

后反馈确在卯日找到车，辰日抓到贼。

世旺应生　求事称心

孟先生摇卦求测工程合同何时签成

| 庚辰年 | 甲申月 | 壬辰日 | （午未空） |

《火天大有》	《雷风恒》	六神
官鬼巳火○　应	父母戌土、、应	白虎
父母未土、、	兄弟申金、、	螣蛇
兄弟酉金、	官鬼午火、	勾陈
父母辰土、　世	兄弟酉金、　世	朱雀
妻财寅木、	子孙亥水、	青龙
子孙子水○	父母丑土、、	玄武

断：

1. 这是一起大的土建工程，正适合你所从事的房地产业务。孟先生说："我是搞房地产开发的，这项业务是很大的。"

2. 合同目前尚未签订，这个项目需要带资。孟先生说："很对"。

3. 该工程是由二人介绍，是你的朋友找到的一个领导牵线搭桥。孟先生说："的确是这样。"

4. 你的老婆是教师，人际关系很不错，对你的事业有很大的帮助。孟先生说："这两点说得很对。"

5. 要抓紧时间，三天后的未日或第七天的戌日合同定能签成。亥日孟先生来电话反馈，果应所测。

6. 妻子工作有变动，是一女性领导帮忙解决的。

解析：

1. 卦逢父母持世，卦身为父母，月卦身寅木月破日休，自化亥水回头生合。父母主文书、主房屋，也说明问测人是搞房地产开发的。

2. 合同目前尚未签，需要带资，是因为五爻父母未土旬空，但旺不为空，只是合同目前尚未签订。资金方面，二爻妻财寅木月破，临日休囚，化出子孙亥水回头生合，故目前资金不到位，带资垫付，子孙为银行，要靠贷款才能解决。

3. 卦逢子水发动化出父母丑土，子水动生财爻，申子辰合水局，这是介绍人之一，是帮助世爻生财的；六爻官鬼是世爻的原神，官爻发动生世爻，且又化出一父母爻，此人主动帮忙，官临上爻是领导、官员，此合同非官爻生助不可，巳火发动耗财，又说明须花点钱才能签成合同。

4. 老婆是教师定论理由是，寅木主文，是应爻巳火之父母（这是五行随着世、应转的原理），寅木生于乾宫为财，自化亥水子孙回头合，子孙主学生，也可称之为寅木的父母，实际上亥水坐巽卦震宫本为父母与寅木相合，木在震宫，巽卦是兄弟、朋友。水木相合相生，木生火，取其木火通明之意，文明内涵，断其妻是当教师的，人际关系好，朋友多，是卦主事业方面的贤内助。

5. 定应期是六爻预测的一大难关，所有预测工作者和被测者对应期是很注重的，我在实践中总结出这三点：一是旬空填实应事，这一点要特别分清真空和假空，真空出空也不应事，冲不为空，动不为空，旺不为空，但旬空之爻旬内总是空，只待出空才能应事；二是衰者逢旺，旺者逢衰才能应事，当然要看喜忌和世应，明确地说喜用神逢衰见旺，忌仇神逢旺待衰才能应事；三是冲者逢合，合者逢冲才能应事。这三点是断准应期的关键，学者不可忽略。

此卦断未日或戌日合同能签成，包含了以上所论的三要素。签合同父母爻为用神，土为父母，未日土旺出空，戌日冲开辰土，原辰土与兄弟酉作合，合为羁绊，有人插手，出空土旺，冲开破合，土越冲越旺，所以断未日和戌日合同能签订，实际上未日第一次谈定，成日正式签订手续，卦主登门道谢。

6. 妻子工作有变动，是因为卦中的动爻，变爻所得出的结论。主卦初爻子水为世之妻发动变出丑土回头克合，动有阻隔，合而忘克，还是干教师，是从一个学校向另一所学校平级相调，是往丈夫家门口调动，因为初爻为家门，丑土与辰土是兄弟，也代表丈夫的家，子水是世爻之财，克世爻的便是官，子动合丑同入辰库，故断是往丈夫的门口调动。断调动的第二个原因是：应爻为妻，巳火发动入戌土火库，戌临辰日暗动，原单位必变，也可论作巳火发动生世，夫妻恩爱，官生父，还是教师。再一点是按主卦妻财寅木受月令冲破自化亥水回头生合，只待巳年正月才能变动。断有一女性领导帮忙是从主卦上分析的，而且工程合同和妻子工作调动都是同论，从爻位、五行一看便明。

意中取用　顺理成章

测对方尸体何日火化

庚辰年　　乙酉月　　戊辰日　　（戌亥空）

《山风蛊》			《艮为山》		六神
	兄弟寅木、	应	兄弟寅木、	世	朱雀
子孙巳火	父母子水、、		父母子水、、		青龙
	妻财戌土、、		妻财戌土、、		玄武
	官鬼酉金、	世	官鬼申金、	应	白虎
	父母亥水〇		子孙午火、、		螣蛇
	妻财丑土、、		妻财辰土、、		勾陈

测尸体火化，属于特殊卦例，因为平时较为少见。所以列出来让大家看，会很有指导意义。八卦包罗万象，什么事都可以测，关键是如何取用，这个卦我是这样断的：

1. 你儿子是给领导开车的司机，一辆黑色轿车。新旧程度应在八成以上。测者回答："没差。"

2. 因车速快，不慎发生车祸，撞死了一个老太太。测者回答："实际上是开车快，那天还下着雨，前面看不清，出了事。"

3. 你儿子平安无事，只是吓了一跳。测者回答："他油皮没蹭着，就是吓得够呛！"

4. 处理事故要5万元。测者回答："死者家属张口要50万，双方差距太大，现在由交通队负责调解，估计着得5万—6万，不然人家不干。"

5. 午日可火化。过几天测者打来电话告知："尸体在午日火化。"

解析：

1. 父母为车在五爻居艮宫，艮也为车，又子孙巳火伏于五爻父母子水之下，五爻又与官相生合临青龙，综合而断其子是给当官的开车。子水为黑色，在日受生，卦中又申子辰合局而旺，但有入日墓之象，故是黑色车，新旧程度在八成以上。

2. 二爻为路，父母亥水居之临螣蛇，五爻父母临青龙有飞腾之象，又内卦巽为风，显示的是车速快。内卦为巽为老女，外卦为艮为山为车，老女被车压在下面之象。化出艮卦为六冲有相撞之象。巽化艮为车人相撞，故是车速快撞了个老太太。巽为艮为化鬼墓，巽在月处绝地，故是老太太被撞死。

3. 子孙不现伏于五爻父母子水之下受克不吉，显示开车出事故。但子水入日墓不克巳火，二爻父母亥水动又化出子孙午火受寅木之生，临螣蛇有惊无险，所以是吓了一跳。

4. 财临日建与月生合为旺相，主变卦相加27，旺相加倍为

周易一卦多断精解

54，按常规交通事故死亡赔偿 3 万—4 万元，为平息事态，肇事方额外补偿，所断 5 万元，实际是 5.4 万元。财爻丑化辰，化进神，显示是死者家属要价太高。

5. 测火化以火烧之物为尸体，卦中官鬼酉金是被烧之物所取为用神，卦中巳火不现，午火发动，显示是午火当令之时，尸体火化。后果于午日将尸体火化。

官动临虎　生世有殃

测财运

戊寅年	辛酉月	己未日	（子丑空）

《雷天大壮》	《雷火丰》	六神
兄弟戌土、、	兄弟戌土、、	勾陈
子孙申金、、	子孙申金、、 世	朱雀
父母午火、 世	父母午火、	青龙
兄弟辰土、	妻财亥水、	玄武
官鬼寅木○	兄弟丑土、、 应	白虎
妻财子水、 应	官鬼卯木、	螣蛇

断：

1. 有财可求，但先易后难。

2. 你是做影碟、录像带、图书生意。

3. 你的铺面是租赁的。

4. 今年农历六月、十月，注意官非口舌，影碟会被官方查没罚款。

九月防破财。测者回答："我的确是做影碟生意，租的门面。三天两头有人来查，说实在的卖原版的赚不着多少钱，卖盗版的总是提心吊胆的。"

解析：

1. 父母持世来求财是财来克我之象，父母持世还主辛苦劳碌，财来克你，显见这钱挣得不舒心，不容易。做生意应爻为财，应爻为对方为顾客，表明有财可求，但主卦乾金克震木，又世应相冲，为求财艰难，利薄之象。变卦世居五君位子孙申金，临月而旺生财，财与鬼入日墓，应爻丑未戌三刑不生世，所断先易后难。

2. 父母主文临世爻，又得寅木动生，有木火通明之象，临青龙主喜悦欢乐之事。变爻世临朱雀主说主唱，故而是影碟、录音带、图书等生意。

3. 父母为铺面，化父母为伏吟，被日合，宅爻寅木化空亡不生父母，无根源，故断是租的而不是自己的。

4. 六月为未土，兄弟当令，丑未戌三刑，六爻戌库被刑开，世爻午火入戌墓，原神寅木又入日墓，不能生世爻父母午火，呈兄旺无制之势，必有破财口舌是非之事。十月亥水旺相生合官鬼寅木，财生合官鬼，世爻受克，亥水临玄武，说明经营不合法，被官方没收查抄，九月为戌月，世爻入墓，兄旺无制破财。

八卦探明　地下乌金

东北袁先生打来电话说，他想开个煤窑，能不能测一下，向哪个方向挖，煤层厚，质量好。

己卯年　　戊辰月　　甲午日　　（辰巳空）

《泽水困》	《水雷屯》	六神
父母未土、、	子孙子水、、	玄武
兄弟酉金、	父母戌土　应	白虎
子孙亥水○　应	兄弟申金、、	腾蛇
官鬼午火、、	父母辰土、、	勾陈
父母辰土○	妻财寅木、、世	朱雀
妻财寅木×　世	子孙子水、、	青龙

1. 此矿可以开。而且煤层较厚较多，煤质也好，有钱可赚。
2. 选择向西方、西南、西北方开采大吉。
3. 2000 年财运好。
4. 2001 年切忌向西北方向开，会有事故发生。

解析：

1. 测开采煤矿以土生之物为用神，因煤在土中生，所以卦中申酉金为用神取而用之。因开煤矿目的是求财，故还要看子孙爻和财爻。本卦火土爻旺，土旺生金。所以此矿可以开采。

兄弟酉金居五爻得月令生合，化戌土回头生，子孙亥水化兄弟申金回头生，金水两旺，又财爻寅木居东北艮位，当然就是煤层厚、煤质好。有钱可赚是财动与子孙爻相合，虽不得月日之生，但卦中申酉金同生亥水，财爻寅木发动化子孙子水回头生，又是应爻生世爻，同时兄弟爻旺子孙爻动。辰土动生合酉金，子孙爻入辰土之库，土金相生，金水连环，财源滚滚，根深蒂固，发财之象。

2. 选择西方、西南方、西北方开采，是因为三方为金的重地，西方为酉金。卯年测卦逢冲正是开挖之意。

3. 2000年为庚辰年，太岁辰土生合兄弟酉金，子孙爻入库，卦中形成辰土酉金亥水寅木连续相生之相，最终世爻受益，所以此年财运好。

4. 2001年官鬼巳火值太岁，直冲子孙亥水，子孙代表矿工，西北为亥位与太岁相冲，亥水动临腾蛇必有灾祸发生。

2000年午月袁先生又打来反馈电话，前三条已全部应验，第四条要等明年才能验证。在袁先生的请求下，我为他作了化解，以防事故发生。至今未听到不好的信息反馈。

动变之中求结果

方先生摇卦测学易能成否

| 戊寅年 | 壬戌月 | 辛亥日 | （寅卯空） |

《火山旅》		《天山遯》		六神
兄弟巳火、		子孙戌土、		腾蛇
子孙未土×		妻财申金、	应	勾陈
妻财酉金、	应	兄弟午火、		朱雀
妻财申金、		妻财申金、		青龙
兄弟午火、、		兄弟午火、、	世	玄武
父母卯木 子孙辰土、、	世	子孙辰土、、		白虎

我断：

1. 学习的方法和资料不对路。自己有半途而废的想法。求测者说："就是这么回事，我有点不想学了。"

2. "你能学成。"求测者这时高兴了，问我是不是真的。我说："从卦反映出的信息看，你明年就会有大的长进。"求测者更高兴了，他说："照你这么说，我还得坚持学呀！"

3. 有4个孩子，二男二女。求测者说："是两个儿子，两个女儿。"

4. 丈夫比你岁数大。求测者说："大1岁。"

解析：

1. 父母为学习资料，《旅》卦父母伏于世爻之下又旬空，说明求测者自己找资料在学，资料内容不实际，没有真知识。世化伏吟，受月冲虽旺为破临白虎，说明自己努力学习，但遇到困难，不想再学下去了。

2. 父母卯木入五爻未土之库来合世爻午火，明年卯木临岁而旺生世，主卦为事之初，变卦为事之终，所以是明年会有很大的进步。

3. 初爻辰土、五爻未土为二个儿子，上六爻戌土与月令戌土为两个女儿，初爻五爻为子息，上六戌土为胎息为女儿，月令戌土与上六戌土同类当然为女儿。

4. 世爻辰土，父母卯木，卯为大辰为小，所断周女士的丈夫比她大。

财动入库　文上有喜

陈某测考研究生

| | 戊寅年 | 壬戌月 | 甲寅日 | （子丑空） |

《山火贲》		《地雷复》		六神
	官鬼寅木〇	子孙酉金、、		玄武
	妻财子水、、	妻财亥水、、		白虎
	兄弟戌土、、应	兄弟丑土、、应		螣蛇
	妻财亥水〇	兄弟辰土、、		勾陈
父母午火	兄弟丑土、、	官鬼寅木、、		朱雀
	官鬼卯木、　世	妻财子水、　世		青龙

断:

1. 明年你定能考上。

2. 你现在正谈恋爱，对象身高 1.60 米，细身条，脸皮白，倒瓜子脸，双眼皮，两眼有神，对方回答："对。"

3. 你母亲左腿有病，偏左头痛。对方说："是风湿性关节炎，大腿痛，同时还有偏头痛。"

4. 单位的一把手对你很好，顶头上司对你不好。对方说："是这样。"

5. 你家房子西边有路，门前是鸭颈宅，对方回答："对。"

6. 你在兄弟中排行老二。1994 年上大学，1998 年毕业。对方说："一点儿不错。"

解析:

1. 测考研究生取官鬼、父母为用神；官鬼卯木持世临青龙，有志气；父母午火伏而不现，但得官鬼寅木旺生，忌神亥水动化墓库无用;眼下世爻卯木化空,明年己卯太岁临身而旺,父母午火得长生,所断定能考上研究生。

2. 官鬼持世,财动生合又世应相合卦变六合,世爻桃花化桃花,临青龙主喜,所以是在谈对象。妻财亥水为对象,水为1.6数,亥与卯合,卯木为桃花为漂亮,为细身材,外卦为头,艮主上宽离主下尖,所以是倒瓜子脸。五爻为目,亥水为双,子化亥,故断双眼皮,水临白虎,二眼有神。

3. 二爻为母,二爻为腿,兄弟化官鬼回头克,主卦为左,变卦为右,所以是左腿有病。六爻为头官鬼寅木化子孙酉金回头克,偏左头疼。

4. 主卦为正,变卦为副,六爻为首也为上司,官鬼寅木与世爻卯木五行同属木,所以是一把手与其关系好。变卦子孙酉金为顶头上司与世爻相克,所断与顶头上司关系不合。

5. 世爻为坐基,卯木为东,冲二爻为路,所断房西边有一条路。四爻为门外,应爻为案山,也为对方,戌化丑为化退,戌宽丑细艮为高,故断为鸭胫宅。

6. 比肩者为兄弟,世卯六寅,寅在前,卯在后,所断排行老二。1994年甲戌,父母午火入太岁之库又与世合,太岁合世官父生合必有文上之喜,1998年戊寅,世得太岁之帮又寅午戌合父母局,父母为毕业证书,所以是1994年考上大学,1998年毕业。

第二章
如何提取
离婚外遇分居信息

　　随着社会形势的发展，人们的生活模式也在不断变化，过去的那种老婆孩子热枕头的家庭观念再也不存在了，特别是年轻人的恋爱观、人生观、道德观已转变为仿效西方发达国家婚姻模式，男女相爱，异性交合十分随便。求测者测配婚的少，测离婚的多，外遇、分居、同居的实例常见，离婚率猛增，由过去测男女配婚一下子转向占测对方外遇、同居等男女私情上来。

　　婚姻卦逢阴阳得位、生合得体、旺衰适中都是上等婚姻。如六合卦一阴一阳配合成象，男女成双，世应相生财官相合，若逢日月生扶旺相，婚姻定是美满和谐。

　　测婚姻最怕阴阳交错、卦爻相害、财官逢空、财官休囚、卦爻乱动、刑冲克害、入库入墓皆主婚姻不利。

　　阴阳交错：男占婚世阴应阳，女占婚世阳应阴，男占婚财爻持世，女占则官爻持世，男占婚兄弟持世，女占婚子孙持世都是不吉之象。轻则夫妻不和，重则分离。

　　卦爻相害：古代配婚最忌相害，《黄金策》《易隐》《归藏》等名著多有强调，可现代占测中很少有人重视。我在实践中，尤其是测婚姻十分注重这一点。相害对婚姻是反目之象，一般是不可能到头的。

　　财官逢空：旬空要分清真空假空，野鹤老人曰："动不为空，

周易一卦多断精解

旺不为空……但旬内总是空。"男测婚财爻逢空，女测婚官爻逢空决不利婚姻。

卦爻乱动：明动暗动，用神休囚，刑冲克害最小限度是不理想的婚姻，重则生离死别之象。

我在断卦中常对离婚、丧偶、分居等直接一语道破，这些信息在卦中是有区别的。

凡用爻临朱雀、螣蛇、玄武动而受冲、克、刑、害都有离婚之象。其中阴阳交错男女性格分歧，妇掌夫权，男女相互欺凌导致夫妻感情破裂。丑戌未三刑多数是女方与夫家诸人不睦，孤独，冷落丈夫，男方不愿多与女方交心，孤僻而造成的。子、卯、午三刑大部分是男女性生活不协调或有泌尿之疾，男女双方外遇约会，异性交往不检点所导致。寅巳申三刑多以单方性情冷酷，恩将仇报，薄情无义，夜宿不归所致。一般卦逢三刑都要通过法律解决。冲、克、害，协议离婚的多。

丧　偶：指男丧妻，女丧夫。卦中用爻休囚被冲克入墓必丧偶。

分　居：多数是用爻被合入库（旺者入库，衰者入墓）夫妻分居。其中子丑相合入辰库，卯戌相合入未库，辰酉相合入丑库，午未相合入戌库者最为明显。凡是四正桃花相合都是与墓库相合，也有人把它直接当合库入库论。

外　遇：八卦中的信息较为明显。如卦中用爻伏于它爻之下飞伏暗合；用爻内外生合；子孙与父爻；兄弟与财爻；应爻与日、月合；应爻克世与它爻生合，特别是子、午、卯、酉与它爻相合争合等都是外遇之象。可世应相合，特别是世应生合（丑土克子水为克合，寅亥相合为生合）不能当外遇看，只能断夫妻恩爱。

婚灾只要提前预测是可以化解的。如果等到双方已另有新欢，化解是无济于事。

人同卦异　信息相同

　　庚辰年七月的一天晚上，××市的一位学员打电话，说他的表弟想测下运气，摇得《晋》之《未济》

庚辰年	甲申月	戊戌日	（辰巳空）

《火地晋》	《火水未济》		六神
官鬼巳火、	官鬼巳火、	应	朱雀
父母未土、、	父母未土、、		青龙
兄弟酉金、　世	兄弟酉金、		玄武
妻财卯木、、	官鬼午火、、世		白虎
官鬼巳火×	父母辰土、		螣蛇
父母未土、、应	妻财寅木、、		勾陈

　　看过卦后，我对这位学员说："你表弟摇的这个卦对婚姻求财都不利。不但无财可求，农历八月还需防破财，你对他的情况了解吗？"学员说："比较了解。你说的我都拿笔记下来了，等一会儿马上和他核对。"于是我继续讲下去：

1. 他的合作人有钱赚，自己赚不到。

2. 此人应该是做汽车生意的。

3. 2001年到2003年财运不好，耗破很大，出多进少。2004年以后逐渐转好。

4. 此人原本文化水平不高，后来进修为本科。

5. 住的房子是二室一厅，一厨一卫，装修一般。

6. 他的母亲泌尿系统有问题，腰脊椎疼，肝胆有问题。

7. 交的女朋友很多，异性缘特别好，但没有一个真心的，现在自己感觉最好的这个女孩子也并非忠贞不贰，农历八月必然分手。

那位学员将以上诸条与其表第一一核对之后，又打电话过来说："全部都对！他妈妈得的是糖尿病、腰疼、乙肝、胆囊炎，都对的。这个家伙在外面交的女孩子很多，他听你说那个女朋友要和他分手，就又摇了一卦，请你专门给他看看婚姻。"我笑一笑说："好吧，你把卦报给我，让他本人打电话过来。"

兄弟爻临月建而旺，财爻卯木化死地，子孙爻不上卦，伏于父母爻之下受克，故而卦主无财可赚。而财爻卯木与应爻相合，财入应爻之库，应爻又化出财回头克，应爻为合作人，所以对方有钱赚，自己都赚不到，八月破财是因为兄弟旺相劫财之故。

世爻为兄弟酉金，兄弟爻持世者多半为做生意的。酉金为金属，财爻是寅卯木，财的原神是水，水木之财，水主流动，财爻坐在坤宫，坤为地，在地上跑的流动的铁的东西是什么？当然是汽车，子孙爻伏于应爻父母爻之下，父母爻代表车辆，财爻与父母相合也说明是汽车生意，所以断定此人做的是汽车买卖。

2001年、2002年官鬼旺相，兄弟受制不劫财。但官鬼旺相发动又耗财，且财在火年处病、死地又无原神生助，何财可求？

2003年父母未土临太岁旺相，子孙爻受制，财入太岁之库，仍然无财可赚。

2004年开始金水两旺，世爻旺相可劫财，财运逐渐转好。

文化程度高低是看父母爻旺相与否，初爻父母化财爻回头克说明原来文化水平不高，五爻父母未土化未土，说明后来又进修本科。未土虽临日辰，但未戌刑表明是在杂牌学校进修而得的文凭。

父母爻又代表房屋，未土化未土为一间，戌土临日辰为一间，初爻化回头克为小间，未土为燥土代表厨房，辰土为厕所，间爻木火相生说明厅大。父母爻与日辰相刑说明装潢一般。

父母爻坐坤宫，坤主老母、主腹，鬼坐坤临腾蛇发动，说明腹部有问题。二爻为泌尿生殖系统，巳火发动化辰土，火土旺，子水伏藏受克，所以可以断定是泌尿系统有问题。

再看婚姻，兄弟持世为劫财之神，酉金为桃花，临月建而旺又临玄武，必定是风流潇洒。卦中三重官鬼巳火与世爻相合，辰酉合，合者甚多。财爻卯木坐坤，坤主女性，寅木坐坎，坎为淫荡之水，可以断定异性朋友很多。但是辰巳旬空，寅木月破卯木与世爻相冲，却与未土、戌土相合又化官鬼，说明此人交往甚杂，却无一个真心相待的女朋友；农历八月酉金旺相，又得太岁生合，冲走卯木，故断八月会与此女分手。

没过几分钟，那位学员的表弟便打电话过来，他测婚姻的卦是《噬嗑》之《归妹》：

庚辰年	甲申月	戊戌日	（辰巳空）
《火雷噬嗑》	《雷泽归妹》		六神
子孙巳火、	妻财戌土、、应		朱雀
妻财未土、、世	官鬼申金、、		青龙
官鬼酉金、	子孙午火、		玄武
妻财辰土、、	妻财丑土、、世		白虎
兄弟寅木× 应	兄弟卯木、		螣蛇
父母子水、	子孙巳火、		勾陈

我对他说："你这个卦反映出的情况和前个卦基本相同。"对方有点糊涂，"我这次摇的和刚才的好像不同啊？"我给他解释说："一个人摇十个卦，十个可能都不尽相同，但是只要同一个人摇的，那么反映出来的信息都是相同的。关键在于断卦者如何提取信息，破译密码，能够提取出的信息量的多少就取决于断卦人的水平高低了。"听完我这番解释，对方恍然大悟。于是请我根据这个卦再看看他的

周易一卦多断精解

婚姻，帮他做个参谋。"说句实在的，我现在交的女朋友确实不少，但是究竟哪个能做老婆，心里真的没有把握。"他说。

为了让他听得明白，我给他做了详尽的解释。

测婚之卦遇二财一官为婚姻不顺之兆。男求婚忌兄弟发动，现兄弟发动克世劫财，子孙爻发动化墓而不生财，有第三者插足之象。财爻持世可以说明目前心里最喜欢的就是未土，未土临日辰又坐离宫受生旺相。根据这些情况分析，应该是二十七八岁的样子。未土虽旺，但土主低，故而此女个子中等。未土化申金，看来脸型是颧骨略高，下巴尖的类型。皮肤不黑偏黄。因为申金临月主白，土主黄。既然财爻未土看作女朋友，那么官鬼酉金便是求测人了，应爻化为卯木，1999年卯木临太岁冲动官鬼又与财爻相合，卯未合生酉金，财生官应该是1999年开始交女朋友的。应爻临腾蛇发动而克世说明是男方主动追求女方。小伙子在电话那边不断地应着："是的是的，你看看我们两个能不能继续交往下去？"显然很难，财爻未土化出官鬼申金说明这个女孩用情不专，另有所爱。财化申金与应爻相冲，说明好不长久。酉月子孙爻处于死地，官鬼旺相无制，泄财爻克应爻，又与应爻化出卯木相冲有分手之象。

卦中财爻重重，朋友很多。上爻巳火发动与酉金半合又化出财爻戌土，是另一个女朋友。巳火临朱雀发动与应爻、月令构成寅申巳三刑，亥时冲动巳火，水火交战，寅木在亥时得长生旺相又去生巳火，等于是火上浇油，看来亥时二人会有口舌之争。说到这里，对方在电话那边叫道："哎呀，真是！刚刚打电话来闹着要分手！"我一看表，十点二十分，正是亥时。巳火旬空入日墓，又与月建官鬼相合，说明已无诚意。

三爻财爻辰土与官鬼酉金相合，也是女友。辰土旬空，心不实。

辰土化出之丑土坐兑宫，是最小的一个。初爻父母化子孙巳火，巳酉丑合局，父母化子孙是有子不成之象，巳火又旬空说明曾和此女做过流产。

对方被我的直率弄得哑口无言。我对他说："从你的卦上来看，本来今年就有结婚的机会，可惜你太不专一了。下一次的婚缘要到2003年，希望你能好自把握。"

后来××的这位学员又打来电话，告诉我，他的这个表弟原来曾经做过模特儿，人长得挺帅，所以找他的女孩子特别多。

巧用卦理　探明隐情

我应约去××市为刘女士测运气

庚辰年	丙戌月	丁卯日	（戌亥空）
《雷风恒》	《火天大有》	六神	
妻财戌土× 应	子孙巳火、应	青龙	
官鬼申金、、	妻财未土、、	玄武	
子孙午火、	官鬼酉金、	白虎	
官鬼酉金、 世	妻财辰土、世	螣蛇	
父母亥水、	兄弟寅木、	勾陈	
妻财丑土×	父母子水、	朱雀	

我依卦而断：

1. 你所在的公司是挂靠在一个大公司下，为集团公司的分公司。此公司外强中干，表面风光，实际上内部经济危机，职工待遇不好。

刘女士回答："完全符合实际情况。"

解析：

库为公司，应爻戌土财星生世说明是自己的公司，戌土为火库有华丽之意，临月令又临青龙，但旬空为账空，经济空，说明外强中干。戌动为子孙巳火入库，子孙又为职员亦说明职员待遇不佳。

2. 刘女士所在公司人际复杂，钩心斗角，拉帮结派，经营管理不佳，制度不完善。

刘女士笑着回答："没错。"

解析：

卦中两财两官，财爻发动相刑，丑戌未三刑，刑者，有不合不齐心之意。父母爻代表人的仪表，引喻为公司人员整体形象，今父母爻处衰地，可见公司从管理层到职员素质很低，精神不振，关系复杂，人心不齐，无发展前途。子孙爻入库，说明公司经营不得法，管理混乱。父母爻不旺，必然制度不完善。卦中官星临玄武、腾蛇，说明公司领导人心不齐，各怀鬼胎。子孙爻临白虎，说明业务人员，文化水平低，缺乏经营销售经验。子孙爻又化官鬼，表明经营销售人员不诚实，做损公利己的勾当。卦中两个官鬼化出两个财生合，说明对上司并不服气，因辰与戌相冲，未与戌相刑。腾蛇主计谋，玄武主小心眼，爱使小伎俩。父母爻空，说明制度不完善，寅午戌合，巳酉丑合，亥卯未合，说明公司之间拉帮结派，钩心斗角。

3. 你的顶头上司长方形脸，心胸狭窄，文化水平不高，不擅管理。有老婆，有情人，上司为副职。

刘女士回答："我的顶头上司是个中专生，公司的常务副总经理。"

解析：

应爻为单位，为顶头上司，五爻也为顶头上司。官鬼申金临玄武化财，又有戌丑二财发动得戌土生入丑库，说明有两个女友。上六爻戌土动化巳，申巳合入丑库，也说明此意。申金在五爻代表上司，也代表长相，申金为副职，在脸面上代表颧骨高（金为骨，土为肉），所断长方形脸。申金入库不旺，说明管理才能稍逊。应爻戌土合日令卯木。卯为兄弟，冲克官星，所断文化水平不高。临玄武者，此人搞小伎俩，耍小聪明，心胸狭窄。

4. 你在公司是个正职，身兼一职也为正职，应与文或钱财有关系。在公司你与上下级关系还好，但不会说奉承话，不善于逢迎领导，有时因讲话不慎会得罪上司，但老板还是比较重用你的。

刘女士回答："我这人有话敢说，但都是为公司好，所以领导还是很重用我。实际上我是财务科长兼办公室主任。"

解析：

世爻官鬼在三爻暗动，应级别较高。但现在入丑土之库，又被日令冲克，故职位不高，但是正职。因酉金为正化辰坐乾卦也为正职。身居两职是酉金化财爻辰土相合又相生，辰土在乾卦，乾主权，主官位。又是官鬼酉金化，所以是身兼两个正职。因官鬼酉金化财爻辰土，所断与文或财有关系。

由于卦中应世相生，丑酉相合，辰酉相合，所断在公司上下关系好。世爻酉金入丑库主静，与应爻五爻不相合，与日令冲，日令为大老板，说明不善巴结领导，不会逢迎领导。但世化辰土回头生，辰在乾，乾主领导，说明仍然得老板重用。

5. 最近有两个领导分别找你谈过话，鼓励工作，甚至可能许诺给予其机会，但都向你要情感方面的条件。

开始刘女士不承认，装傻。后又问："李计忠先生，你看这两个老板以后会不会因为我而闹矛盾，对我有没有不好的地方？"刘女士这一番话实际上是不打自招。

解析：

应爻发动生世，日令冲世，表明两个领导找过她。应爻化巳火，组成巳酉丑合库，财官合库，说明醉翁之意不在酒，有非分之想。卯酉桃花冲，世化辰土生合，辰库临太岁比戌库大，说明是总公司，是大老板。此女定与大老板有暧昧关系，因辰酉生合力大，以后有提职代替申金之趋势。

6. 你有妇科病，在生女儿之前做过两次人流，但两次非一个男朋友所为。

刘女士不置可否，表示默认。

解析：

初爻丑土在巽卦发动，巽宫初爻为女人的生殖器官。丑土临者动化子水有阻塞之意，或子宫长东西，所断有妇科病。卦中子孙午火化官鬼临白虎，子化鬼，鬼化子，十个里边九个死，均为流产之象。白虎主伤主流血，更说明是流产之象。巳火午火均在外卦，所断流产在先。因午火在主卦，巳火在变卦，所断不是一个男友，应为两个情夫。

7. 我提醒刘女士在公司里有两个小人要注意，一个是比较年轻的女孩，瘦高个，尖下巴，应是做文秘打字或出纳（实际是出纳员）。另一个是年轻的男士，有点权力，是个副职，戴眼镜（对方讲是办公室副主任）。此两个人对你以后工作不利。

解析：

午火坐震为卦气旺相，得日生，卦变离为女，所断一个小人是年轻的女孩。因火主尖瘦，所断长相瘦高个，尖下巴。因木火相生主文，午戌合财库，所断是做文秘或出纳工作。第二个是巳火占阳位临青龙，所断是男性，有点权。巳火为副职，因巳火入月库，必定官职不大，权力小。因五爻为申金，与巳火相合，所断此人戴眼镜。以后是临旺之年，当然不利世爻，所断对以后工作不利。

8. 最后我断刘女士有钱，把钱存在两个银行，第一个是交通银行，用红色的存折，应有90万元；第二个银行应是工商银行，是一个白绿的硬卡，存有近150万元。最近你取出5万元给你哥哥治病。你哥所得的病应是肝病，很严重，不过下月会有所好转。

解析：

财爻戌土发动，化子孙爻巳火入戌库。因戌财在应爻生世爻酉金。戌土为存钱之库，当然是世爻所存的钱，戌土火库化出巳火生离宫为红色，主柔软之物。戌坐震为木，主纸张之类。据此断是一个红色的存折。为什么是交通银行呢？因震主车象，车为交通工具也，财戌土临青龙，也主车象，所以断为交通银行。90万者2、7火数，2+7=9。因木火相生而旺，所断为90万。

第二点是世化财爻辰土，辰为水土之库，又临太岁而旺，坐在乾卦，乾者金，代表金钱之多，辰土合世爻酉金，说明刘女士在此银行有大批的存款，乾代表金银、钢铁、钱币，为工业所用之物，当然是工商银行。辰酉合金也是此意。巽为木为绿色，化乾金为白色，金克木为硬，也可讲白色伴绿色，所断刘女士存款不是存折，而是白绿色的硬卡。辰土数码为5、10，相加为15数，临月而旺，所以断其为150万元。刘女士听我这么说，有些惊呆了，她说："李计忠先生你可了不得啦！连我有多少钱存在哪，什么样的存折，你都知道啦。"

为什么断其最近取5万元为哥看病呢？

辰土被月令戌土冲开，说明刘女士的财库开了。再看初爻丑土之财动，被子水所合，子水为父母爻临朱雀，丑财当然是刘女士之财。因丑酉合局，丑土为5和10数。因在巽卦受克不能断10数，水土之库在辰，此月为戌冲开辰库，放出丑土与子水，也就是刘女士取出5万元之理。再看二爻寅木为兄长，因寅木为首为大，当然是哥哥了。二爻亥水为空化兄弟寅木临勾陈，是不祥之兆，下卦金克巽木为反吟，卦主大凶。寅木坐乾也主大凶，卦中的寅卯木与官鬼申酉金相冲克，巽木受克，木主肝，当然是哥哥患有肝病，而且比较严重。初爻为父母子水合丑财，临朱雀，说明父母亲让刘女士拿钱给哥哥看病。兄弟爻寅卯木与世爻酉金相冲克，冲就有相战之意,兄为劫财之神,说明哥哥也向刘女士要钱看病。下月为十月亥水,寅木得长生,所断下月有好转。实际情况是十月份好转。此是卦中之理,不指不明矣,诚望学者多加领悟。

卦逢六冲　家宅不宁

某女士测父母的婚姻和父亲的病情

庚辰年	甲申月	丙辰日	（子丑空）	
《离为火》		《艮为山》		六神
兄弟巳火、	世	父母寅木、	世	青龙
子孙未土、、		官鬼子水、、		玄武
妻财酉金○		子孙戌土、、		白虎
官鬼亥水、	应	妻财申金、	应	腾蛇
子孙丑土、、		兄弟午火、、		勾陈
父母卯木○		子孙辰土、、		朱雀

立卦后略加审视,当即断了十点,无一不验。

1. 婚姻不顺,是离婚之象。父母经常吵架,母亲脾气暴躁,而离婚是父亲找母亲闹事的。

某女回答:"还真是那么回事。"

解析:

测婚姻卦逢六冲变六冲,冲者散。巳火临上六爻持世,自化寅木回头生,火旺。六爻世位主母位,火在离卦,离宫旺相,火主躁,断其母脾气不好。应爻官鬼为母之夫(父亲),官鬼得令,又化回头生，父入日辰之库和母入变爻戌土之墓，戌土为燥土，辰土为湿土，一库一墓还是当旺断，同时父得近临之爻酉金动而相生，说明是其父找其母闹事，世应相冲克有离婚之象。

2. 父亲脑神经和心脏有病。

某女回答："没错。"

解析：

卦中既定上六爻为母，为巳火，那么克母者为官，为父为水，定父爻为亥水，在内卦，初爻为足，六爻为首，寅申巳亥全，寅巳申三刑，巳亥相冲，先看头部必有病。巳火化寅木月破，应冲，寅卯木皆伤，金木相战脑神经有病。再看酉金位于四爻，代表心肺。为什么不断肺病而断心脏病？是因为金主肺，火主心。此卦金旺，火休，酉金动化土、火之戌库，血液（水）阻塞不畅，心脏必有病。而肺上无病，是由于酉金临月旺合日辰得生，肺上之疾可排除。

3. 住宅门朝西南，门口有铁之类的东西，比较高。

某女回答："门口有一铁架子，跟塔似的。"

解析：

三爻门户四为房，而在断阳宅风水时，世为坐基，应为案，此卦三爻亥水应爻为案，门前有水，门朝西南是因亥水化申金回头生，水从坤方（申）直流西北（亥），坤宅坤方流水至乾位，不利父（乾为父），犯劫煞，也不利婚姻，且门前有高大建筑物直向为箭，横架为闩，皆主不吉。酉金动化回头生，土旺，金旺，旺者为高，恰在门的白虎方，白虎抬头可就是犯煞，这一铁塔桥和戌位之高给家宅带来不安宁了。

4. 房子的北边、西北、东南、东北都是坟地。

某女答道："听说原来这里全是坟地。"

解析：

官鬼子水代表北方，亥水代表西北方，辰为水之库代表东南，艮卦代表东北乃鬼之墓，艮为坟墓，再结合日、月、岁看，岁辰、日辰皆是水之库，子、亥两鬼同入水库之墓，四爻酉金化出戌土为火之墓，子孙四墓同入岁、日万物之墓，主卦为离，离为火，又有火化之意，辰日占卦见六墓重围，四面楚歌房宅算是大凶之象了。

5. 房下原来有一少年坟，没有处理好。

答："不太清楚。"

解析：

前面讲到辰日占得离变艮，子孙六重，官鬼见子孙重围，落艮宫艮卦。初爻父母卯木发动化辰土子孙，初爻为房基，父母为房屋，化出子孙爻辰土坐艮宫之下，艮为鬼门，艮为少男，故断少年坟墓。

6. 你家住在一楼。答：不错！

解析：

上六爻化出父母寅木在艮宫，寅木父母代表房屋，寅主高，艮主高坡，六爻位主高，故断是高楼。初爻父母卯木发动化辰土，初爻为基，为底层，所以说住的是一楼。

7. 东南和东北角有一条水沟。

某女答："对，卦上能看出？"

解析：

上六爻巳火化寅木回头生，巳为东南，其形似蛇，是河流沟壑，巳火生未土，未土生酉金，酉金生亥水，酉为西，亥水西北，火、土、金、水连续相生，亥水又得月建相生，水旺是河流，东北方同样有水，丑土为堤岸，也有河沟之意；三方有水必有灾，其灾应发在卯、辰、巳年。三方有水是指从南到西汇于西北亥位，从东北丑位到亥位又集于西位，三方被水包围。水本意为财，益为财，恶为灾，东南、南、西南、北四位之水多为八煞水造作时如果收水不好便成了浩荡之水，反主凶。

8. 家宅的东边邻居家男人死了，第二个老婆生了两个男孩，前妻离婚（指死者）。

某女答道："神了！街坊家的人也看出来啦！"

解析:

初爻为前邻,二爻为左(东)邻,三爻为右(西)邻,四爻为后邻,邻居的定位要看变爻。二爻化出午火,子午相冲,官鬼在五爻代表丈夫,三爻为房为家,二爻化出之午火代表家里人,屋里人指妻子。官鬼坐在艮宫临白虎又入日令之库,申子辰合局被日、月合去,入艮宫,艮为坟墓,命入黄泉。主变卦中都有两子孙爻,互冲都在艮宫,艮为少男,故为二男孩。子孙的原神是兄弟午火,故定二子均为午火所生。变卦中有财爻,财乃官鬼之婚配。但现在财爻为官鬼亥水化出,此财生助亥水而不生助子水,且《艮为山》为六冲之卦,主婚姻不顺故断已与前妻离婚,第二婚又生了两个男孩。

9. 父亲的脑神经和心脏之病是从1995年开始患发的,卦主似乎有点不解其理,便问道:"何以见得(她也懂得六爻预测)?"

解析:

1995年流年乙亥,官鬼亥水临太岁而旺,自化申金生身,冲克巳火,同时化出申金直冲上六爻寅木,巳火为心脏,寅木为头,心脏、头脑两病叠起,其理真切无讹。

此卦本来问测父母亲身体和婚姻,测出了阳宅外五行的全部实况,形象真切,被测者心服口服,并问:"能化解吗?"我告诉她,像这样的小毛病,我可以免费帮助化解不收任何费用,手到病除。

时隔6日,占测者邀请我登门调理,化凶避灾,我对阳宅风水进行了部分调解,很快喜见成效,全家人感激万分。

卦中无官　非离即逝

郝小姐打来电话测婚

甲戌年　　丙子月　　戊辰日　　（戌亥空）

	《火水未济》	《火天大有》	六神
	兄弟巳火、应	兄弟巳火、应	朱雀
	子孙未土、、	子孙未土、、	青龙
	妻财酉金、	妻财酉金、	玄武
官鬼亥水	兄弟午火×世	子孙辰土、世	白虎
	子孙辰土、	父母卯木、	螣蛇
	父母寅木×	官鬼子水、	勾陈

卦象列出，官爻不现，感觉其兆不祥，于是我断：

1. 丈夫已经去世。郝小姐说："对。"

2. 你现在又认识了一个男朋友，这个人很正直，你们准备明年春天结婚。

郝小姐说："这个男朋友很老实，说话办事也很诚实，没啥问题，过了春节就结婚。"

解析：

1. 女测婚，官鬼不上卦是一大忌。现官鬼伏于世爻之下，在月得帮，在日入墓，三爻动化官鬼之墓临白虎，也是大凶之象。应爻为丈夫，巳火化巳火为伏吟，不吉，火在冬月为休囚，受月克入太岁之墓库，同样是大凶之象，所以断其夫已不在人世。

2. 世应比合，有情人之象，世爻午火动与五爻未土合，未土为相好之人。五爻为父，也是丈夫之位，临青龙，未土静而不动，在月休囚入日墓，身体旺相，人很老实正直，临青龙多少有些名气。明年寅月，父母寅木旺相，生助世爻午火，父母为结婚证，又午未相合，所断明年春天结婚。

世应相克　婚姻难成

姬女士测婚姻

乙亥年　甲申月　丙子日　（申酉空）

《山风蛊》　　　　　　　　　**六神**

			六神
	兄弟寅木、	应	青龙
子孙巳火	父母子水、、		玄武
	妻财戌土、、		白虎
	官鬼酉金、	世	螣蛇
	父母亥水、		勾陈
	妻财丑土、、		朱雀

断：

1. 你 1987 年离婚。

2. 你没有子女。

3. 你现已有男朋友，准备 1995 年或 1996 年结婚，但难成。

姬女士说："是的，我与前夫 1987 年离婚，没有孩子，离婚不久就交了现在这个男朋友，这个男的原来的妻子已出国定居。我提出跟他结婚，他总是推托，不办登记手续，要照这么说，明后年还结不成呀！"

解析：

1. 官星持世遇空亡，卦中有官等于无。因为虽无而不受刑克，所以不能断死亡。但官星持世旬空不为吉，又世应相克，所示为离婚之象。《蛊》卦是女克男之象，又两财追一官，为婚姻不顺之象。

周易一卦多断精解

1987 年为丁卯，太岁卯木直冲世爻酉金，太岁冲克世爻必有灾祸，卯木又将戌土合走，丑土又受克处死地不生酉金，所以是离婚。

2. 子孙巳火不上卦，伏于五爻父母子水之下，子水得月生，临日建居五爻临玄武，伏神子孙巳火受克无救。断语有"父旺子息缺"之说。即使巳火透出，又寅申巳三刑，显见子孙难以存活。所断姬女士没有子女。

3. 女测婚，官鬼持世，所显示的信息就是与男人在一起，这个男人虽空，但得帮扶而有气不空，临螣蛇为虚假，所以不是其真正的夫妻，而是男朋友。另外戌土、丑土直生世爻酉金，也是男朋友。父母代表结婚证，卦中两现，表示是 1995 年或 1996 年有结婚的信息，但世应相克，所以结不成婚。

双凶克妻　别夫而亡

董先生测婚姻

丁丑年	壬寅月	壬申日	（戌亥空）
《天风姤》	**《乾为天》**		**六神**
父母戌土、	父母戌土、	世	白虎
兄弟申金、	兄弟申金、		螣蛇
官鬼午火、　应	官鬼午火、		勾陈
兄弟酉金、	父母辰土、	应	朱雀
子孙亥水、	妻财寅木、		青龙
父母丑土×世	子孙子水、		玄武

断：

申月妻有生死离别之灾。

解析:

《姤》卦不利婚姻, 卦爻五阳一阴, 阳盛阴衰, 阴阳失衡有祸灾。巽卦独一见三乾, 受克无生, 大象巽化乾, 木弱金旺, 虽木临月建旺, 日冲, 但月管当月, 日管始终, 当卦主运行七月, 金旺木绝, 无药可救, 必致妻入黄泉。

妻财寅木伏于二爻亥水之下, 亥水旬空, 寅木单一无根, 日建申金始终冲克无情, 一旦露头, 便陷入重重包围, 难逃一命归天。

寅木眼下虽被围, 幸得临月旺飞生, 可断住院求药。寅木虽临月令旺相, 可申日始终冲克寅木无可更改, 待日月同支见申时, 万箭齐发, 一命呜呼见阎罗。

玄武当权, 壬月、壬日, 初爻持世初爻动, 虽不是官鬼爻, 可应爻是官鬼午火, 卦身二爻, 月卦身在初爻, 全都在内卦, 涉及阴、阳风水上的许多问题, 由于一卦一断, 所断的其他事宜不做细述。

反馈结果: 妻于丁丑年申月申日病丧医院。

一厢情愿　不成婚姻

××市的王小姐结识了一个男友，约好今晚见面，看能否成婚。

乙卯年　丁丑月　辛未日　（戌亥空）

《天地否》		六神
父母戌土、	应	螣蛇
兄弟申金、		勾陈
官鬼午火、		朱雀
妻财卯木、、	世	青龙
官鬼巳火、、		玄武
父母未土、、		白虎

断：

此婚不成，相约为假。

解析：

王小姐测婚摇了个六合卦，是个好兆头，可是官鬼午火被日合，又坐乾宫入戌土之库，尽管世爻卯木贴生午火，也属一厢情愿。另外，应爻戌土为对方，旬空又与月日成丑、未、戌三刑，临螣蛇，虚而不实，同时世应阴差阳错，合中带克，婚姻不成，已在情理之中，即使现在成，早晚也得分手。

实际，王小姐男友没有应时赴约，此婚未成。

卦变反克　离婚再娶

学员小赵测婚

| 壬申年 | 己酉月 | 丁酉日 | （辰巳空） |

《泽雷随》	《火泽睽》	六神
妻财未土× 应	子孙巳火、	青龙
官鬼酉金○	妻财未土、、	玄武
父母亥水、	官鬼酉金、 世	白虎
妻财辰土、、世	妻财丑土、、	螣蛇
兄弟寅木×	兄弟卯木、	勾陈
父母子水、	子孙巳火、 应	朱雀

断：

女方另有心上之人，戌月此婚必离。

解析：

财爻二重属二婚之象。世财休囚旬空，应财休囚化空，内外卦变回头克，世爻阴阳反错，也是离婚之象。我克者为妻财，又亥寅相合，亥卯未合，应爻未土为妻回头生官鬼酉金，所以是其女方另有心爱之人。戌月冲世爻辰土，世爻月破化退感情破裂，最终分手。

小赵懂得一些六爻，对我的分析表示认同。他说对这些事早有感觉只是不敢确定，如果实在不行，只有分手。我告诉他，有结果给我回个话。后来，小赵告诉我，女方真的有个相好的，10月份与他离了婚。

周易一卦多断精解

冲变克合　鸳鸯离分

小王测婚

<table>
<tr><td>甲戌年</td><td>丙子月</td><td>丙戌日</td><td>（午未空）</td></tr>
<tr><td>《震为雷》</td><td>《火泽睽》</td><td>六神</td><td></td></tr>
<tr><td>妻财戌土 ×　世</td><td>子孙巳火、</td><td>青龙</td><td></td></tr>
<tr><td>官鬼申金、、</td><td>妻财未土、、</td><td>玄武</td><td></td></tr>
<tr><td>子孙午火、</td><td>官鬼酉金　　世</td><td>白虎</td><td></td></tr>
<tr><td>妻财辰土、、应</td><td>妻财丑土、、</td><td>腾蛇</td><td></td></tr>
<tr><td>兄弟寅木 ×</td><td>兄弟卯木、</td><td>勾陈</td><td></td></tr>
<tr><td>父母子水、</td><td>子孙巳火、　应</td><td>朱雀</td><td></td></tr>
</table>

断：

你们是去年认识的，你脾气不好，两月前与女友闹翻，出现感情危机，很难恢复。

求测者小王说："我是脾气差点，只因话不投机，吵架闹翻，我们已认识近一年啦，开始还行，现在越来越谈不来啦，实在不行就分手算啦。"

解析：

主卦六冲，阴阳反错，上卦化泄，下卦反克，卦中两财，变卦世应合克，都是婚姻破败之象。虽然是财爻持世，但在震宫火库显然是脾气不好之人，戌月世爻当令直冲应爻辰土，戌为火库，辰为水库，水火相激，所以是吵架闹翻天。又应爻日破化退，也说明女方接受不了男方的暴脾气。去年为癸酉年，辰酉合，解成辰冲，二人相识，可以谈得来，但辰戌本为冲，隐伏危机。明年乙亥，后年丙子，原神巳火受克无力，婚姻无动力，相互都没有兴趣，所以是很难有好的转机。

桃花盛开　婚事临身

某男占与女友能成婚否

| 戊寅年 | 癸亥月 | 乙丑日 | （戌亥空） |

《地水师》	《山水蒙》	六神
父母酉金× 应	子孙寅木、	玄武
兄弟亥水、、	兄弟子水、、	白虎
官鬼丑土、、	官鬼戌土、、 世	螣蛇
妻财午火、、 世	妻财午火、、	勾陈
官鬼辰土、、	官鬼辰土、、	朱雀
子孙寅木、、	子孙寅木、、 应	青龙

断：

此婚能成。

该女去年有过一个男友，但现已分手。

明年午月或后年午月此婚可成。

家长同意这门婚事。

解析：

1. 财爻午火为女友，和世爻同位，亦说明二人同心相连。应爻也为女友，动化子孙寅木与世爻生合，同样说明二人情投意合，很有缘分。卦中亥水是世爻的忌神，现旬空不克午火，说明双方感情上很好，发展很平稳。外因月建亥水克世爻午火，说明目前经济上有些短缺，待时令转变之后，经济条件就会好起来。所断此婚可成。

2. 应爻酉金为其女朋友，与官鬼丑土同宫半合，说明丑土是其女友的男朋友。去年丁丑年，丑临太岁而旺，正是生合酉金之时，所断去年其女友爱过一个男友。现丑化戌，为化空化刑化退，说明现在二人已分手。

3. 明年己卯年，太岁生助世爻午火，至午月午火当令，卯午都为桃花，桃花旺相之时，也是有利婚恋之机，所以断其明年午月可成婚。庚辰年，辰酉相合，辰土官鬼与世爻同宫，亦可看作世爻自己，临太岁去生合应爻酉金，必有喜事临门，午火之月桃花盛开，亦是难得的成婚之期。

4. 应为家长，应爻化寅木生世爻，生我者为父母，说明家长对此婚事表示赞同。

事态前后发展，与所断完全相同，庚辰年午月双方喜结百年之好。

合化冲　婚必散

葛小姐测婚姻

己卯年　　丙寅月　　甲辰日　　（寅卯空）

《泽水困》	《兑为泽》	六神
父母未土、、	父母未土、、世	玄武
兄弟酉金、	兄弟酉金、	白虎
子孙亥水、 应	子孙亥水、	螣蛇
官鬼午火、、	父母丑土、、应	勾陈
父母辰土、	妻财卯木、	朱雀
妻财寅木× 世	官鬼巳火、	青龙

我现此卦《困》变《兑》，卦中一片水气，官鬼午火受克不吉，婚姻破败已成定局，于是我断：

在未月有结婚同居的信息，但申月必分手。

葛小姐说："好像不太可能，我们虽然有些小的摩擦，但总体上关系是很好的。"

我说："你可以等待一段时间，有了结果请你告诉我。"

年底葛小姐电话反馈说："还是让你给算对啦。我们六月份领了结婚书，后来我发现他感情不专一，总和一个女人通电话。因此我们俩就闹翻了，以后就干脆分手了。"

解析：

官鬼午火坐坎宫，坎受三兄之生，午火与世爻寅木同在一宫，寅木动生午火，在寅月木旺、火旺，金绝水弱，尚且过得去。但卦是内因储存了不利的信息，一旦外部条件适合就要爆发。又卦变六冲，所以是婚姻破败已成定局。

未月官鬼午火被合，世爻寅木又入月库，财官同居一室，干柴烈火，爱情奔流，有合欢同居之象。父母主文书，结婚证书，临日而旺，双方订下终身。申月世爻月破空亡而又成寅申巳三刑，卦中金旺水旺，官爻午火受克无生，所以是刚结婚又离婚。

财合兄弟　婚外有情

雷先生占妻是否有婚外之情

丁丑年　　　辛亥月　　　乙未日　　　（辰巳空）

《雷地豫》	《离为火》		六神
妻财戌土 ×	子孙巳火、	世	玄武
官鬼申金、、	妻财未土、、		白虎
子孙午火、 应	官鬼酉金、		腾蛇
兄弟卯木 ×	父母亥水、	应	勾陈
子孙巳火、、	妻财丑土、、		朱雀
父母子水　妻财未土 ×	世　兄弟卯木、		青龙

略观卦象，我断：

1. 你老婆与他人有外情。

2. 你老婆的情人应是你的朋友。

3. 明年辰月有私奔之象。

雷先生听后尴尬地一笑，说："您说的一点不假，我早已对此事有所察觉，那个人是我的一个朋友，也真不是个东西。"

解析：

1. 卦中财爻两现，取六爻戌土为用。现在化巳火为空，又与三爻兄弟卯木动合，与世爻相刑，显然是夫妻感情不和，而婚外寻求安慰。应爻午火也可为用，午火为桃花，与妻财戌土同一宫，入戌土之库，所以是雷先生的老婆婚外有情人。

2. 兄弟卯木与世爻未土合，同样是世爻的朋友。然后卯木又与六爻妻财戌土合。应爻午火也可作为用神，与戌土同宫，相合，戌土与未土属同一五行，比劫为兄弟朋友，综合而断，雷先生的老婆的婚外情人，是雷先生的朋友。

3. 妻财戌土化巳火为空，到明年辰月出空，同时戌动入辰月之库，以应爻午为用神，用神随朋友入库，取戌土为用神，戌卯相合而入辰月之库。兄弟卯木为朋友动化亥水，亥水辰月入库与戌土相合，总之无论从哪方面说，都表明其妻与情人有私奔之象。实际第二年三月雷先生之妻与他人私奔。这是雷先生电话反馈证实的结果。

子动克官　婚散夫亡

陈女士占婚

	壬申年	乙巳月	庚寅日	（午未空）
	《泽天夬》		《雷天大壮》	六神
	兄弟未土、、		兄弟戌土、、	螣蛇
	子孙酉金○　世		子孙申金、、	勾陈
卦身	妻财亥水、		父母午火、　世	朱雀
月卦身	兄弟辰土、		兄弟辰土、	青龙
	官鬼寅木、　应		官鬼寅木、	玄武
	妻财子水、		妻财子水、　应	白虎

断：
癸酉年申月夫有生死离别之灾。

解析：
测婚姻得《夬》卦，五阳一阴，刚柔失调，阴阳不平衡，女为阴，得阳多阴少必遭婚灾。

　　女人占测婚姻卦，遇子孙持世，子孙发动，虽化退神，但临太岁冲克日辰，又冲应爻寅木官鬼，且构成寅巳申三刑，不是好兆头。

　　官鬼寅木，在一兑、二乾、三金的围克之下，无一点生机，申、酉两年，金临太岁旺地，而寅木官鬼处死绝之地，又主卦与变卦皆属坤宫，谓之寅木官鬼入坤宫之墓，预示着其夫不妙。酉、申两金处旺势冲克微弱寅木，夫已重病在身，旺金冲克寅木，医院手术丧身。事应酉年申月。

　　后反馈果于所测。

雀占鸠位　破散婚姻

姑母测侄女婚姻

| 丙子年 | 己亥月 | 戊申日 | （寅卯空） |

《雷水解》	《火风鼎》	六神
妻财戌土 ×	子孙巳火 、	朱雀
官鬼申金 、、应	妻财未土 、、应	青龙
子孙午火 、	官鬼酉金 、	玄武
子孙午火 ×	官鬼酉金 、	白虎
妻财辰土 、 世	父母亥水 、 世	螣蛇
兄弟寅木 、	妻财丑土 、、	勾陈

断：

此婚不成。关系已在上月破裂。

据求测者讲，其侄女一年前相识了一个男友，关系蛮好，定好12月28日结婚，不想男方突变，于10月31日正式通知其侄女，也未说明理由，此婚此今未成。

解析：长辈测晚辈之婚事，除看子孙爻外，还要看官鬼爻和妻财爻。本例官爻为男方，财爻为女方。财世，官应，世应相生本大吉之象。但阴阳失位，阴差阳错，主事情有变。更主要的是六爻戌土贴生官鬼申金，又化出巳火与申金合，取代了子孙午火之位。所以此婚不成。上月为戌月，世爻月破，此时戌土化出巳火，乘虚而入与官鬼申金合。故上月此婚破裂。

男女遇三合　喜新不厌旧

于先生占婚姻

戊寅年　　壬戌月　　辛亥日　　（寅卯空）

《雷泽归妹》	《山水蒙》	六神
父母戌土 × 应	妻财寅木、	螣蛇
兄弟申金、、	子孙子水、、	勾陈
子孙亥水　官鬼午火○	父母戌土、、世	朱雀
父母丑土、、世	官鬼午火、、	青龙
妻财卯木、	父母辰土、、	玄武
官鬼巳火○	妻财寅木、、应	白虎

断：

1. 你自己有老婆，今年春天你有外遇，近几天同此情妇不和，过些天就可和好。

2. 你老婆很爱你，但夏天开始她也有外遇，不过你放心，不会离婚。

解析：

1. 占婚遇《归妹》卦是老男配少女之象，不般配。变《蒙》卦有蒙薮隐瞒之意，《归妹》卦三阴爻三阳爻，阴阳对等，《震》为动，《兑》为喜，老男少女，动中求欢之象。

世爻丑土持世变官鬼午火，去年是丑年没有外遇，因去年太岁持世难以化成变爻午火。现在摇的卦，世爻丑土随卦中巳火动而化出午火，故变爻午火同卦中动爻午火就成为卦主本人。另外求婚官鬼也代表的是男方。

上卦寅午戌合成火局，其中的寅木是应爻所变，代表其老婆。而初爻巳火化出之寅木就是情妇。寅月，寅木当令，火局合成，故是寅月有外遇。立卦之时，寅木旬空，三合为假，两人最近几天闹别扭，没见面，待寅木出空，合成实局，两人又成鱼水之欢。

2. 卯木妻财在主卦是老婆，卯木生午火是爱丈夫。但寅木旬空，不去生午火，是夫妻感情上出现问题。初爻巳火动为男人，贴身在泄卯木之气，卯木也有生巳火之意，但是卯木旬空不敢生，内心矛盾，巳火动入月墓，又被日辰冲开，所断妻子对另一个男人虽有好感而未同居，而应爻化出之寅木也为老婆，在外卦寅午戌合局，才是真正的外遇。

因卯木与午火毕竟有相生相合之意，所以虽有外遇而不会离婚。

双足踏舟　婚姻不定

韩小姐测婚

丙子年	庚寅月	癸巳日	（午未空）
《雷风恒》		《水泽节》	六神
妻财戌土、、应		父母子水、、	白虎
官鬼申金×		妻财戌土、	螣蛇
子孙午火○		官鬼申金、、应	勾陈
官鬼酉金○　世		妻财丑土、	朱雀
父母亥水、		兄弟卯木、	青龙
妻财丑土×		子孙巳火、　世	玄武

断：先认识的男朋友身高清秀，长得很帅，后认识的男朋友伶俐文雅，很有风度。韩小姐都喜欢，哪个都舍不得分手，所以造成脚踩两只船，心神不定。婚姻之事乃终身大事不可儿戏，要尽早做出选择，争取美满婚姻。

解析：

官与世同又内卦化巳酉丑合，说明己有男朋友，而且关系十分密切。五爻官鬼申金，化出应爻生世爻，可将官鬼申金看作另一个男朋友，两官同时发动，申金之官月冲为破但日合不为破，因此两官都是实际存在。所以断此女脚踩两只船。申金之官为先认识的男友，申金在五君爻居震宫主高，主清秀是个帅气的男子汉，酉金居三爻世位，居巽宫，临朱雀与玄武相生合，伶俐而有些文雅，有些风度。二者之间到底选谁，此女心神不定，是世居阳位化阴位，入墓有阴阳反错，拿不准主意，也拿不出主意，所以来测卦。

两官夹世　不利婚姻

杨女士电话测运气

己卯年　壬申月　己未日 （子丑空）

《泽风大过》		六神
妻财未土、、		勾陈
官鬼酉金、		朱雀
子孙午火　父母亥水、	世	青龙
官鬼酉金、		玄武
父母亥水、		白虎
妻财丑土、、	应	腾蛇

断：

1. 大学文化，目前从事文职工作。

2. 目前所在单位经济效益较好。

3. 与一把手关系好，与顶头上司关系处得不好；有个单位想要杨女士去工作，但这个单位效益不佳。

4. 1992年、1993年交男朋友，并同居。

5. 1995年、1996年做流产，想结婚而未成。

6. 患有妇科病。

杨女士说："我是西安大学毕业，现在文物局工作，效益还说得过去，主管局长对我有成见，我就不想在他那干啦，准备调动工作。其他方面说的都对。"

解析：

1. 父母代表文凭，卦中持世得月生，又得五爻官鬼酉金生，临青龙，主有文上之喜，所断是大学生。

2. 父母爻代表单位又临世爻，得官鬼旺而相生，官鬼又得上六财爻未土相生，呈财官父连生之象，所断单位经济效益好。

3. 世爻亥水得五君官鬼酉金生，说明与一把手关系好，未土临日令与亥水相克，说明与主管领导关系不好。卦中两官两财，应临财爻，受日冲为暗动，丑酉半合生水，丑亥又有相会之象，所以是人家想要她，但应爻丑土受冲直接生官鬼酉金，说明经济上流失太多效益不好。

4. 1992年壬申，1993年癸酉，官鬼酉金临太岁，旺而生身，所以此两年应该交男朋友。世下暗伏桃花午火，又得官鬼酉金桃花之生，所断与男友同居。

5. 1995年乙亥，1996年丙子，太岁帮身，世爻临旺子孙午火伏于世爻亥水之下受克，父旺子衰，故此两年有流产。两官夹世，婚姻不利，所以此年结婚不成。

6. 两鬼夹世主有病，亥水为肾居二爻临白虎，初爻暗动克亥水，所断有妇科病。

两财生官　婚外有情

张女士打来电话测婚姻

己卯年　戊辰月　甲午日　（辰巳空）

《火风鼎》	六神
兄弟巳火、	玄武
子孙未土、、应	白虎
妻财酉金、	螣蛇
妻财酉金、	勾陈
官鬼亥水、　世	朱雀
父母卯木　子孙丑土、、	青龙

断：

1. 婚姻不顺，丈夫有外遇。事情应发生在 1998 年冬天。

张女士回答："你说的很对。"

2. 本人也有婚外之情。

张女士听此语言有些支支吾吾，最后还是表示承认。

3. 1997 年生一个大胖闺女。

张女士回答："是的，生下来时候 8 斤重呢！"

4. 家在一个花园小区，住的楼层较低，家的房门向西开与别人家的门相对。高血压引起头上眩晕，睡觉不安稳，同时肾上有虚寒之症。

张女士回答："一点不错。"

5. 辛巳年有婚变之危。（待验证）

解析：

1. 测婚，官鬼持世，说明此女很爱自己的丈夫，同时又有所担心，因为官鬼持世心中不安，现世应相克，又有两财旺生官鬼，说明丈夫在外有女人。如以应爻为夫，未土去合日建午火，坐离宫同样说明有外遇。1998 年太岁戊寅与世爻亥水生合十月亥水当令，寅木得长生，正是鱼水得欢之时，所以 1998 年冬天其夫有外遇。综合而断：婚姻不顺。

2. 世爻亥水与太岁卯木合，与应爻亥卯未合，卯木为桃花合世爻亥水，主婚外之情，所断有外遇。

3. 五爻子孙未土与日令午火相合，1997 年丁丑冲动未土，破午未合，所以是生小孩，未土坐离宫，所以是女孩；《鼎》卦离 3、巽 5 相加为 8，所以是 8 斤，未土在五爻临白虎，所以是大胖闺女。

4. 世坐巽宫，巽为花草之所，又得太岁帮扶，所以是个花园小区。世爻亥水入月墓水又主低，所以是在低层，实际是住在二层。三爻为门，酉金坐巽宫，金木相克，所以门向西开。三爻四爻酉酉相并，主门门相对，应爻为对方，未土生酉金，所以主房门与另外一家主房门相对。六爻为头，官鬼亥水冲克之，亥水入月墓，得酉金双生，属旺而受阻，所以是血压高、头晕，临玄武爱想事，所以睡不好觉。二爻为肾，旺而受克，所以肾上有病。二爻阴位却变阳爻，阴阳失调，所以有虚寒之症。

5. 2001 的为辛巳，太岁冲破官鬼亥水，又巳酉丑合金局，所以是有重新组合家庭之象。

官伏财下　必有隐情

张女士前来测婚姻

	己卯年　丁丑月	丙子日	（申酉空）
	《风雷益》	**《火水未济》**	**六神**
	兄弟卯木、　应	子孙巳火、　应	青龙
	子孙巳火○	妻财未土、、	玄武
	妻财未土×	官鬼酉金、	白虎
官鬼酉金	妻财辰土、、世	子孙午火、、世	螣蛇
	兄弟寅木×	妻财辰土、	勾陈
	父母子水○	兄弟寅木、、	朱雀

我看了卦给张女士讲：

1. 你现在的老公是个有妻之夫，并且有个女孩（此女回答正确）。你老公是一家金融公司的一把手，但属于代理性质，没正式下文。此单位外强中干，经济效益不好，严重亏损（此女回答正确）。

解析：

官鬼伏在财下男必有妻室在家，官鬼酉金伏在财爻辰土之下，辰酉相合，说明丈夫已有妻室在家，不但没离婚，并且关系挺好。辰土化子孙爻午火虽为阳支，但是阴爻冬天火为衰弱，因临太岁相生弱不受生，所断有一个女儿（旺为子，衰为女），此卦若取应爻为用神，卦理也是相同。卯木化巳火亦为弱极，阳爻是阴位，必为女儿。由于官星酉金伏在财爻辰土之下，财官相生，主卦为益，震主大单位，酉金为正职，故为一家金融公司的一把手。官星伏藏不现又旬空，故为代理一把手。父母爻子水动被兄弟爻寅木所泄，被月令丑土合住，故没有下文。卦中财爻未土动化空，辰土之财被动爻兄弟爻寅木所劫，所以此单位是外强内空，为亏损单位。也说明此单位管理制度不严，有贪污之象。

2. 你老公现在狱中，因贪污公款，私设小金库而犯罪。对方回答："这是小人陷害，是没有的事情。"我讲："你老公确实贪污公款，卦上显示贪污50万元，在小金库放着，没拿回家，若拿回罪名就更大了。此事是你老公单位一个女财会向司法部门告的状。"此女回答："的确坏在一个女财会身上。"

解：《益》卦，四爻乱动是内外不安之状。勾陈、朱雀、白虎、玄武四大凶神发动主不祥之兆。父动临朱雀主官司，兄弟爻动临勾陈主为经济问题而坐牢。财官加白虎动主事态来得快，指凶危。子孙爻动临玄武，指在经济上做虚假的动作。官鬼酉金不上卦旬空又入月令丑库，说明丈夫有入狱的信息。应爻也可看作丈夫，卯木化死地入动爻未库，未又化空，寅木动也入库，说明其夫已入狱。入狱者应有3人。未年冲开丑库，财临太岁生官，又泄子孙巳火之原气，官星生父，所断其夫要坐监四年。

卦中父母爻发动化兄弟爻寅木，父母爻子水与月令丑土相合，官星酉金入丑库，酉金旬空，兄弟发动，说明此夫做假账贪污公款。私设小金库者是辰土之财库合官鬼酉金，丑土冲动未土使寅卯木入库。50万者是土的数字，因辰土在三爻没动，辰为水土金之库，也为五行之库，为国库之财。兄弟爻化出之财，亦为不正当之财，所以财在小金库放着没拿回家，私藏公款实为贪污。

3. 求测人目前有孕在身。世化子孙午火，是月泄日克，为用神休囚。幸有二爻寅木发动，寅午生合，五爻子孙巳火动化财爻未土为弱，巳有未土动，泄其原气，说明此女身孕多指女孩，我告诉她胎位很正常，会生一个可爱的女儿，身体很健康（半月后此女生下一女孩身体健康，顺产）。

周易一卦多断精解

4. 此女苦求我给其丈夫解减狱灾，从易德的角度讲，违法犯罪形成牢灾，国法难允，不应解救，但我念其身孕在身，临盆在即，无人照顾实为可怜，此时距春节只有半个月时间，我告诉她法律会宽大为怀，你丈夫在农历二十五日会释放出狱，全家团圆。他们感恩不尽，表示痛改前非，重新做人。

桃花逢冲有外遇

董女士测丈夫运气

己卯年	丁卯月	丁卯日	（戌亥空）

《雷风恒》	《泽山咸》	六神
妻财戌土、、应	妻财未土、、应	青龙
官鬼申金×	官鬼酉金、	玄武
子孙午火、	父母亥水、	白虎
官鬼酉金、 世	官鬼申金、 世	螣蛇
父母亥水〇	子孙午火、、	勾陈
妻财丑土、、	妻财辰土、、	朱雀

断：

1. 本人当家作主，官星有如无。对方问这是什么意思。我说："就是你丈夫对你没什么感情，总也不在家，你名义上有丈夫，其实跟没有一样。"

对方伤心地说："是这样的。"

2. 丈夫是个领导，官挺大，工作与矿产有关。

反馈说丈夫是在矿山工作。

3. 你丈夫有外遇，夫妻不和，有五年左右。这两年较重。那个女的中等身材，不胖，1.60米，是个老姑娘。

对方哭了说："我丈夫跟那女的好了五年了。那女的以前没结过婚，现在有40多岁。"

4. 你丈夫身体有病，是肾或泌尿系统方面的病。

对方说："是糖尿病。"

5. 你今年家中破财。对方说："家中好好的，五千元钱不明不白少了两千五。"我讲："是你丈夫拿给那女的了，你就不要骂贼了。"

6. 你不练气功必信佛。对方说："两样都占，正因为出门练气功，常不在家，以致夫妻关系疏远，丈夫有了外遇。"

解析：

1. 官爻酉金持世，官爻为夫，年、月、日三卯木冲酉金，酉金年、月、日冲破，这是夫妻感情破裂的标志。酉金持世，破而化退也是信息。

2. 官爻申金居五君爻动而化进，所以丈夫是领导，领导级别由爻位判断，居五爻是大官。官爻化进神，酉金坐于兑宫，兑为金属，矿产之意，所以在矿山工作。

3. 年、月、日卯木为桃花冲官爻酉金，丈夫必有外遇。卦中午火也是桃花，亥水化午火，亥卯相合，故而有外遇之年是1995年，亥年前后。官爻临金五行，金水旺主风流，亥年亥水化午火桃花，所以从亥年开始有外遇。官爻申化酉，酉居兑宫，兑为少女。因为兑卦在月、日休囚，所以是个老姑娘。卯木日建是桃花，木数为3、8，0.3+0.8=1.1米，兑金数为4、9，1.1+0.49=1.59米，所以断1.60米左右。也可以用兑宫之未土财爻断，亥卯未相合，所以取财爻未为用神，是与桃花相合之财爻，未土休囚故而不胖，未土不高，居六爻也不矮，以爻位取数，1.60米左右。

4. 二爻亥水动而化午火，是化绝胎之地，且三爻酉金临蛇，三四爻为腰肾泌尿系统，亥水又动于巽卦，巽为股部，泌尿部位，所以此部位有病。

5. 卦中官鬼旺动耗泄钱财，月、日卯木兄弟爻劫财，故而破财。卯木为桃花，所以断是丈夫拿钱给外遇了。

6. 官鬼爻代表神佛鬼仙，临蛇主怪异，所以信佛练功。

太岁合官星　丈夫有外遇

一女士打电话测婚姻

己卯年　戊辰月　甲午日（辰巳空）

《火风鼎》		六神
兄弟巳火、		玄武
子孙未土、、应		白虎
妻财酉金、		螣蛇
妻财酉金、		勾陈
官鬼亥水、　世		朱雀
子孙丑土、、		青龙

我看过卦象跟对方讲："你婚姻出问题了，是你丈夫有外遇，事情发生在1998年冬天，1999年离婚。"对方讲："完全正确。"我又断她身边有女儿是1997年出生的。此女回答："正确。"

解析：

1. 女测婚财临阴爻持世，应临阳爻官鬼居之，便是美满婚姻。今是阴阳反错，世应相克，主婚姻不顺，为破败分散婚姻。

2. 卦中一官两财亦说明有二婚之象。

3. 1998年丈夫有外遇，是太岁寅木合官星，官星入月令之库，又合财爻酉金亦说明1998年丈夫有外遇。若取应爻未土为丈夫，与日午相合也是有外遇。

4. 1999年离婚，1999年为己卯年，财爻逢破处囚地，子孙爻处死地不生财，兄弟爻临旺劫财有力，官鬼爻亥水无制与太岁组成三合局，所断此年离婚。

5. 1997年生孩子是应爻未土代表求测之人，1997年为丁丑年，丑未相冲，有破身之意。子孙爻又为丑未二土，所断1997年生孩子，子孙爻丑土坐在巽卦离宫阴爻阴位，所断是女孩。卦中一官两财是再娶再嫁之象，日月合财重婚再嫁之兆。

穿针引线　鸾凤归巢

方先生摇卦测婚

己卯年	甲戌月	丁未日	（寅卯空）
《泽地萃》	《山地剥》		六神
父母未土 ×	妻财寅木、		青龙
兄弟酉金〇　应	子孙子水、、世		玄武
子孙亥水〇	父母戌土、、		白虎
妻财卯木、、	妻财卯木、、		腾蛇
官鬼巳火、、世	官鬼巳火、、应		勾陈
父母未土、、	父母未土、、		朱雀

1. 别人给你介绍的是一位漂亮的少女，个头高1.64米，身材苗条头发好，双眼皮，二目有神。

解析：

因为卯木为花草之木，又为红艳桃花，有亥水相生，和月令相合，卦中亥卯未三合财局自然长相漂亮。五爻为脸面，酉金动得日月相生；酉金主白，又主长方形脸；两眼有神，是指亥水为眼，亥水为双眼皮，子水为单眼皮，水动得金生而旺，说明二目有神。这个脸配这双眼，是长相漂亮聪明富贵之象。卯木主细，临蛇主长，临太岁而旺和月令相合又有原神相生，说明此女身材苗条，长相漂亮头发好。

2. 共是三个介绍人，一个岁数大的老太太，一个长相漂亮的白脸少女，一个黑脸的少女。是老太太找你家西方白脸的少女，白脸的少女又找你家西北方的黑脸少女。因黑脸少女和你要找的对象是朋友，白脸的少女和你是朋友。

解析：

老太太是上六爻父母未土动，未在坤宫，主老太太。五爻酉金动在兑宫，兑主西方又主少女，金主白，未土生酉金，所以老太太找西方白脸的少女。白脸少女找黑脸少女是因酉动生亥水，水受日月之克，所以脸黑。金水相生说明是朋友，亥水动生卯木亥卯未又三合木局，说明不但是朋友而且是好朋友。亥动化成指西北方。

3. 此婚定成，你们已有夫妻关系。此女所看中的：一、你家房子漂亮，面积大，是楼房；二、家中有钱。女的主动找你，但目前女的哥哥不同意，你和未来的小舅子相识，黑脸女的能做通工作。

解析：

按常理而断此婚是不成的，因为官星入月墓，不受生。正因为如此才断婚是必成之象。巳火在库中说明在房内，看财爻和月令相合，卯戌合在库中。此卯木不入日墓因月令合大于日，合在库中为桃花相合必是成婚之象。财合到家中说明男方有钱，父母爻戌土临月日为房子，说明新盖之房，装潢漂亮。即卯戌合亥卯未三合，说明女方看中房子，也看中男方有钱。是楼房，父母未土在上六爻动临日月主高，所以是楼房。女的找男的，因卯木和巳火紧贴相生，所以婚能成。目前女方哥哥有反对之象是因为兄弟酉动，冲克卯木，又世应相克，那就是有干涉妹妹婚事之意。和女方哥哥相识，因巳酉半合，黑脸女的能做好工作是因亥水通关相生，所以此婚能成。

4. 阴历十月亥卯合，跟女方下定婚约，明年结婚，婚期定在三月份。

解析：

婚期三月是辰月冲戌库，放出巳火官星，正是结婚大喜之期，夫妻白头偕老。

此例是九月所测，于 11 月 23 日卦主来电话告之：正是十月给女方下的订婚礼，现女方全家同意。明年三月择吉日结婚。

世应桃花相冲　夫妻红杏出墙

某男测老婆是否有外遇，摇卦得

甲申月	戊戌日	戊时	（辰巳空）
《坎为水》	《艮为山》		六神
兄弟子水×世	子孙寅木、	世	朱雀
官鬼戌土〇	兄弟子水、、		青龙
父母申金、、	官鬼戌土、、		玄武
妻财午火×应	父母申金、	应	白虎
官鬼辰土〇	妻财午火、、		腾蛇
子孙寅木、、	官鬼辰土、、		勾陈

我看完卦对他说："你们今天晚上要吵架，最好心平气和了再来

周易一卦多断精解

找我。"

世爻临朱雀发动，应爻临白虎发动，世应相冲，必有口舌争斗。

他看看我问："是吗？"我说："是的，时间应该在晚上11点以后，孩子已经睡觉了。"（因为子时世爻旺相而冲应爻。戌时亥时却不会。戌时戌土发动克世，应爻发动克世，应爻又入戌库，无吵架之意。亥时，世爻虽旺，但寅亥合，寅午半合，夫妻被孩子合住，也不可能。）

他想想说："其实今天来不来预测都得吵架，迟早的问题。你放心说吧，有什么讲什么。"我犹豫一下，说："好吧。"

"你爱人有妇科病。"他连连点头，说："是啊，怎么会得病呢？"我看着他满腹狐疑的样子，问他："这是你第二任夫人吧？"他一愣，点点头。"你1994年离的婚，1996年再婚，1997年生一个儿子。"他点头称是。

二爻为女性泌尿生殖系统，坐官鬼临螣蛇发动，又临日辰而旺，说明妇科有病，反反复复好不了。男测婚得兄弟爻持世，一财二官为婚姻不顺之兆。六冲卦变六冲，有多婚之象。财爻午火为妻，火为2数，故有二妻。1994年甲戌，官鬼戌土临太岁旺而克世，午火动入戌库，子午相冲，与前妻离婚。1995年经人介绍认识现在的妻子。

此时我又问他："你这个妻子是从别人手里'抢'过来的啊，当时她起码有两个追求者。"他说："确实如此。"1995年乙亥，世爻临太岁而旺，化出子孙寅木，子孙爻为媒人，寅午半合，说明是经人介绍而成。另外，此年子孙爻与太岁生合，必有孕。七月申子辰合局子水旺相而冲应，冲为破，有破身之意。子水又化出子孙寅木，故而有孕，但申月父母爻旺相，寅申冲，流产。次年世爻临太岁旺相冲动应爻，申月父母爻旺，父母爻代表结婚证，申子辰合，故而七月结婚。子月子孙爻得旺相之原神生助，再次怀孕。1997年世爻与太岁相合，必有喜事。亥月寅亥合，生子。寅木坐在艮宫，又受亥子水之生旺相，为男孩。

男测婚，世应相克，财爻发动与动爻官鬼生合，妻必有外恋。辰戌二重官鬼发动，阳动主过去之事，说明其妻与之交往之前已有两位男友，且有亲密关系。其妻1994年开始与五爻官鬼戌土来往。因1994年甲戌年戌土旺相，午戌半合，戌土为午火之墓库。五爻又为领导，说明其妻当时在此人的公司工作。戌土临青龙发动化出兄弟子水，青龙主酒色，兄弟为劫财之患，子午桃花相冲，为冲破，说明1994年已破身。戌土动生父母申金，父母爻为房子，得生而旺，表明公司的办公室大而漂亮。但戌土化子水与财爻相冲，二人好不长久，1996年子午冲而分手。另一男友官鬼辰土紧贴财爻受生，为其近邻或同事。世爻为兄弟发动劫财，故断其当时是从别人手里"抢"来的老婆。朋友听到这里，苦笑着说："一点不错。当时知情后挺生气，好在婚后二人还算情投意合，只好不了了之。"

又问现在有没有新情况。

我抬头看看他，他的脸上略微显出一些焦虑和不安，我真有些为难，但易理是容不得半点虚假的。"你爱人现在应该与三人有染，一个是她单位的一把手（即日令戌土），一个是顶头上司（五爻戌土），还有一个是同事（二爻辰土）。"午火发动入日辰戌土之墓，入五爻戌土之墓，又生动爻辰土，说明其妻与此三人交往为两相情愿，而非被迫。日辰戌土虽与财爻相合，但遥隔太远，行动不便，故而来往不甚频繁。五爻戌土为其妻顶头上司，1998年戊寅，寅午戌合，此年开始交往。戌土、财爻齐动，戌为午火之墓库，说明二人来往密切。加之戌土化出兄弟子水与世爻相同，故可断其妻将此人与丈夫同等对待。财爻发动化出父母代表房屋，说明常把此人带回家。有时也去酒店或对方家，因为戌土为火库，临日辰旺，可代表中档、三星级酒店。戌土发动而生申金，申金又化戌土，所以父母爻申金为对方家。现在戌土位于间爻发动克世，说明求测人目前最注意、怀疑的就是此人。朋友连连点头。

官鬼辰土位于二爻身份低微，没有什么官职。与财爻紧贴受生，说明是同事。临螣蛇发动，有缠绕之意，紧追不舍。财爻化出之申金与辰土子水合局，有同房之意。且官鬼坐二爻，二爻为家中，说明二人每次约会都是在此君家中。辰土今年临太岁而旺，午月财爻旺相生之，开始发生暧昧关系。官化财说明此人有家室。世爻发动入辰土之墓，子辰半合，可以断定求测人与此人关系尚可。但子水又与辰土化出之午火相冲，表明此事很快会被发现，恐为当场捉奸，因官化财坐二爻家中，又临螣蛇缠绕之故。

今日戌土临日而旺，冲动辰土，二官齐动，午火亦动，说明今日其妻会在午时和戌时分别与此同事辰土和上司二人约会。

结果19：20左右，我们正在谈话之时其妻来电，问丈夫何时回家，并告之与领导在外陪客人应酬，可能晚一点回去。朋友听完我讲的情况之后，神情有点紧张起来，坐在那里发呆。我所讲的这三个人他都认识，情况也比较符合。

我说他自己在外面也交了一个女朋友，他闻听此言，不觉有些尴尬。我说："你1998年交的这个女朋友，1999年被老婆发现，两人闹离婚。这个女的原来有丈夫，还有一个女儿，对吗？"他很惊讶地望着我说："对呀，1998年因为工作关系认识了这个女朋友，两个人在不断的接触中渐渐产生了感情，后来她就总是缠着我，1999年被我老婆发现，她胆子不小，还主动去找我老婆谈过话，气得老婆跟我闹离婚，费了好大劲才平息。"

卦中世应皆动，互相冲克，子午均为桃花，桃花相冲，夫妻各有所爱。二爻官鬼发动化出之午火为其女友，辰土旬空发动变财，说明此女有夫，旬空表示已经离婚。变卦寅午半合，子孙爻寅木是她的孩子。寅木虽坐艮宫，在月处绝地月破，故为女孩。1999年子卯刑，世爻被刑主此年因桃花之事而惹祸。世应相冲，变爻寅申相冲，四月寅申巳三刑，有吵闹离婚之象。

朋友说："你讲得很对。依你看，我们的婚姻应该继续维持呢，还是干脆分开？"我说："从卦上看，你们很有离婚的可能。六冲变六冲，婚必散。不过，我认为，既然你已经知道了这个结果，就应该设法避免它。因为我们预测的目的就是让生活过得更美满。婚姻上出问题往往夫妻各有责任，如果能认真分析出原因所在，双方互相谅解，重新培养起感情，未必不能白头到老。因为你们毕竟还是很有感情的。"我指着卦给他看："世爻化出寅木与财爻午火相合，说明你还是很爱她；应爻化出申金又与世爻子水半合，也说明她其实仍然很在乎你，关心你。"

　　朋友听了我一番劝告，不断点头称谢，然后起身告辞，回家去了。

第三章
如何区分
牢狱、病灾、伤灾

人生中的旦夕祸福、病灾、伤灾、牢灾，利用六爻八卦是完全可以预知的，而且大部分的灾害是能预防的。

官非牢狱之灾的标志：

兄弟临朱雀发动口舌之灾；

兄弟临勾陈发动官非牢狱之灾；

兄弟临白虎发动，结伙斗殴，抢劫之凶；

桃花（子、午、卯、酉）忌神临青龙，奸淫之凶；

官鬼忌神临勾陈发动，官非牢狱之灾；

用神休囚受日、月克冲入墓牢狱之灾；

财爻伏兄，兄爻伏财，盗窃之灾；

官化子，兄化官，牢狱之灾；

囚狱、天刑、劫煞、地劫（卦配十二宫）发动牢狱之灾。

寅、巳、申三刑必主械斗、凶杀、拦劫犯牢狱之灾；

丑、戌、未三刑邻里纠纷，引起官非之灾；

子、卯、午三刑奸淫，流氓犯牢狱之灾；

辰、午、酉、亥两组自刑犯官非之灾；

五行相害多数是被伤害，陷害而犯官非之灾；

太岁伏吟、卦爻反吟、卦象反吟、爻象伏吟都主牢狱之灾等等。

凡以上标志，关键是要对照爻与爻，爻与卦，卦与卦，爻与日、月、岁之间旺衰，生克制化，刑冲合害，仔细推敲，动则有因，静者通变，切莫只记几句绝诀妄下结论。有官非牢狱之灾，重点是要增强法制观念，遵纪守法，时刻注意自己行动规范，多做善事，不做坏事。同时在环境风水上刨根问底，做以适当调整，确保万无一失。

病灾的标志：

在第一章里已做详细论述，这里要阐明的是，病灾虽然也是灾害，但它区别于牢狱官非，病灾多因是五行休囚受克。古卦书曾有一说，不进医院进法院，不进病房进牢房。古人把牢狱称之为牢役，当然用词上有坐牢之意，但卧床不起，失去自由的病人常呻吟不止，这就像坐牢一样。凡是卦中发现牢狱信息标志的轻者都主病，如克、冲、刑带合者就不以牢狱之论，可断一般病疾等。还有个别五行绝处逢生，得贵神助救，牢狱之灾就不很明显，但病灾难逃。卦中的爻位，六亲，六神都是区别牢狱与疾病的可靠依据，我经常是以卦中的爻位，风水方位来区别是牢狱还是病灾，懂得风水的人就很好辨别出来了。

凶伤事故标志：

多以二爻五爻为用。

出行摇卦如逢五爻临官鬼发动化回头克，必主交通事故。鬼化进神临身事大，鬼化退神事当见，事轻。鬼化伏吟车上发生事。兄动化官，抓盗贼。鬼临蛇在五爻发动，主重大事故。

卦象分类：

乾、坎、坤、震主车祸事故。

五行分类：

寅申巳亥主道路事故。辰戌丑未主坠落事故。子、午、卯、酉主风流酒色之灾。又金主刀刃血光，土主坠落塌方高压，水主落水溺荡淹没、烫伤，火主焚焰、窑洞、煤井，触电、雷劈、火灾，木主杖刃、树木家具砸伤等等。

六神分类：

青龙酒色之灾，朱雀主口舌火焚之厄，勾陈旷野城垛倒塌之灾，腾蛇道路绳索之灾，白虎血光刀厄手术之凶，玄武水溺色情之灾。

六爻预测中还有盗窃、诈骗损物劫财都是凶灾中常见的灾害，重大者为凶，小灾小难是常见不鲜。还有一些自然灾害地震、滑坡、冰雹、雷电、台风、洪水等等人为是无法抗拒的，但是能预测出来就能减少不必要的损失。

雀勾蛇动　身陷囹圄

王小姐测婚

<pre>
        庚辰年   甲申月   乙巳日   （寅卯空）
    《天风姤》   《风地观》   六神
    父母戌土、   妻财卯木、   玄武
    兄弟申金、   官鬼巳火、   白虎
    官鬼午火○ 应   父母未土、、世   腾蛇
    兄弟酉金○   妻财卯木、、   勾陈
妻财寅木 子水亥水○   官鬼巳火、、   朱雀
    父母丑土、、世   父母未土、、应   青龙
</pre>

王小姐测婚得《姤》卦，兄弟爻旺相，子孙爻旺相，财爻月破不上卦，官星休囚，发动合未土，世爻空亡，卦中信息提示，破散的婚姻已成定局。当即我给王女士批断如下：

1. 你丈夫是黑道之人，吃喝嫖赌偷抢扒拿打架闹事，样样都干，

是地地道道的无恶不作之人。

王小姐表情很冷漠，但是回答很恳切："你说的一点没错，他确实不是什么好人，都怪我原来没看透他，才惹了这么一身病，不知造的是哪辈子的孽。"

2. 你是先生孩子后结婚，家中父母极力反对你的婚事，是为了孩子才得到父母的谅解。

王小姐有些自责地说："我当时要是听我父母的就没有现在这副倒霉相啦，全晚啦！"

3. 婚后遭到丈夫的残暴毒打，你带着孩子住在娘家。

说到此处王小姐已哭成泪人，诉说常被丈夫打得全身青紫，苦不堪言。

4. 你丈夫伤灾多，狱灾多，败财多，有两次被公安局通缉过，有两次借人家的高利贷赌博，被公安局围堵住，后来才侥幸逃脱，第二次追杀差一点送命。

王小姐愤愤地说："谁劝他都不听，全是自己找的。"

5. 你丈夫女人多，今年春季在外地有贩毒之嫌，被公安便衣抓住，现在狱中，要判刑十五年左右。

王小姐说："朋友带信回来说他在××监狱关着，现已判刑十五年。"

解析：

1. 取官鬼爻午火为用神，卦中土金相生水旺，克制午火，官星临腾蛇而动，入上六爻戌土之库，戌土挂玄武，可见其夫是黑道之人。故断其夫是个吃喝嫖赌，偷抢扒拿之人。应爻午火临官鬼上下一片耗泄克制，也肯定不是正道之人。临蛇动，主心狠手辣，上临白虎在五爻主凶暴、残恶无比，六亲不认，五爻为兄弟申金临月旺相，说明在黑道上抢劫和无恶不作（注：五爻也代表丈夫）。应爻也代表丈夫午火入戌库，上卦玄武合卯木之财，那么午火入戌库，卯戌合库，不正说明，此夫是偷抢扒拿之徒吗？也说明是吃喝嫖赌之徒。

2. 二爻子孙亥水发动，化坤卦为腹是此女怀孕之象。世爻旬空组合是巳酉丑合金局，酉金先生亥水然后巳火冲亥水，方合成局，所以是先生孩子后结婚。初世丑土化父母爻未土，又亥卯未合局，未土回头冲丑土，故父母是极力反对这桩婚事，必定是亥卯未合局，所以生了孩子才得到父母的谅解。

3. 四爻官鬼午火发动，与戌土未土相合，与世爻组合成丑未戌三刑，刑者伤也，卦中午火动化未合，但冲世爻丑土，官星午火坐乾，丑土坐巽，乾金克巽，故断常遭到丈夫的残暴毒打。因财爻寅木伏在二爻，亥水之下，财爻主食宿，二爻为家中，初爻也代表出生地，世爻在初当然是此女的父母之家，故断带着孩子住在娘家。

4. 卦中午火休囚，财爻不上卦无原神，克多泄多，又入库，当然是伤灾多，狱灾多，败财多。卦中兄弟爻申酉二金临月旺相，发动化财是破财之象，子孙爻克制午火入戌库，未土耗泄，世爻空应爻囚均为祸多灾多之象。卦中亥水动克午火，午火动入上六爻戌库，戌未为父母爻代表信息，所断被公安机关通缉两次。用神午火在病地，丑未戌相穿，泄午火之气，两兄弟用神耗午火之气，必遭黑道棍棒之击，午未合挂腾蛇主惊险，午戌合，挂玄武主诈骗流血，五爻主道路挂白虎，主伤灾，主有死灾，故断有两次被黑道上人追杀险些丧命。

5. 午未合可看作有一个情妇，午戌合也可看作另一个情妇。卯木为桃花，卦中两现，所断此女的丈夫女人多。上卦变回头合，下卦变回头冲，乾克巽，巽克坤，均为凶险，伤狱之卦。卦中朱雀、勾陈、腾蛇三大凶神发动必是官灾之象。世爻旬空不受克制刑冲。午火为官受子孙爻所克，子孙爻在月得长生，在日受冲为暗动，又得动爻兄弟酉金相生，子孙为公安，说明公安机关明暗跟踪监视其夫，亦说明其夫有牢狱之灾。辰年测卦上六爻戌库被冲开，午火在申月处死地，官星入戌库，戌在上六爻主外。故断其夫在外地有牢狱之灾。应爻动化未土，未年与太岁相合必有喜事，且合的是父母爻为救令，又因土为5、10数，在申月土弱，应取5数，丑未戌三刑，3×5=15数故取15年，再一点是主卦相加是6加上变卦坤，坤为8数，6+8=14，世空，需要加1位共15数，故其夫被判15年大刑。

卦中申酉金为西药，金生亥水动化官鬼，财伏亥水之下，得长生，说明财利大，午火动与寅木相合，亥水坐巽化坤，巳火生土、土生金，金水相生，多为白粉之物，故断是贩毒生意（我的经验：金水相生为忌神，坐震巽，化兑坤，多为白粉生意）。财爻月破又寅巳申三刑。不但未得到钱，反而判大刑。财伏子孙爻下，午火动想去拿，午火弱，拿不动，寅木破，得不到，此为公安局设的圈套。说明公安人员伪装成买货人，带钱诱其上钩，将其抓获。因寅木财伏其亥水之下，说明公安人员化装成买主，带钱提货，亥水动化巳火官鬼，说明有伪装之意，是假买主，同时也说明此公安人员有一定的职位，巳火官鬼坐坤临朱雀，说明是个有计谋又稳重能言善辩的小头目。此人临日与月合，与五爻合，会提升很快，子孙爻（公安）用财将午火引出，午火动去合财，子孙爻化官鬼巳火，巳酉丑合金生子孙，说明兄弟酉金为证人，也说明是内线人，专向公安机关通风报信之人。子孙爻动擒官鬼，兄弟爻动化财临勾陈，也说明是为了钱财而做线人。

6. 你丈夫1999年有两次大的伤灾，腰腿肚上均有伤灾。王小姐回答："他身上到处是伤疤。"我还断王小姐右腿有病、妇科有病。王小姐回答："生小孩着凉落下的病根。"

此卦是金木相战，木在申月处绝地，乾金克变卦巽木又克下卦之巽木，故而上下股都有伤。为什么不是肝胆之病呢？因为主卦金水连环财伏水下得长生，寅亥合，亥卯半合，故而肝胆无碍。

1999年卯木当令，卦中卯木两现临太岁而旺，上六爻卯木合成，其实是合中带克，戌土坐乾又临六爻，乾为头，午戌合，故断其夫头部受过伤，午未又合，卯未合克，未土坐巽受克，乾克巽，巽为腿部故断腿部有伤，卯酉相冲，酉金在三爻代表腹部，卯木又生午火，午火克酉金，酉金在三爻，同时也说明腰上有伤灾。同样午火又与初爻变出未土相合，卯未合克，巽克坤也主左腿有刀伤。火生土，水火相战，初爻丑土化未土主有痔疮。女方右腿风湿病，因二爻水火相战，也主此女妇科有病。

7. 我断此女 1995 年做过流产，1998 年生一男孩，2001 年可与丈夫离婚。到下半年可谈婚。

1995 年为子孙爻临太岁化鬼为不成之象。

1998 年财临太岁而旺与子孙爻相合，财临太岁克丑土，丑为子宫，丑未相冲生产之相。

2001 年辛巳，太岁冲开亥水，妻财寅木得出，成寅巳申三刑，临白虎，婚上有灾，又寅午戌合局将官合走，故上半年离婚。另外卦中组合为巳酉丑三合局，财休官旺，世爻丑土与太岁生合，是命主见官之时所断此年有成婚之信息。

自带克害　其祸不轻

××市李某也是个易学爱好者，一日他拿来一卦让我看他财运如何

周易一卦多断精解

乙卯月	己未日		（子丑空）
《地山谦》	《天火同人》		六神
兄弟酉金×	父母戌土、	应	勾陈
子孙亥水×　世	兄弟申金、		朱雀
父母丑土×	官鬼午火、		青龙
兄弟申金、	子孙亥水、	世	玄武
官鬼午火、、应	父母丑土、、		白虎
父母辰土×	妻财卯木、		螣蛇

此卦成立我告诉李先生无财可求，反而会破财，并还有另外之灾发生。

他说："财临月而旺，世爻与财爻半合局，应有大财。"

我郑重地敬告他，从农历七月到十月必败财，父亲有生死大灾，其结果李先生十月来电话说："从七月到九月破三万六千多元，父亲去世在八月初五。"

解析：

此卦四爻乱动，财爻虽临月令，但却耗泄世爻之精气生应爻，应爻代表他人，是他人得财之象。世爻亥水是月泄日克，与应爻相克，又入辰土库，为身弱，俱不利求财，均为破财之象。世爻亥水动化申金，回头生，但申金生不了亥水，因申金绝于月休因无力。应爻旺相坐官鬼，反克世爻很明显是破财之象。世爻与月日三合财局，但财生

的是应爻，不正是破财之象吗？再一点卦中父兄同动是水中捞月一场空，缘木求鱼一无所得，在这种情况下求财不利动，动者破。

七月到十月破财，是兄弟爻旺相，财处死地，世爻临旺，可生财，但财去生应爻。正说明世爻旺相就要动，动者去生助别人，必是破大财之象。若世爻不动，处囚地，就破不了财。若财生应爻，应去生世，就不同断法了，那就是得大财之象。八月死父，是父母辰土化卯木回头克。八月卯木虽值月破但有子孙爻亥水合生，不论破，而论旺象。卯木回头克父爻辰土，所以其父有生死大灾。若卦中亥水不动或不上卦，那卯木论值月破。为什么正月二月卯木旺相时其父无灾呢？因正月二月卯木旺相去生官鬼午火，午火通关生父。八月官星午火处死地不受生不通关，所以其父死在八月初五，初五者是大忌之日。

此卦很有突破性，望各位朋友多加领悟，并触类旁通，大胆实践，断卦技艺定会很快提高。

测牢灾　看婚姻

苏某之子摇卦测运气和婚姻

己卯年	庚午月	甲寅日	（子丑空）

《风天小畜》	《风泽中孚》	六神
兄弟卯木、	兄弟卯木、	玄武
子孙巳火、	子孙巳火、	白虎
妻财未土、、应	妻财未土、、世	螣蛇
官鬼酉金　妻财辰土○	妻财丑土、、	勾陈
兄弟寅木、	兄弟卯木、	朱雀
父母子水、　世	子孙巳火、　应	青龙

断：

1. 父母爻子水月破日耗化回头反克，卦中子孙巳火午火重重，子孙代表公安机关。卦中财爻临旺又财爻四重克世爻，财爻辰土发动为世爻之库，子水无原神之生助，世爻必有大灾。什么灾呢？有牢狱之灾、刑拘之灾。

2. 为盗取或骗取钱财，利用工作之便投机取巧得不义之财，你本人干的工作是银行保险行业或是与票据有关的行业。利用票据支取人民币1万多元，已构成法律犯罪行为；你和领导关系较好，前八年工作也较好。你的文化程度高，但不是大学本科，是专业学校毕业，为大专生。案发后你被拘留，款如数退回并罚款2万多，免予起诉，单位领导担保回去上班。

解析：

因卦中兄弟爻四重临日令而旺，又临太岁兄弟爻旺必劫财。兄弟爻临玄武，那就不是正当得财，是骗取盗取、投机取巧等。为什么是利用工作之便或和票据有关的钱财而犯法？因父母子水持世坐乾卦，化兑卦，父母爻代表票据、书本有关的行当。乾卦代表财，兑卦代表财、书页、票据，故断与票据有关而盗取钱财。利用工作之便一是父爻持世，二是临青龙。利用手中之权取利，是财爻辰土发动，世爻子水进库，库临勾陈，故断为财而坐牢。乾主公检司法机关，因乾卦兑卦原性属金，金主财，故断银行保险公司的行业和票据有关的行业。支取人民币1万元是乾卦数。构成法律犯罪行为一是子水入辰库世爻处死地，二是二爻兄弟临朱雀，必有官灾口舌。和领导关系较好是官星为酉金生助世爻子水之故。前几年工作较好，因世爻子水在1995年、1996年、1997年而旺又相合。文化程度是父母爻持世，父母为子水，水主聪明，是大专生，不是大学生，因父母爻休囚之故。能读成大专是子水坐乾宫又临青龙，必有文昌之喜。款已退回是财爻辰土发动化丑土为化退，罚款破财是兄弟爻化进神必破财。免于起诉是兑卦处休囚地。单位领导担保是子水入辰库,官在辰下相生和官星酉金生世,所以领导担保回原单位工作。对方讲我是利用工作之便,把保险户的利息一万三千元钱窃为己有,后被公安机关拘留。单位领导出来担保回去上班,并罚款2万多元。

3. 对方问到婚姻问题时,我给他讲了结果:"你1995年交了一个女朋友并同居,1998年分手;1999年又交一个女朋友同居,可此女长相、脾气不如第一个女朋友好,现在此女脾气较大,有分手的可能;明年2000年财临旺地,财官相合官临旺地,官生世,世爻旺是成婚之年。"对方说:"非常正确,我1995年交一个女朋友长相漂亮,1998年分手。1999年又交一个女朋友同居了。我被拘留罚款后,此女朋友提出要和我分手,这个女的是脾气不好,工作、长相也不如头一个女朋友好。"

解析:

头一个对象取应爻财星未土为用神,1995年谈婚是亥卯未三合局。我的经验是三合局不论是测行人归期和婚期、病人好转、病人死期以三合局而定奇准无比。今卦中卯未半合只欠亥水,所以定在亥年谈婚。1995年世爻旺相,桃花相刑,所以此年谈婚。卯木为桃花,头一女朋友漂亮,木主仁慈,主第一个女朋友性格好。1998年分手是兄弟爻旺相,财星处死地,官星世爻俱处死地,所以1998年分手。

1999年交朋友,是世爻子水见卯为桃花;变卦为风泽中孚也为婚姻卦,如二人接吻之象,二人同居是世爻临青龙,在卯年青龙旺相主有酒色之事,又卯木在上六爻化卯木临玄武,主暧昧关系;再一点是财官相合,世爻入库主男女同居之象。近期女友发脾气是午月火旺生辰土,妻财辰土指第二个女朋友,辰土发动克世爻,午火旺又寅午半合,火指脾气刚烈,说明此女近期发脾气,辰动化丑为退,所以近期有分手之象。

4. 从1999年到2003年都有牢狱之象，应安分守己。我并指出他有吸毒的坏习，对方讲他1997年吸毒，因骗钱吸毒而坐牢，今后一定要老实工作上班，否则定有牢狱之灾。

解析：

因2000年至2003年是世爻处死绝之地。

我测完后对方感激不尽，并表示一定要痛改前非，老实做人。

岁克世爻　年厄灾多

王某测运

己卯年　　　甲戌月　　　甲辰日　　　（寅卯空）

《地火明夷》	《风山渐》	六神
父母酉金×	子孙卯木、　应	玄武
兄弟亥水×	妻财巳火、	白虎
官鬼丑土、、世	官鬼未土、、	螣蛇
兄弟亥水、	父母申金、　世	勾陈
官鬼丑土、、	妻财午火、、	朱雀
子孙卯木○　应	官鬼辰土、、	青龙

批断如下几条：

1. 你今年一年不顺，二月份家中人口有孝服。

2. 四月份有车祸，撞死人破财有十多万。

3. 八月儿子有车祸而破财。

4. 1997 年有大伤灾，有孝服。

5. 1998 年有刑狱之灾婚姻有变。

我断完这几件事，王惊奇地说："八卦真是神了！二月份我母亲去世，四月份是出了车祸，我是跑运输的，家有三台车，这是新买的日本五十菱与别人车相撞，责任属于我，司机没有事，可坐在车里的厂长撞死了，损失了 15 万多。八月儿子骑摩托车撞伤一个老太太，破财一万多。所以才来找你测一下，我以后会不会还有灾。"

1997 年父亲去世穿父孝；此年六月和我外甥打架，他用啤酒瓶把我的左边后脑骨打碎差一点送了命，住了半年医院才好；1998 年坐几个月的牢是受小人陷害，年底与妻子离婚。

解析：

1. 一年不顺是官鬼持世与太岁相克，太岁克世一年必是多灾多难。二月家去人口有孝服。是上六爻父母酉金发动化子孙卯木，子孙卯木临太岁回头冲克父母酉金，初爻卯木动也冲克上六爻，二月正当卯木临旺之时，金处死地，原神亦处死地，坤卦化巽回头克坤主老母，卦中虎动主有孝服，所断二月穿母孝。

2. 四月份有车祸撞死人，破财有十多万。上六爻父母爻酉金发动化卯木回头冲克，酉金坐坤宫亦主车象，卯酉相冲乃相撞之意。五爻为路，兄弟亥水发动化巳火回头冲，四月火旺，回头冲有力，也说明两车相撞。五爻又为领导水火相临白虎，有流血之象，所以撞死的是个厂长。破财十多万是上下卦数加上动爻之数。

3. 八月儿子有车祸破财。是子孙卯木动与上六爻酉金相冲，卦中亥卯未合局力度大冲酉金有力，又酉金坐坤主老太太，所以儿子撞伤老太太。卯动化辰又临青龙与月令相冲亦说明此意。

4. 1997 年家有孝服并伤灾。1997 年官鬼临太岁而旺又临蛇，卦中官鬼化官鬼，必有大的伤灾，《明夷》卦也是伤灾之卦，丑未戌三刑又相冲，子孙动克世爻，正说明晚辈把命主打伤之意，上六爻子孙卯爻反冲酉金临玄武，说明头部有流血之象，此年官鬼交重必然要耗费钱财。

5. 1998年有刑狱之灾。1998年子孙爻临太岁克世无财通关，子孙爻代表公检司法，所断此年有刑狱之灾。因是官鬼持世，形成丑未戌三刑，又兄弟爻处死地，官鬼受克，财不上卦，又阴阳反错，所断此年离婚。卦逢两鬼无财，均为多婚之象。

太岁冲世　　生死大灾

2003年3月李先生求测运气如何

庚辰年	庚辰月	戊戌日	（辰巳空）

《泽天夬》	《兑为泽》	六神
兄弟未土、、	兄弟未土、、世	朱雀
子孙酉金、世	子孙酉金、	青龙
妻财亥水、	妻财亥水、	玄武
兄弟辰土〇	兄弟丑土、、应	白虎
官鬼寅木、应	官鬼卯木、	腾蛇
妻财子水、	父母巳火、	勾陈

我看完卦对李先生讲："你1997年离婚，1998年你兄弟姐妹有伤灾破财。1999年你必有重大伤灾，是死里逃生。今年上半年破财，下半年好转。"

李先生讲："你测对了，我是1997年与爱人离婚。1998年我

143

妹妹被中巴车撞伤，小腿撞断。1999 年我是骑摩托车去上班与公共汽车相撞，脑盖骨粉碎，昏迷了两天，差点送了命。今年三月破财八千多，下半年不知财运如何？"

解析：

此年离婚是兄弟爻临太岁，卦中四重兄弟劫财较重，卦中亥子水处衰地，子孙酉金为财爻的原神，此年丑土为金之库，财无原神，官星无制，兄弟爻生不了子孙爻而去克财。财爻休囚之象卦变六冲夫妻反目之象，所以 1997 年离婚，实际各有所欢财爻子水与丑相合，世爻酉金与辰土相合。1998 年兄弟姐妹有伤灾破财。1998 年是戊寅年木旺土处死地，本卦三爻兄弟辰土发动与日辰相冲，辰坐在乾宫主车象。辰动化丑，丑在兑宫，兑主少女，临虎动又丑未相穿、丑未戌三刑，所断兄弟姐妹有伤灾又破财。1999 年本人有大的伤灾并死里逃生。

本卦是兄化兄官化官伤灾信息已定；变卦为六冲亦说明有撞车之意；1999 年为卯年临鬼与世爻相冲克，太岁值官鬼冲克世爻，主用神必有生死大难；卦中白虎动合世爻，说明命主会有流血事件发生；卦中辰动化丑，丑与上六相冲，未坐在兑宫兑卦是上为缺为虚，所以头部受伤（因变卦兑为六冲之意）。卦中虽有土可生世爻，但卯年土有大灾。本卦主要是卯年鬼旺冲世金土休囚，卦又变六冲，必有大的伤灾，与太岁相冲克主有生死大灾。

2000 年上半年是兄旺临岁劫财，因而上半年破财。

兄弟持世　官非口舌

陈女士打电话测运气

<table>
<tr><td></td><td>己卯年</td><td>癸酉月</td><td>乙丑日</td><td>（戌亥空）</td></tr>
<tr><td></td><td>《天水讼》</td><td>《天地否》</td><td></td><td>六神</td></tr>
<tr><td></td><td>子孙戌土、</td><td>子孙戌土、</td><td>应</td><td>玄武</td></tr>
<tr><td></td><td>妻财申金、</td><td>妻财申金、</td><td></td><td>白虎</td></tr>
<tr><td></td><td>兄弟午火、　世</td><td>兄弟午火、</td><td></td><td>螣蛇</td></tr>
<tr><td>官鬼亥水</td><td>兄弟午火、、</td><td>父母卯木、、世</td><td></td><td>勾陈</td></tr>
<tr><td></td><td>子孙辰土○</td><td>兄弟巳火、、</td><td></td><td>朱雀</td></tr>
<tr><td></td><td>父母寅木、、应</td><td>子孙未土、、</td><td></td><td>青龙</td></tr>
</table>

我看完卦象对陈女士讲：

1．你遇到了经济问题，你负责的财务账目与现金不符，现金差错在13万元左右，并与同事有口舌、打官司，但官司打不起来，跟你打官司的是一男一女。

2．你的账目至今没有查清楚，若是查不清你会赔钱坐牢。

3．目前你单位领导让你停职处理问题，你的职位已被他人顶替。

4．你有个女长辈是当官的，但是官不大，她会全力帮你。

5．你有腰痛病，腿关节也有病，其他方面正常。

6．你1998年、1999年破财。

7．你现在有怀孕之象，2000年5月临产。

8．你其实没有经济问题，账目也无问题，是你的一个账本放在主管会计办公室的铁柜里，在最下一层东南角上。今天下午3点至5点定能找到。

陈女士反馈："李计忠先生你测的完全正确。我是现金与账目不符，少钱 13 万多，为此事天天跟同事争吵，目前领导正在处理，公、检、司法的人都到了，搞不好要打官司，如账查不出来，我就要赔钱坐牢，跟我争吵的确实是一男一女。眼下领导已找我谈过话，让我停职解决问题。我有个姐姐在总行当个小领导，她现在在帮我查账。身体方面，我现在腰痛，腿有关节炎病。1998 年破财是丈夫赌博输钱一万多元；1999 年破财，是在正月份因我把票据搞错了，赔了 3 万多元。我是 5 月份结婚，现已怀孕。"

当天下午，陈女士又打电话告诉我："账本找到了，确实是在铁柜里东南角找到的，至此满天乌云都散了。"她从心眼里连声感谢救命之恩。

解析：

1. 出现经济问题，账目与现金不符，因兄弟爻持世化兄弟爻，临腾蛇主账目，兄弟爻持世是劫财或破财之象。但兄弟爻在月处死地，在日化泄，世爻休囚。财爻在五爻申金化申金，临月而旺又得日生，此时的申金在日不论入库应论生。金临月而旺世爻受财爻反克。账目以父母爻寅、卯木为用神，五爻申金与寅木冲，月令与卯木相冲，兄弟持世临腾蛇，主有账目不清之事。所断账目跟现金不符，故断差错现金 13 万元。是财爻为申酉金，申酉金为 4 数 9 数相加得 13 数，由于金临月而旺，故断差错现金 13 万元。

跟同事有口舌、打官司，是《天水讼》卦。讼卦说明有口舌、打官司之事。官司打不起来是卦动变六合，世应三合局。跟其打官司之人是一男一女，是二爻朱雀动，坎卦变坤卦之故。

2. 至今账没有查出来，是父母爻寅木在月处死地，化子孙未土为入库。父母卯木在月为破，临勾陈，亦是入库之象，故断账没有查出来。

否则会赔钱坐牢：是兄弟爻持世主财上有损，二爻子孙辰土动冲起上六爻子孙戌土，子孙代表公、检、司法部门，卦中寅午戌三合局，戌为世爻之库，所以有破财坐牢之象。

3. 目前领导让你停职处理问题，职位已被人顶替，因官鬼爻不上卦，五爻为领导，与世爻起反克作用，而与二爻之变爻兄弟巳火有相合之意。

4. 有个女长辈是当官的会帮你，初爻子孙未土与世爻午火有相合之意。未坐坤主长辈，临青龙有官职在身，在初爻官不大。

5. 腰痛、关节有病：三爻卯木为筋骨，与月令相冲为破，为腰疼；初爻寅木坐坎宫克子孙未土，是腿关节有病。

6. 1998年破财，1999年破大财，是卦中四兄弟得太岁之生而旺，群兄劫财，子孙爻处死地不生财，财爻处绝地，官星不上卦，兄弟爻无制，故断此二年破大财。

1998年丈夫赌博是官鬼亥水伏兄弟爻之下主赌博。

1999年因票据而破财是三爻兄弟午火化父母卯木，官鬼伏在三爻之下，故受同事捣鬼做了手脚而破财。

7. 现在有怀孕之象是子孙爻辰土在二爻发动化坤，坎中满化坤均指肚子大，说明有怀孕之象。子孙爻动与月令相合，说明八月怀的孕，正是2000年五月临产。

8. 钱没有丢失是财临月而旺又坐乾宫，在五君爻位说明财在国库里边没有丢失或劫盗之象。

财没有差错，是世爻为现金会计，应爻寅木是主管会计，应爻生世爻又三合局，说明没有差账之象。少了一个账本，是父母爻寅木化未库之故。账本放在主管会计办公室西南角铁柜里，是变卦上乾下坤为铁柜之象，最下一层是初爻寅木化未库。在东南角，是二爻辰土动化巳火之故。

当天测卦为丑日，丑冲开未库放出寅木，3点到5点是申时，财临旺地冲出寅木，故断当日3点至5点找到。

财运带出剖腹产

张先生测财运

庚辰年	庚辰月	癸巳日	（午未空）

《水火既济》	《巽为风》	六神
兄弟子水 × 应	子孙卯木、世	白虎
官鬼戌土、	妻财巳火、	螣蛇
父母申金、、	官鬼未土、、	勾陈
兄弟亥水、 世	父母酉金、应	朱雀
官鬼丑土 ×	兄弟亥水、	青龙
子孙卯木〇	官鬼丑土、、	玄武

排完卦我给张先生讲了近几年的财气。

1. 1995 年你破财，但是喜事，此年你老婆生孩子是剖腹产，妻子失血过多，耗费破财，但得了一个宝贝女儿。

张先生感到惊奇，问道："妻子剖腹产也能测到？"我说："万事在卦中，只要卦技过硬任何事情都可以测出来。"

2. 1996 年你母亲有心脏病，此年破财，张先生讲正是如此。

3. 1997 年你家有官司口舌，此年你夫妻不和，你有外遇。

张先生讲："家中因房屋地皮跟领导打官司，此年确实有女朋友。"

4. 1998 年、1999 年发财，2000 年得财，但财气较小。

张先生讲："1998 年去越南做生意，是发了财；1999 年在广州做生意也发了；2000 年生意没做，包地种农作物，赚点小钱。"

解析：

1. 1995 年妻子剖腹产。破财，是兄弟爻动父母爻旺官鬼爻旺，均是主财上有耗破。二爻官鬼丑土发动，化兄弟爻亥水，初爻子孙爻卯木发动，克制二爻丑土，日令又冲兄弟爻亥水，冲者破也，二爻为小腹，子孙爻卯木生财，合亥克丑土，当然是生孩子。再看子孙爻虽在初爻必定坐在离宫又化巽，说明小孩是难产之兆。若是震卦或乾卦小孩是顺生之象。此为经验之谈。子孙爻卯木当然是女儿了。

2. 1996 年母亲有心脏病、破财，是父母爻申金化官鬼未土临勾陈，说明母亲有病住院。为什么断心脏病呢？因为卦中申子辰三合局，但子水在日为绝地，在月入库，子水代表血液，血液入库不流通，不正是有心脏病吗？再一点是父母爻申金与巳火相合带克刑，也正说明有心脏病。

3. 1997 年家中有口舌是非，是卦中官星临太岁而旺又丑未戌三刑之故。夫妻不和有外遇，是外卦兄弟爻子水发动与二爻官星丑土相合之故，此合为桃花发动逢合必有外遇。1998 年、1999 年发财，是子孙爻临太岁而旺与世爻是生合关系，说明有贵人相助，此二年发财。2000 年庚辰，兄弟爻虽然入库不劫财，但财爻行弱地，世爻又弱，所以此年发点小财。

名商实贼　八卦识破

1996 年 7 月 × 县医院陈女士到我家讲：儿子在外地做生意，看什么时间能回家，摇卦得《颐》之《屯》卦：

丙申月	辛卯日	（午未空）
《山雷颐》	《水雷屯》	六神
兄弟寅木○	父母子水 、、	螣蛇
子孙巳火　父母子水×	妻财戌土 、　应	勾陈
妻财戌土 、、世	官鬼申金 、、	朱雀
妻财辰土 、、	妻财辰土 、、	青龙
兄弟寅木 、、	兄弟寅木 、、世	玄武
父母子水 、　应	父母子水 、、	白虎

卦象成立，变在其中。我对她说："你儿子根本不是在外地做生意而是在坐牢，是在车上作的案，不是抢劫就是为女人之事。"陈讲："我小儿子开出租车（面的）抢乘客的钱而坐牢了，你看发生在什么时间？"我说："在 1995 年 9 月。"陈讲："正是去年 9 月出的事。"

解析：

1. 艮宫五爻动变坎，艮为小儿子，坎主车象。兄爻临日得子动生，发动克世必为劫财为女人之事。

2. 卦中兄弟寅木二重临日，兄弟寅木动，克世爻妻财戌土，当然是儿子抢劫。

3. 蛇动主车象，必在车上作案。

4. 牢狱之灾。子孙巳火伏在父母子水下受克，构成了寅巳申三刑，刑者，主刑事。勾陈又发动，"必主牢狱之灾"。

5. 应在 1995 年 9 月，1995 年太岁亥水和子孙巳火相冲克，冲克太岁必有祸，9 月为子孙巳火的墓地，入墓主入牢。

巧用卦理　辩明吉凶

有一学员在培训班摇出一卦测自己的运气如何

未月	壬申日	（戌亥空）
《艮为山》	《地水师》	六神
官鬼寅木○　世	子孙酉金、、应	白虎
妻财子水、、	妻财亥水、、	腾蛇
兄弟戌土、、	兄弟丑土、、	勾陈
子孙申金○　应	父母午火、、世	朱雀
父母午火×	兄弟辰土、、	青龙
兄弟辰土、、	官鬼寅木、、	玄武

我将此卦写在黑板上，让同学们分析卦主运气怎样。

同学们一致认为，卦主在农历七月八月有车祸和血光之灾。理由是官鬼持世化子孙酉金回头克，日辰旺克，又临白虎。

我具体分析卦象后，得出一个与同学们大相径庭的结论，我断：这是个平安卦，卦主无血光之灾。同学们对此感到迷惑不解。我接着往下断：卦主是个当官的，为了学习而丢官，他会学业有成，另外，他女儿能考上重点学校。

为了解开同学们的疑团。我做了具体的分析讲解：

1. 世爻官鬼持世又居上六爻有高高在上之意。又五爻妻财子水相生，五爻为君位，官坐君位之上又是世爻，所以卦主是个当官的。

卦主讲："自己原来是北京某机械厂的一名科长。"

2. 二爻父母午火发动与世爻呈生合之象，官鬼世爻又化出子孙回头克，父母代表学习，子孙代表公检法机关和干部管理机关，官生合父母，子孙酉金回头克官，日辰也克官。那就是因学习而丢官之象。

卦主讲："因工厂经济不景气，工资也没保证，没有事干，自己在家闲着没意思，就到海口来学八卦；后来厂领导知道此事后，就把我的科长职务免掉了。"

3. 子孙申金月生日临为旺又发动化阴爻，代表是卦主的女儿，父母午火代表学习，又有官鬼寅木生，说明卦主的女儿学习很努力，成绩优秀，能考上理想学校。

卦主讲："女儿学习很刻苦，成绩很好。"后来告诉我确实考上了北京某重点中学。

4. 世爻寅木发动，二爻父母午火发动，寅午半合寅生午火，父母午火代表学习成绩。所以卦主学习好、成绩好。

实际卦主学习成绩优秀，后来被留在公司做杂志的编辑工作，并提为主任编辑。

5. 为什么卦主没有血光之灾，这是大家最需弄清的问题。

首先官鬼寅木发动入月墓，子孙酉金、申金克不着。以后即使到了申月，子孙申金当令，但卦中有财爻子水化泄申金，子孙爻申金不冲克寅木，且子水又临长生又贴身生寅木，所以申月不能伤害世爻寅木。到了酉月，子孙酉金当令，卦中五爻子水亥水化泄酉金生寅木，而不能伤及世爻寅木。所以基于这些就可断定卦主不会有血光之灾或车祸。但因官鬼持世必是忌神临身之象，又化回头克，无论如何会有些不好，这个不好就应在丢官上。同时，他丢掉了官，也就等于是丢掉了身上的灾。这也是以后没有血光之灾的原因。

对于官鬼持世，我们必须具体分析，要辨证施用，不能用僵化死板的思维模式去看问题。

如果是当官的人摇卦，又官鬼持世，那么就要出现官非之事，因为这里的子孙就是公检法和干部管理部门，子孙又代表剥官之神。但如果是老百姓一介草民，又官鬼持世，化子孙回头克，就不是有灾，而是大吉之卦。因为官鬼持世代表着病灾临身，而回头一克，就把病灾给克掉啦，不就成了好事了吗？子孙就是你化出的福神啊！这里有一点要注意：如果官鬼旺子孙弱制不住官鬼，鬼旺病发狂！

这一卦例告诉我们：分析判断问题，切忌生搬硬套，机械死板，要辩证思维，灵活运用，具体分析，这样才能达到主观与客观的统一，理论与实践的统一，提高预测的准确性。

死卦活看　吉凶分明

2001年2月27日，预测部的孙老师和王老师拿出两个卦让我看，第一个卦是一女同志摇卦，测财运如何？

庚寅月	癸卯日	（辰巳空）
《乾为天》	《泽天夬》	六神
父母戌土○ 世	父母未土、、	白虎
兄弟申金、	兄弟酉金、 世	螣蛇
官鬼午火、	子孙亥水、	勾陈
父母辰土、 应	父母辰土、	朱雀
妻财寅木、	妻财寅木、 应	青龙
子孙子水、	子孙子水、	玄武

我看了卦对二位讲："此卦是得财之象，是她丈夫得财。"二位问"为什么？"我讲："她丈夫被人打伤，是1998年出的事，告到司法机关打官司。直到2000年下半年才判下来，官司打胜，对方赔钱。

周易一卦多断精解

今年得财，是对方赔钱给他。"二位听后急问："是如何看出来的，能不能看出伤在什么部位？"我肯定地讲："伤在头部、胸部，四肢和腹部，伤得很重，流了很多的血，是几个年轻人打的。"当即孙老师说："对极了，她丈夫是一个煤矿的领导，因拖欠工人的工资被几个年轻人打伤了，伤的部位全对。我已经问过对方了，为此事打官司。去年，年底判下来，官司打赢了，赔偿四万多元。"

解析：

财临月日旺相合世，卯戌合，贪合忘克，为得财之象。卦中寅午戌合局，财生官，官生世，故而是因丈夫而得财。再一点是二爻寅木之财临月而旺，组成财官世相生合局，说明丈夫得财已进家中之库。卦中戌土持世受月日之克，本是无财之象，但有官星午火通关生世，所断丈夫得财。

再看官星受月日之生旺极为病，官鬼化亥水临勾陈回头克，又子水冲之，六爻动官鬼有入库之象，乾卦又为六冲，白虎临月旺而发动。主有血光之灾，冲者为争斗、车祸之灾。应爻也可看作丈夫，应爻辰土受太岁克、月日克、世应相冲，说明其夫有大的伤灾。

1998年出事，原因是主卦变卦皆为金，1998年木旺金折，乾主丈夫，白虎临太岁发动克世应，太岁克用必有大灾。白虎在虎年发动是凶上加凶。二爻为寅木，寅为虎临青龙，又坐乾宫为龙虎相战，所以是1998年出事。丈夫为什么打架呢？卦中寅午戌合财官局，财旺合官鬼是生合，财临月日旺为大财，也为国家之财。子孙亥水代表工人、职工与财合，说明是要工资。提示：财与官合，是财旺官旺。亥水与财相合，是亥水生助财星，不正是代表工人吗？此两个合，根本点在子孙亥水回头克，是水火相战。那么亥水弱官星旺，为什么官星会有伤灾呢？我想这是每个学易之人要想知道的卦理。第一点是官鬼旺极是不祥之兆，鬼旺必有灾。再看官星虽旺，必定是坐在乾宫，乾主西北，午火行西北为忌地，亥水虽弱，但坐乾宫为卦气旺，助力大，从而可看出官星午火被制是它走的方位不对。工人虽没有本事，但人多势众，把官星打成重伤此是卦中之理，一定要灵活断卦。

打官司是父母爻辰土化辰土临朱雀，必有打官司之事。到 2000 年打赢官司是应爻辰土出空。1998 年、1999 年土处死地。2000 年为庚辰年是辰土出空临岁而旺，所以此年下判决书。父母爻主书信文件判决书，卦主官司打胜，对方赔钱，卦主得财。先看世爻戌土发动冲辰土，为我告他。寅午戌合局，卯戌合，为我有理，官方向我，也是我得财之象。月日克应对方必输。乾卦主军队公检司法，故断在法院帮助之下官司打赢。月日克应对方败财，乾主金代表钱财，金为 4、9 数，故得财四万多元。

伤在头部是六爻代表头部，乾化兑主头上缺又戌未相穿，所以头部有伤。六爻白虎动也主头有伤灾。五爻申金为月破，化酉金为日破，破者伤也，所断胸部受伤。卦中木旺，主卦变卦为金，金木相战，所断四肢有伤。初爻为子水在月日处死地，说明腿上有伤。

腹部有伤是二爻寅木化寅木，腹为土，木旺克制三爻辰土之故。年轻人打的是四爻官鬼午火化亥水回头克，亥水主小，所以断是年轻人打的。

孙老师又拿出第二个卦让我断。

辛巳年	庚寅月	辛酉日	（子丑空）
《泽地萃》	《水地比》	六神	
父母未土、、	子孙子水、、应	腾蛇	
兄弟酉金、 应	父母戌土、	勾陈	
子孙亥水○	兄弟申金、、	朱雀	
妻财卯木、、	妻财卯木、、世	青龙	
官鬼巳火、、世	官鬼巳火、、	玄武	
父母未土、、	父母未土、、	白虎	

我看了卦对孙老师讲："测卦之人是个年轻的男士，他在 1998 年、1999 年破财；今年他的妻子有手术之灾，但是喜事，多指生儿子剖腹产。"

孙老师说："对呀，你是怎么看出来的呢？为什么不是他本人有手术之灾呢？"

解析：

世爻临太岁在月临长生旺相，坐坤卦初爻父母未土可以化泄巳火，不会有什么灾。再看应爻酉金虽临日令，必定在月上处绝地，又有动爻亥水发动化泄应爻，正月木旺金折。故而妻子有灾，应爻为妻。

子孙爻发动泄应爻之气，亥水又化申金回头生，化坎，代表肚子大，有怀孕生子之象，亥水旺相是男孩。亥水发动冲起二爻巳火，巳火坐坤卦，坤代表大腹之人。子孙爻冲官鬼巳火不正是腹部有手术之灾吗？二爻代表小腹，临玄武水，说明手术流血之象。子孙爻冲巳火，正说明生孩子剖腹产。

为什么断是一年轻的男士摇的卦呢？因官星持世而旺，木火相生火气旺，正是年轻人的脾气；加之应爻坐兑为少女，又是刚生儿子，都反映了是个年轻的男士摇的卦。

1998 年、1999 年为什么破财呢？按理讲，这两年财临太岁，又临月旺，又生世爻，财官相生，为得财之象。为什么反而破财呢？因为，财虽旺但卦中寅申巳三刑，应爻处死地，卯酉冲岁破，求财是要向别人求财的。应爻代表所去办的事，也代表他人，应空应弱办事不成，出行不吉，求财无利，为不吉之象。世应相生者大吉，世应相克生意不成，求财是水中捞月必破财。1998 年、1999 年应爻行弱地，逢岁破死绝之地何财之有？此两年父母爻又受制，应爻无原神，又化出戌土，戌为世爻巳火之库，说明别人设圈套，让命主去钻，有诈骗劫财之意，故而此两年无财反破财。应爻多指所求之事，所办之事，所经营的生意，同时也是顾客、合伙人，应爻又为兄弟，多指对方不实在，综合分析应为破财。

用神月破为凶兆

×× 某一客户打电话报 4、6 数，测女儿吉凶？

己卯年　　丙子月　　壬戌日　　（子丑空）

《雷水解》	《地水师》	六神
妻财戌土、、	官鬼酉金、、应	白虎
官鬼申金、、应	父母亥水、、	螣蛇
子孙午火○	妻财丑土、、	勾陈
子孙午火、、	子孙午火、世	朱雀
妻财辰土、世	妻财辰土、	青龙
兄弟寅木、、	兄弟寅木、、	玄武

断：

1. 你女儿是司机，开的是红色小车，而且是辆新车。你女儿开车往西南方向去的，半道出事了，出事地点有河流，距离有 120 里到 80 里路，在一个城市郊区。

2. 车可在亥子日找到，人难回，凶多吉少，车有被损之象。

3. 车里边坐两男一女，女的与你女儿相识。明年四月到五月有找到的信息，如果五月找不到，就很难找到了。对方说："我女儿是开出租车的，是刚买的一辆红色夏利轿车。"癸亥日下午卦主打来电话告知，车在西南方向找到，是一个县城的南郊，车被烧毁，女儿不见，到处找也找不见尸体。丙寅日又打电话告知，据公安部门了解，当时有人见到他女儿车内坐的是两男一女，仍然找不见女儿尸体，也没有任何消息。

解析：

1. 女儿是司机，是子孙爻坐在震宫发动化坤宫，震坤均主车象。车是红色的，是午火坐震宫而动，新车是父母爻临月令，向西南方向是震变坤，半道出事是五爻主道路，官鬼申金动化父母爻亥水临腾蛇。有河流是震下坐坎，坎指河流。120里至80里，是震卦数和坤卦数。在一个城市郊区，是震主城市，坤主郊区。

2. 车在亥子日找到，是父母爻临旺，人难回凶多吉少，是子孙爻月破入日墓，同时应爻坐官鬼处死地。车被损是父母爻虽临月令，但不上卦，在卦中，一片耗泄冲克之象，化出父母爻亥水坐在坤卦，亥子水在《艮》《坤》两卦俱有被损之意。

3. 车里边坐两男一女是震卦化坤卦有两个官鬼，子孙爻动化财爻丑土，丑土为女。该女与你女儿相识是子孙午火化丑土之故。明年四五月可找到是子孙爻临旺相。2000年是辰年冲开戌库放出午火。所以断2000年四五月有找到的信息。

用神旺极灾祸来

父测子何日归

戊寅月	辛亥日	（寅卯空）
《雷水解》	《火天大有》	六神
妻财戌土 ×	子孙巳火、 应	螣蛇
官鬼申金、、应	妻财未土、、	勾陈
子孙午火、	官鬼酉金、	朱雀
子孙午火 ×	妻财辰土、 世	青龙
妻财辰土、 世	兄弟寅木、	玄武
兄弟寅木 ×	父母子水、	白虎

断：

他儿子已被人杀害。有人事先预谋，然后在路上堵截暗算。他儿子被人杀死后，尸体被转移到另外一个地方。被杀是由于女人之事引起争端，凶手是三个人。

解析：

1. 白虎在初爻发动，主家有凶丧之子，螣蛇发动主虚惊怪异之事。戌土动冲辰土，寅申相冲，兄弟发动冲动官鬼，勾陈玄武发动多主凶灾，故断此子凶多吉少（初爻为长子，五爻也为长子）临白虎勾陈。

2. 子孙爻得月令之生又得兄弟爻之生，临青龙发动，寅午戌合火局相当旺相。但卦中午午自刑，午火旺相入戌库，自刑带杀必不良。此为旺极太过，物极必反。

3. 四爻子孙午火化鬼为子孙凶死之象。怎么死的呢？寅申相冲，五爻为道路，官鬼在五爻暗动，有人在半路上截住此子，临勾陈，勾陈发动忧田土，有入土之象，午火又入戌库，戌库临腾蛇发动，腾蛇发动忧思绕，主有阴谋，有虚惊凶险之事。故断此子必在路上遭人暗害是有预谋的。

4. 辰戌相冲，辰库被戌库冲开，说明尸体被转移。戌库为第一作案现场，辰库为第二现场，辰为水库，坐在坎宫又临玄武，说明是在河流湖泊之中。

5. 被害的原因是什么呢？青龙发动主酒色成灾，玄武暗动多暧昧，财爻临蛇发动主因女人之事纠缠不清。子孙午火化官鬼临朱雀，朱雀主口舌是非，故断因女人之事发生争执。青龙发动白虎发动，龙争虎斗互不相让，惹出祸端，命丧九泉。

6. 凶手为三人，一爻、二爻和月令寅木。原因在于此三个寅木兄弟爻生子孙午火，午火又旺动，卦中无制，又寅午戌三合火局，火旺入戌墓，因寅木生午火而旺，故断为三个凶手。

后来公安人员破案将凶手抓到，一切都如所断。

测婚测出官司来

1998年农历十月二十九日××省××市陈女士打电话求测婚姻：

甲子月	戊戌日	（辰巳空）
《雷泽归妹》	《火天大有》	六神
父母戌土× 应	官鬼巳火、 应	朱雀
兄弟申金、、	父母未土、、	青龙
官鬼午火、	兄弟酉金、	玄武
父母丑土× 世	父母辰土、 世	白虎
妻财卯木、	妻财寅木、	螣蛇
官鬼巳火、	子孙子水、	勾陈

断：

1. 你丈夫出事了，是在外地为经济问题吃官司，现已进监狱了。

2. 你丈夫是1996年出的事，1997年因诈骗罪被判四年，2000年可释放回家。

3. 你现在想离婚，因你有一个可爱的孩子，心里拿不定主意。看来你明年非离婚不可。

陈女士静静地听我断完卦，然后跟我说："我老公是因骗钱被抓了，我不想再跟他过下去，想跟他离婚。可就是这孩子我放不下，不知怎样才好，所以总是定不下来，才找你预测。"

解析：

1. 丈夫出事了，在外地为经济吃官司，入狱了，女测婚，摇《归妹》之卦，世爻丑土与月令相合临日而旺，妻财卯木得月生与日合而旺相克世爻，财克世，世得地，不刑伤，必遭姤悍。

卦中财旺兄弟爻处死地而入动爻丑土之库，官鬼月破而空，夫妻难以白头到老。今取应爻为用官鬼为用，官星一个月破一个空，应爻父母戌土在上六发动化官鬼巳火而空。官星入动库和日令之库，所断丈夫在外地出事了。为经济问题而入牢房，是财爻卯木与日令戌土相合，又与应爻戌土相合，因应爻发动，应爻可代表丈夫，戌动化官鬼巳火逢空，主卦中午火可代表丈夫入应爻之库，所断为经济问题而坐牢。

2. 她丈夫是1996年出的事。1996年是丙子，官星受制于财星卯木有相刑之意，所断1996年出的事。1997年以诈骗罪判刑四年是世爻父母丑土发动。父母爻代表判决书，为什么是判决书呢？因卦中丑戌未三刑，官鬼午火在库中，当然是判决书。诈骗罪是官鬼午火临玄武化兄弟，官鬼巳火空，均主有诈骗之意。判四年是火入库。2000年太岁辰冲开戌库。1996年至2000年正是四年，父母丑土动化父母辰土亦是此意。

3. 现在想离婚是丑土发动，世爻丑土动与月子水相合，官星逢破之故。有一个儿子，心里拿不定主意，是子孙爻临月而旺又坐在乾宫，所断为男孩。子与丑相合，世应相穿又化空，所断拿不定主意。

4. 明年非离不可是1999年太岁为卯木，财爻临旺地与戌土相合，子孙爻处死地，兄弟爻休因，财无制主卦中一财两鬼均指此年必定离婚卯戌合，午戌半合，亦说明此理。

阻神独动　谋事不顺

孙先生测运气，报数 6、9 起卦

<table>
<tr><td></td><td>庚辰年</td><td>己卯月</td><td>辛巳日</td><td>（申酉空）</td></tr>
<tr><td></td><td>《水天需》</td><td colspan="2">《水泽节》</td><td>六神</td></tr>
<tr><td></td><td>妻财子水、、</td><td colspan="2">妻财子水、、</td><td>腾蛇</td></tr>
<tr><td></td><td>兄弟戌土、</td><td colspan="2">兄弟戌土、</td><td>勾陈</td></tr>
<tr><td></td><td>子孙申金、、世</td><td colspan="2">子孙申金、、应</td><td>朱雀</td></tr>
<tr><td></td><td>兄弟辰土〇</td><td colspan="2">兄弟丑土、、</td><td>青龙</td></tr>
<tr><td>父母巳火</td><td>官鬼寅木、</td><td colspan="2">官鬼卯木、</td><td>玄武</td></tr>
<tr><td></td><td>妻财子水、应</td><td colspan="2">父母巳火、世</td><td>白虎</td></tr>
</table>

断：

1. 你自信心差，办事犹豫不定，谋事不利。

2. 你 1997 年有破财之事发生，但数额不大。

3. 你与妻子同床异梦，表面上看感情好，实际上你感情不专一，喜新厌旧。

4. 你 1998 年被人打伤，现在又被人打伤。

5. 你家周围是一片水洼地，但目前水并不算多。

6. 你家门向西开，西北方有烟囱，东北方有建筑物比较高，东方、东北方位、东南方位有坟地，家门前是三岔路。

实际上孙先生住在一个叫青甸洼的地方，过去有很多的水，由于这几年连续干旱，水已经很少了。自己属于那种做事不果断的人，1997 年跟朋友入股做生意，赔进 1000 元钱，1998 年因暧昧之事，被人打伤。夫妻关系外人看着不错，但夫妻均有外遇。住宅环境与所断一致。

解析：

1. 世爻空化空，申金化申金为爻变伏吟。所断办事心中无底，信心不足，拿不定主意而犹豫，谋事不利。

2. 1997年丁丑，世爻申金入墓，事业不得手脚，同时子孙为财源，入墓受困之象，又太岁丑土合克财爻子水，又临白虎财上有伤，所以是有破财之事发生。因是合中有克，财源又有受生之象，所以数额不大。妻财子水，五行河洛数为1、6又坐乾宫为1数，所以是1000元。

3. 世爻生应爻，应爻为妻，又申子辰合局但世爻申金化空，所合为假，又间爻辰土发动化丑土与财爻相合，世爻申金与日令相合，所以是表面上看感情好，实际各有所欢。

4. 1998年戊寅，世爻与虎星相冲克，又寅申巳三刑临玄武，必因女人之事而被伤。

5. 世爻为坐基，坐坎化坎，又申金化申金，内卦干化兑，一片水泽之象，但卦中辰土动克水，又水在卯月为刑泄在日为绝，所以虽在水泽之地，水也不会很多。

6. 合二爻者为门，寅与亥合，卯与戌合，亥为西北，戌为西北，取并行线方位，门向西方。另外三爻为门辰土化丑土，又乾宫化兑宫，兑所主为西，综合判断门向正西方位。五爻戌土为火库，生四爻申金临朱雀，土主高申金也主高，朱雀又为火，所断为西北有烟囱。辰土化丑土，土主高临青龙，所以断东北方位有建筑物，比较高。二爻官鬼寅木化卯木，坐初爻之变爻父母巳火，寅木在艮宫，卯木在震宫，巳火在巽宫，所以是在东方、东北和东南方位有坟地。五爻为路，戌土直冲三爻辰土又化去丑土，所以门前有三岔路。

三刑化艮　车祸致伤

一学员测嫂子运气

甲申月	丁酉日	（辰巳空）
《火风鼎》	《山雷颐》	六神
兄弟巳火、	父母寅木、	青龙
子孙未土、、应	官鬼子水、、	玄武
妻财酉金○	子孙戌土、、世	白虎
妻财酉金○	子孙辰土、、	螣蛇
官鬼亥水○　世	父母寅木、、	勾陈
子孙丑土×	官鬼子水、　应	朱雀

断：

1. 嫂子有大伤灾，是因车祸引起。此学员回答："因车祸，嫂子的胳膊截肢。"

2. 目前伤病仍未好转，还有炎症，要做第二次手术。此学员回答："大夫说是要做第二次手术才行。"

解：

1. 取应爻未土为用。居五爻化官鬼，又卦中丑未戌三刑，白虎、螣蛇、朱雀三大凶神发动，呈大凶之象。五爻为路，化艮为车，为鬼墓，未土居坤宫，坤也为车，丑未相冲，所以是因车祸致伤。木主四肢，受四重旺金重克，所主是肢体受伤截掉之象。

2. 用神未土在申月化泄气，又有二重酉金旺泄显示身体虚弱之象，主卦卯木不现又原神亥水化寅被合，生卯木无力，说明没有完全愈合而有炎症。子孙为医院，被酉金所化，又临白虎，为手术之象。

周易一卦多断精解

卦中两重酉金旺动，说明是要做二次手术。

勾陈克用　必入牢房

宋先生测侄儿近段运气如何

己卯年　　　庚午月　　　己酉日　　　（寅卯空）

《兑为泽》		《天泽履》		六神
父母未土 ×	世	父母戌土、		勾陈
兄弟酉金、		兄弟申金、	世	朱雀
子孙亥水、		官鬼午火、		青龙
父母丑土、、	应	父母丑土、、		玄武
妻财卯木、		妻财卯木、	应	白虎
官鬼巳火、		官鬼巳火、		螣蛇

我见主卦六冲，一爻独发，勾陈克用凶象已定，于是断道：

1. 你侄儿出事了，现在狱中。

宋先生说："太对了，我正是为此事而来，看有救没救。"

2. 你侄儿打死了人，被害者是个男的。原因是你侄儿放高利贷，勒索钱财而致人死命。

宋先生听后，一拍大腿说："我就说过，这小兔崽子不是好折腾，这回把自己折进去了。"

3. 你这侄子是黑帮头，民愤太大，人家联手向法院告发了他。这次进去不少于10人。

宋先生说："一块进去11个。"

4. 公安局从他家抄出三支枪，肯定是要判死刑。

宋先生无可奈何地说："看来是天意难违呀！"

解析：

1. 测侄儿之事，取子孙亥水为用。宋先生所摇之卦为六冲之卦，忌神未土发动得月生，临勾陈克用，原神酉金虽临日而旺，但在月处死地，又岁破化退生助用神无力。子孙又随未土动而化官鬼午火，午火又入戌土之墓，忌神临勾陈克用主大凶，入墓就是入牢房，所以断其侄儿出事入牢房。

2. 主卦《兑》变《履》金旺水旺，用神子孙亥水旺而冲克初爻官鬼巳火，卯木日冲为破不能生助巳火，又官鬼化官鬼临腾蛇，入上六戌土之墓，戌为西北，用神亥水生旺之地，巳火之死地，所以是宋先生的侄儿打死了一个人。兄弟临日建居五爻贴身生助子孙亥水，亥水生合二爻妻财卯木，兄弟冲克卯木，子孙亥水又化出官鬼午火旺泄妻财卯木，妻财卯木又临白虎，所以是放高利贷而致死人命。

3. 用神子孙亥水化官鬼午火，挂青龙与父母合生兄弟，所断宋先生侄儿是黑道之人，且是个头目。丑未戌三刑克用神子孙亥水，所断其民愤极大，联手向法院告发，因火为6，卦中巳午二火为12数，巳火化巳火为伏吟，减1，所以进牢狱的共是11人。

4. 主卦为兑，内卦化兑，卦中三兑，兑为枪象，所以是家中有三支枪，又兑中藏酉金，现酉在日上现出，所以枪被查出。综合而断打死人，私藏枪支，必是死罪无疑。

第四章
如何运用
大小限断流年

        预测中经常碰到被测者要求预测终身运气，过去多数人提出运用四柱八字布终身卦。许多求测者不知道自己的八字，只有采取摇卦测终身，预测过去和未来。从某种意义上讲，摇卦测终身所反映的信息更为明显，只要技艺高超，方法得当，同样准确测出终身运气来。

        终身卦断法有两种方法区别于一般断卦方法。

    其一，卦配十二宫方法。终身运气所反映出的吉凶应于何事，事应何人（指六亲），卦爻反映的只是片面的，这就要求我们熟悉飞宫法。实例中的奇断定论，又不可能逐个反映出断语的来龙去脉，使读者摸不着头脑。多数是采用飞数、飞位、飞宫法断出来的，所以我们必须要掌握"三飞"法，才能断准流年运气（详见总章）。

    其二，大小限的断法。此法区别于四柱大小运，鬼谷子推命法大小限；我们主要介绍陈抟（希夷）推命法大小限的运用，这也是陈抟老祖留下的绝招。为使大家熟练掌握此法，下文作以分解：

一、八卦纳甲法

	乾	坎	艮	震	巽	离	坤	兑
外	壬	戊	丙	庚	辛	己	癸	丁
内	甲	戊	丙	庚	辛	己	乙	丁

二、河图五行数

一水、二火、三木、四金、五土。

如果不掌握以上两种，只知道起大限，断出的结果将会有一至四年之差。

大限飞行法：

大限五年一度，从世爻起，行运看纳甲，取世应纳甲合数相加定行运起岁，世阳上推，阴世下行。如得《天山遁》卦，内艮、外乾，世丙应壬，丙火二，壬水一，合数为三，故而三岁起运。

如得《遁》卦：

壬戌、	23—27 岁
壬申、应	18—22 岁
壬午、	13—17 岁
丙申、	8—12 岁
丙午、、世	3—7 岁
丙辰、、	28—32 岁

如果得静卦，就采取八字起卦法起卦。其方法多种多样，这里介绍庞眉道人、李淳风、耶律氏起命卦法，如辛亥年九月二十一日申时生人，即从亥上起正月顺数到九月在未上，又从未上起初一日，顺数到二十一日在卯上，再从卯上起子时，顺数到申时坐亥上，申属坤，亥属干，得卦《地天泰》。为了求得三卦，一卦管三十年，还可以按照来占卦的时间起一卦，即辛巳年十一月二十八日辰时占卦，从巳上起正月顺数到十一月在卯，卯上起初一日顺数到二十八日在午，再从午上起子时顺到辰时在戌。辰属巽，戌属乾，得《风天小畜》卦。这一卦又管三十年。连摇第一卦，生辰第二卦,占时第三卦,一卦管三十年，共管九十年。

三限飞行式：

主卦《天山遁》		生辰卦《地天泰》		占时卦《风天小畜》	
壬戌、	23-27岁	癸酉、、应	48-52岁	辛卯、	88-92岁止
壬申、应	18-22岁	癸亥、、	43-47岁	辛巳、	83-87岁
壬午、	13-17岁	癸丑、、	38-42岁	辛未、、应	78-82岁
丙申、	8-12岁	甲辰、世	33-37岁起	甲辰、	73-77岁
丙午、、世	3-7岁起	甲寅、	58-62岁止	甲寅、	68-72岁
丙辰、、应	28-32岁止	甲子、	53-57岁	甲子、世	63-67起

起小限法：

起小限就是在起好大限的同时，断卦时配合流年、流月、流日、流时细断。

小限一爻管一岁，从世爻起，阳顺阴逆，数到第五年时，又从第二限依次数。如上例，一岁世爻起小限，一岁丙午二爻，二岁丙申三爻，三岁壬午四爻，四岁壬申五爻，五岁壬戌上爻，六岁丙辰初爻，七岁丙午二爻……也可以六年一数，如占卦人二十六岁，从世起一、七、十三、十九、二十五，二十六岁世爻上一爻第三爻，如三十一岁，主卦已过，六十一岁主卦，生辰卦都已过直接从占时卦世爻起。这样可以减少一年一数的烦琐。

采用这种方法配上十二宫、流年、"三飞"法结合论断，可提高准确率。

当摇卦或起卦有动爻，就有变卦和互卦，这就不需要另起两卦了，其主卦三十年，变卦三十年，互卦三十年，按大小限的方法同上。需要注意的是世上起大小限，阳顺阴逆是指世爻的五行阴阳，而不是爻位爻象，如《否》卦，三爻持世，世爻阳位，阴象，五行乙卯干支为阴，那么行限应逆推下数，二、初、六、五、四排列；又如《姤》卦，初爻辛丑持世，阳位，阴象，五行是阴就应按阴逆排的方法，推大小限即可。

看来这一章节描述将复杂化，可真正熟练掌握其法则之后，这将是一个很简单的过程。

另外，我在预测过程中摸索出一条规律：八纯静卦，大限一限管十年断事同样准确无误。供大家参考自悟。

大小限断流年

周女士测近年运程如何

己卯年		丑月	甲申日		（午未空）
《天泽履》		《乾为天》			六神
兄弟戌土、		兄弟戌土、	世		玄武
子孙申金、	世	子孙申金、			白虎
父母午火、		父母午火、			腾蛇
兄弟丑土×		兄弟辰土、	应		勾陈
官鬼卯木、	应	官鬼寅木、			朱雀
父母巳火、		妻财子水、			青龙

周女士是癸巳年生人。据卦象分析，我断：

1. 1992年你家有老人去世，多指男性；1993年家有喜事，多指发生在子女身上；1994年亦有老人去世，多指母亲。

周女士讲1992年父亲去世；1993年大儿子结婚，女儿考上大学；1994年母亲去世。

2. 1996年家中破财，多指官非口舌，对方回答正确。

3. 1997年家中有好事，多指儿女。对方讲1997年大儿子留学日本，女儿留学俄罗斯。

周易一卦多断精解

4. 1998年你本人有出国之象。对方说对，是到俄罗斯看望女儿。

5. 本人1999年破财。对方讲1999年让人骗现金1万多。

我断完以上5条，周女士又问我其阳宅风水如何？

我断：你家宅院大门朝南开，厕所在东南，厨房在东北。房后西北角低洼处有动土之象，有积水；房子西方，有条大路，东北方有条水沟朝东南方向流水。

据卦中信息，我还断此宅利子女，利文上之喜，但不利财，女主人有妇科病、心脏病。男主人呼吸器官有病。对方说完全正确。

解析：

此女为1953年生人，1999年是47岁。按大小限断卦以世爻为基准，从世爻起阳顺阴逆，六位周流。阳世从世爻而上，阴世自世爻而下，每爻十年，周而复始，逢生令则吉，遇刑伤则凶。小限一年一位，周流而计。

1992年周女士父亲去世。1992年周女士是40周岁，大限在初二爻官鬼卯木临应爻，小限亦是在二爻上。1992年为壬申年，太岁克大小二限的卯木。此年是旺财，财爻临长生，初爻代表父亲，巳火化子水回头克，原神卯木受制不生父母爻，世爻申金值太岁临白虎代表孝服，二爻坐官鬼受制，说明家中必有丧事。太岁申金合父母爻巳火，火到金地处死地，申金合去巳火，说明父亲有归去之意，故断其1992年死父。

1993年有喜事，多指子女身上，1993年周女士41岁，大限在二爻，小限在三爻临丑土发动，1993年是癸酉年，与卦中巳酉丑三合子孙局，与太岁相合主门庭有喜事，应为儿子结婚，女儿考上大学，乃因大限临官鬼卯木坐下兑宫，兑主少女，官星主名气，卯木代表少女，当然是女儿有名气。1993年官星卯木受冲克，因有财爻子水通关。故官星不受克。

1994年命主42岁，大限在二爻值官鬼，小限周流到四爻临父母午火，1994 年为甲戌年是卯戌合库，父爻与官鬼同库亦是不祥之兆。四爻为阴位，故断其母亲去世。

1996 年家中破财，多指官非口舌。1996 年周女士 44 岁，大限仍在二爻，小限周流到上六爻，兄弟戌土当限。此年是官跟兄弟相合，官不制兄，但同样耗泄钱财，鬼坐二爻家中破财，1996 年丙子，有子卯相刑之意，又临朱雀，官兄相合有动之象，官兄动必为官司而破财。

1997 年家中有喜事多指儿女之事。1997 年周女士 45 岁，大限在二爻，小限周流到初爻是官父相生，主有文印之喜。1997 年为丁丑年，卦中丑土发动，子孙爻得生而旺，子孙爻在五爻临马星，下卦兑化乾均主坐飞机之象。因申金代表飞机，酉金代表火车、轮船。乾震二卦不仅代表车也代表飞机。兑代表少女，五爻子孙申金为长子，所以儿女同时出国留学。初爻子水虽克父母巳火，但此年太岁为丑土，子丑相合，不克父母爻巳火。

1998 年本人有出国之象。1998 年命主 46 岁，大小二限同在二爻，木旺。1998 年为戊寅年，与四爻父母午火会局火旺，戌土旺，土旺生世爻申金，太岁冲世爻申金，寅申均为马星，双马齐动必是出国之兆。

1999 年破财。1999 年命主小限在三爻丑土当限，大限官鬼卯木临太岁而旺，兄弟丑土发动，与上六兄弟戌土相穿，太岁卯木与戌土相合，牵动玄武发动，故断此年被骗 1 万多元。

周女士大门朝南，是四爻为大门，午火化午火为门向朝南；厕所在东南是三爻兄弟丑土发动化辰土之故；厨房在东北是二爻为灶房，官鬼爻卯木化寅木，寅主东北；房后西北角低洼是上六爻戌土化戌土，戌主西北，坐在乾宫亦主西北。西北角低洼处有积水是临玄武之故。

房子西边有条大路，是二爻卯酉相冲，冲为路。东北有条沟朝东南方向流水是三爻丑土动化辰土，丑辰均为水库，故断有沟。

此宅利子女文上之喜，子女星在五君位，坐在乾宫又临驿马，卦中官星旺、印星旺，官印相生，木火通明，故断其儿女必成大器。驿马旺有出国留学机遇。卦主不利财，是财爻伏藏，兄弟爻旺相，三爻、四爻为门均为泄财之象。但临文昌星利子女求学。

女主人有妇科病、心脏病，是初爻与二爻木火太旺，阴反阳错，阴阳失位。四爻午火化午火，为自刑，说明心脏跳速太快。

男主人呼吸气管有病，是上卦为乾，乾主老男为丈夫，五爻为气管，四爻克五爻故男主人有病。

断静卦　见真功

2001 年 6 月我到 ×× 市办事，一位好友领来一位王先生，请我为他测运气：

癸未月　　　辛酉日　　　（子丑空）

《坤为地》　　　　　　　　　　　**六神**

子孙酉金、、世　　　　　　　　　　腾蛇

妻财亥水、、　　　　　　　　　　　勾陈

兄弟丑土、、　　　　　　　　　　　朱雀

官鬼卯木、、应　　　　　　　　　　青龙

父母巳火、、　　　　　　　　　　　玄武

兄弟未土、、　　　　　　　　　　　白虎

此卦是一个六静卦又为六冲卦，若从卦中提出若干信息，难度较大。坤卦在六月旺相，世爻酉金得月生临日令为旺相之爻，应爻官星卯木入月库，日令又冲克，应爻为弱为休囚。按古命书的论点，子孙爻持世无官位。我对此论不敢苟同，我以为任何论点的出现和使用都是有条件的，不是绝对的，此时此地依此卦而论，我断：

1. 王先生出生在官吏之家，父母均有高职在身，又都为文官。本人是高才生，多才多艺，文章写得好，必是干文行的。

王先生回答："你测得很对，我是本市的秘书长，我父亲是省教育厅的厅长。"

解析：

坤主文主顺。此卦以五爻为父，亥水居之，虽受月克但酉金在上六临日而旺，财爻不受克，因酉金泄土生用神。五爻为君位又亥卯未合成官局，官生文必然是高职在身。财官相生，木火通明，当然是文官。本人所摇之卦为进坤卦，坤卦主文，土金相生主文学满腹呈状元之象，所以尽管此卦子孙爻持世，仍应看作为官之象。为高才生者乃是金生水财属多才多艺之故。卦中巳酉丑合局，文风通门户，酉金在坤宫所以断其文章写得好。文风正来得快是坤主通顺之故。综合推断是干文行的。官星在三爻虽不旺但临青龙，龙虎同宫者必为州府之官，所断为处级之职（县级干部）。卦中世爻临腾蛇主有计谋，丑旬空，酉金生亥水，亥水生卯木，卯木生巳火，为官父相生，木火通明，所以断有官职有名气。坤为众，代表群众百姓，世爻位于六爻至高点，万人之上是高官，但子孙爻持世不利官，故为父母官，却不是高官。

2. 从8岁开始上学到大学毕业，学习成绩好，名列前茅。王先生回答："我从初中到大学成绩在全班排前三名。"

解析：

大小限飞宫，世爻为阴，行运逆走，也就是说从上而下，十年为一大限。1至10岁，大限从世爻酉金算起，命主8岁小限在亥，是金水相生，金白水清，说明读书聪明伶俐。14岁命主上中学，大限在五爻亥水，小限也在亥水，卦中财官相生，说明命主不但聪明并且在校成绩好有名气，名列前茅之象。命主在 17 岁上是财官相合相生，官生父，木火通明，有文才之风。17 岁的流年是父母爻当令而旺，此年命主考上了重点高中。命主在 20 岁，考上重点大学，20 岁者大小二限同宫，财助官生，金水相连，旺官能助衰父，正是金榜夺魁之象。（注：大小二限断终身卦，只有八纯卦按 10 年大限论之。特殊的卦也是以 10 年论大限，男阴女阳可作 10 年而论。其余的卦以五年论大限。此断卦之绝法是师傅口传之秘，古今卦书无文字记载。）

3. 25 岁，是你人生大转折，事业工作上顺心而且有结婚之喜。妻子也是高才生。王先生回答："23 岁大学毕业，24 岁分配工作，25 岁结婚，妻子是我同班同学，成绩比我好。"

解析：

25 岁大限在四爻丑土，小限在上爻酉金，卦中巳酉丑三合局，财爻旺相是丑酉共合生财，金水相连，螣蛇盘绕，情意绵绵，正是婚姻起动之时，所以断 25 岁为他的人生转折点。

4. 我断王先生 26 岁双喜临门，升官抱孩子。27 岁工作调动，应干文书、文秘之类的工作，此年顺利又进财。30 岁父亲有大灾，多指伤灾或手术之灾。王先生回答："我 26 岁在某市宣传部提干，同年妻子生个女儿；27 岁是进点小财，分了一套房子；28 岁我从小市调到一个大市当宣传部部长，是我朋友帮的忙；29 岁又调到市委给市长当秘书；30 岁父亲肚里长瘤做大手术，确为一次大灾。"

解析：

26 岁大限四爻丑土，小限是五爻亥水，卦中组合是巳酉丑三合子孙局生财爻亥水，亥水在五爻应说此君得女贵人相助。亥水合卯冲巳，为升官之象。三合子孙局酉金是阴爻阴位，所断此年升官又生女儿，是双喜临门也。

27 岁大小二限同宫，运限共走在丑土之上，世爻酉金归库，奉动二爻父母巳火，二爻为宅位又父母为房屋，归库归家也！故此年有搬迁之喜。28岁大限丑土，小限在三爻卯木，官星卯木冲世爻酉金，冲者动，大限丑土在四爻，四爻为县级，因丑酉相合，不能断卯酉冲有车祸伤灾，因合破冲克之力。官动冲世归库，正说明有贵人相助，有提升之喜，朱雀临大限说明干文秘工作。

30岁大限丑土，小限运行初爻未土，大小二限见兄弟，丑未二土具动劫财，世爻酉金入库，亥水受克无原神，五爻亥水为父临勾陈，说明其父有住院之信息。丑冲未，未在坤宫主腹，艮坤都说明为瘤一类之病。初爻也代表父，又临白虎，二爻为父母爻巳火临玄武，故其父肚里长瘤，手术开刀，是二爻巳火代表手术刀，玄武主流血，白虎主伤灾、手术灾。

5. 我断王先生34岁提为处级干部，到43岁事业顺利，运行1993年也就是44岁，开始仕途不顺，犯指背星，也就是犯小人，财运有，但官位迟迟提不上来。王先生回答：完全正确。

解析：

34岁者是大限为三爻卯木，小限同宫，双宫临身，此为官星玉兔挂青龙，必有喜事交门庭。卦中官旺生父母爻巳火，巳火生未土，未土生酉金，官父两旺相生合，可视为官府下召到门庭。卯木冲动酉金有亥水通关，故此年提为县级干部。提示：坤卦的官星在三爻，临青龙为门庭吉星高照，必定官贵临门，坤为官星之库，酉金不但冲不了官星，反而与官星生合，此是坤卦变通之理。31岁至33岁出现经济问题。（不做具体披露）。44岁为1993年癸酉世爻旺相，大限卯木，小限亥水财旺生官，大限卯木反冲世爻，虽世旺不受伤，但官位升不上去，此命主是财气旺，此年大发。此时的官鬼亦多成小人，所断44岁犯小人。

6. 我断王先生说："1995年发大财，1996年发财应有提升的机遇。1997年丧父家有孝服。1999年有提升的机遇，但机遇失掉未提成。"

解析：

1995 年、1996 年财临太岁而旺，财官相生，官生父，父合世。1999 年为官星临太岁亦有提升的机遇。1996 年丙子年，财虽临岁，但被兄弟爻丑土合住，父母爻又合生丑土，此年机遇失掉。1999 年虽官旺父旺，但世爻休囚，所以机遇也失掉。1999 年大限在二爻卯木，小限在五爻，财官相合而旺，说明此年发财。

1997 年丧父，是兄弟爻丑土旺相，酉金入库，亥水受制，五爻为父，亥水受克，丑土临岁冲动未土，初爻白虎起动主丧，亥水也随鬼入未土之库，所断 1997 年应穿父孝。

7. 我断王先生与副市长水火不容。副市长最迟到 2001 年 4 月要调走。王先生说："正是如此，我与副市长是谁也不让谁，互相看不起。"

解析：

秘书长可以代表市长讲话办事，有管辖副市长之气势，我克者为副市长，世旺应衰又相冲，说明关系不好。但实际上也不能拿对方怎么样。因为卯木虽日破，一受冲便入月墓，卯未合库，说明那位副市长有后台庇护。明年巳酉丑合，子孙爻旺相必将卯木冲走。

8. 我断王先生单位内部有一个小人，三十多岁，应是退伍兵，长形脸，高才生，此人与副市长关系好。

王先生回答："不错，此人是我一手提起来的，现在的确和副市长关系好。"

解析：

二爻巳火与世爻合中带克，说明面和心不和。巳酉丑合局，二人是同一个部门的。卯木生巳火与副市长关系好。

父母爻主文，坤主文，木火相通，文化高，是干文行，上龙下虎，能文能武，巳火为马星，巳亥相冲，马星在五爻，有当兵之意。巳火为长形脸。

9. 下边还有人拭目以待，想争夺你这秘书长之职。

解析：

兄弟未土临月旺相冲动丑土，欲使世爻酉金入库，但酉金临日不入库。

10. 我断王先生与市长的关系较好。

王先生回答："我是专照顾市长的，肯定关系好。"

解析：

五君爻亥水代表市长，酉金生亥水，肯定关系好。但帮不了什么忙，因为只是相生关系不是合生的关系。

11. 王先生问："我现在手上有修路工程能不能干？"我回答："能行，你本人财利大，二路来财。"王先生急着回答："确实两条公路。"我接着说："一个月至一个半月（七月中旬）开工比较好，征迁工作二十天左右可完成，到明年四月、五月可修好公路。"

解析：

子孙持世临日建得月生，又财在五君爻紧贴世下受生，故财大利大。坤本身可看作路，上下是坤，所以是两条路。卦中丑未二土相冲也可看作两条路，故二路来财。世爻临日而旺，泄土生财，所以能干可获大利。水财为流动之财且在五爻，表明是修路得的财。巳酉丑合局生财，应爻日破入月墓，不能合去财，肯定这是个赚钱的买卖，进入七月以后，子孙爻旺生财，所以七月开工对自己有利。

土旺、路旺属可开工之象，土为5、10之数，土又坐坤取$10×2$故而20天左右，征迁工作可完成。工期看子孙爻，子孙爻代表民工，土旺金旺，说明工程干得欢、进展快。金为4、9取9数，故到明年的四月或五月完工。

12. 妻子是个大干部，在一个农业大城市工作，夫妻关系好。

王先生回答："我妻子是副市长"。

解析：

财爻亥水旺相居五爻位，金水相生聪明，官大亥卯未合与官合，财官相生临青龙也是大官。坤为农业大城市，乾为首都、京城、震为工业大城市。财与世紧临相生关系好。

五行生克断流年

王某摇卦测流年运气

辛巳年	庚寅月	癸巳日	（午未空）

《风地观》	《泽水困》	六神
妻财卯木○	父母未土、、	白虎
官鬼巳火、	兄弟酉金、	腾蛇
父母未土× 世	子孙亥水、 应	勾陈
妻财卯木、、	官鬼午火、、	朱雀
官鬼巳火×	父母辰土、	青龙
父母未土、、应	妻财寅木、、世	玄武

卦象成立，吉凶显现，我断如下六条：

1. 你必为高才生，身居公职，一生多有贵人相帮，且财官两旺，名利双收。

2. 本人从1986年到1989年一帆风顺事业有成，特别是1990年双喜临门，有提升之喜，又有结婚之庆。

3. 1991年体健财旺，有名气。1992年进财。1993年劳碌奔波，此年破财。

4. 1994年犯小人，有口舌是非，应得到的财未到手，此年有外遇。1995年生贵子。

5. 1996年运气最差，父亲有重病，多指上呼吸器官。财上有破，此年犯桃花运。1997年家中有孝服，多指父亲有生死大灾。

6. 1998 年破财，有官非口舌。1999 年进财、有提升之喜。2000 年平安，工作顺利。

我断完卦，王某讲："断的流年完全正确。我是大学毕业生，在政府机关工作。从 1986 年较为顺利。我是 1990 年结婚，又调到党校当校长。1991 年身体健康，此年任讲师团长算有名气。1992 年爱人做生意得财。1993 年确实是劳碌奔波、家中失盗破财。1994 年是犯小人，有口舌是非，有人把我告到纪检委，年终奖没拿到，后来澄清。此年确有女朋友。1995 年得子。1996 年父亲得喉癌，破费 2 万多。1997 年父亲去世。1998 年爱人做生意破财，家中为房屋打官司，破财几千元。1999 年调到市里工作，进财。2000 年工作顺利。

解析：

1. 父母爻持世，又得旺官巳火相生所断是高才生，身居公职。一生多有贵人相帮，财官两旺名利双收，是上六卯木财爻发动与世爻半合，世爻又为财库。父母爻持世利文利仕途当然是事业有成。1986 年到 1989 年是财星当令官星临旺地，是财旺官旺文印旺，卦中两重卯木发动，两官俱巳火、俱是天乙贵人助身，必定事业有成一帆风顺。1990 年双喜临门，是太岁临官星与世爻生合，太岁生世必定有喜事。1990 年午火为桃花生世，又合世，所断有提升之喜，有结婚之喜。

2. 1991 年是世临岁而旺与卦中卯财半合，当然是体健财旺有名气。1993 年辛苦破财，是太岁冲克财爻，官星进入死地，身弱不担财。

3. 1994 年招犯小人有口舌是非，是卯戌合，临朱雀又戌未相刑，所以挨告犯口舌。1994 年官星入库，卯戌合，戌未刑，此年必有外遇。1995 年乙亥年子孙爻旺相三合局，官星不旺所断此年生贵子。

4. 1996 年运气差，父有重病，多为呼吸器官之症是初爻为父，化财爻寅木回头生。1996 年为丙子，财爻旺相父母爻受制，卦中卯财生旺又反冲五爻之酉金故咽喉有疾患。此年破财是官星受制不生世爻，身弱不胜旺财故破财。1997年父母有死灾是初爻未土冲太岁丑土，与太岁相冲必有生死大灾，又久病逢冲必死。

5. 1998年破财，有官非口舌是此年财旺寅巳相刑，相刑为病，巳火不生世爻，未土受制，故此年破财。1999年进财，有提升之喜，因卯财临太岁而旺与世半合所以得财。旺财又生官星，官又生世，所以有提升之喜。2000年工作顺利是世临太岁之故。

生克冲合断流年

一男子电话求测运气

庚辰年	戊寅月	乙未日	（辰巳空）

《泽地萃》	《天地否》	六神
父母未土 ×	父母戌土、 应	玄武
兄弟酉金、 应	兄弟申金、	白虎
子孙亥水、	官鬼午火、	螣蛇
妻财卯木、、	妻财卯木、、 世	勾陈
官鬼巳火、、 世	官鬼巳火、、	朱雀
父母未土、、	父母未土、、	青龙

断：

1. 1994年走动。

2. 1995年结婚。

3. 1996年走动，破财。

4. 1997 年工作变动，辛苦忙碌，财运不好。

5. 1998 年工作稳定，收入一般。

6. 1999 年发财。

解析：

1. 六爻父母未土动化戌土，化进走动之象。父母为车，化进坐乾宫，乾卦也有车象，故而此年走动。

2. 1995 年乙亥，财爻卯木临长生之地而旺，亥卯未合局而生官爻巳火，故断此年结婚。

3. 1996 年丙子，子卯相刑，财爻卯木受刑而伤，子水克世爻巳火，故而此年破财，子未相害，父爻受损，工作不顺利。

4. 1997 年丁丑，父爻丑土临太岁，丑未相冲，丑未戌三刑，主工作变动。另外巳酉丑合金局，兄弟爻有力，世爻安静被合而动，兄弟成局主破耗。

5. 1998 年戊寅年，寅木财星合子孙亥水而生世爻巳火，因寅巳刑，世爻受生力小，故而此年只是平稳，财运一般。

6. 1999 年己卯年，财临旺地，亥卯未财局生世爻，财来生世，故而此年发财。

财运卦上断流年

郭先生找我测财运

<pre>
庚辰年   己丑月   癸巳日   （午未空）
《兑为泽》   《天泽履》   六神
父母未土×   世   父母戌土、   白虎
兄弟酉金、   兄弟申金、   世   螣蛇
子孙亥水、   官鬼午火、   勾陈
父母丑土、、应   父母丑土、、   朱雀
妻财卯木、   妻财卯木、   应   青龙
官鬼巳火、   官鬼巳火、   玄武
</pre>

　　我看了看卦说："你是干财会的对吧？"郭先生惊讶地看看我说："是啊！""你们公司有五个人，你的月工资加起来应有4000元。"郭先生连声应道："对对对！麻烦李计忠先生看看我今年财运怎么样？"我说："你现在正在运作一笔生意，这件事完全由你个人操作，而非合作，但是你还得找人帮忙。二月份此事必见成效。"郭先生说："对。我确实正打算做笔生意，您看二月真的能赚吗？"我肯定地答道："能赚。"郭某闻之大悦。我继续断："你2000年有官司啊？不过是有惊无险。"郭先生笑着说："对，果然是老师！什么都逃不过您的眼睛！我今天真是没白来！"几位学生在一边听着，知道我还有很多东西没讲，便忍不住凑上前，请求我再讲讲此人前几年的运程。

　　于是我给郭先生讲了如下几条：

1. 先生是大专生。

2. 先生1995年谈恋爱，此年财运好。

3. 1996年财运不如1995年，但也有小钱赚。

4. 1997年走动较大，此年破财。

5. 1998年财运好，此年女友做流产，年底二人分手。

6. 1999年财运一般，平平，比不上1998年。此年又交了一个女朋友并且同居。

断完以上几条后，郭先生忍不住翘起大拇指说："李计忠先生确实技艺高超，不同凡响，断卦如行云流水简捷明了，我今天算是开了眼界，真是不虚此行。"

解析：

1. 郭先生是干财会的，是大专生。

父母爻持世者，多数为文职，有一技之长。兑化乾，乾兑均代表钱财、金融，故应为财会人员。世爻月破旬上空又丑未戌三刑。故为大专生而非本科。

2. 公司有五个人，月工资总共4000元。

父母爻未土持世，土主五，故为五个人，财爻卯木日月休囚，坐兑卦受克，幸有未土发动生酉金，酉金生亥水连续相生，亥卯未合财局，故取4数，为4000元。

3. 现在还在运作一笔生意，个人操作，二月有效益。

世爻发动卯未合，说明正打算做一笔生意。世爻发动冲动应爻丑土，兄弟爻入墓，故要找人帮忙。二月财爻临月而旺，卯未合局，必然得财。

4. 2000年有官司。

2000年父母金爻旺相，四库俱全，丑未戌三刑，世爻临白虎发动应爻朱雀暗动临父母爻，故而此年必有官非。

5. 1995年谈恋爱，财运好。

1995年亥卯未合财局，有交友之象，财爻得长生与世合，也说明财运很好。

周易一卦多断精解

6. 1996 年财运不如 1995 年，但也赚小钱。

此年财爻虽旺，但子卯刑，故不如 1995 年。

7. 1997 年走动大，破财。

1997 年丑未冲，世爻岁破，兄弟爻入墓，子孙爻受克，故此年走动大，而且破财。

8. 1998 年财运好，女友做流产，年底分手。

1998 年财爻临太岁而旺，得财之象。子孙化官鬼临勾陈，有子不成之象，1998 年官鬼旺寅午戌三合火局反克子孙爻，有流产之象。1998 年财旺，兄弟爻处于绝地，财旺无制，世爻受克，二人分手。

9. 1999 年财运平平不如 1998 年，此年再交女友。

1999 年财临太岁而旺，卯未合为得财之象，但兄弟酉金被冲，子孙爻进入死地，财无原神，故而此年不如 1998 年。亥卯未合局，财临岁克世为她来找我，故此年必交女友。

断流年诊病情

张女士测运气

辛巳年　　　辰月　　　戊申日　　　（寅卯空）

《泽山咸》		《风雷益》		六神
父母未土×	应	妻财卯木、	应	朱雀
兄弟酉金、		官鬼巳火、		青龙
子孙亥水○		父母未土、、		玄武
兄弟申金○	世	父母辰土、、	世	白虎
官鬼午火、、		妻财寅木、、		腾蛇
父母辰土×		子孙子水、		勾陈

排好卦我给张女士讲了如下几条：

1. 1989 年有谈婚之象，难以成功。1990 年大专毕业；1991 年谈婚成功；1992 年结婚，同年做流产；1993 年参加工作，平顺；1994 年生小孩为女孩，当年小孩有生死大灾。（结婚时，双方家庭在经济上，没给任何帮助）

2. 1995 年发大财，但此年丈夫有外遇；本人小腹有手术之灾。

3. 1997 年破大财，夫妻关系不好。

4. 1998 年有大的走动，此年与丈夫离婚。丈夫此年因女人或为财而引起争斗，有牢狱之灾。

5. 1999 年本人结识了一个男朋友，本年财运较好。2000 年农历正二月与男友分手。五月又结识了一个比自己小的男友，但时间不长分手。到农历九月又认识一个岁数较大的男友，当年财气不大。

6. 2001 年生意改行而破大财。

张小姐讲："李计忠先生，烦你看一下我的身体健康如何？女儿身体及父母健康状况怎么样？" 我接着给她讲："你本人肠胃不好，小腹做过手术。你母亲有头痛病，左腿有风湿病，父亲呼吸气管不好，有炎症，其他部位正常。你父亲有两个妻子。你女儿 1994 年生死大灾，1997 年伤灾，1999 年有病灾，女儿生下来身体弱不健康，但 2000 年女儿平安无事。"

张女士听我断完卦情绪有些激动，她说："简直太准了。我是东北人，在长春大专毕业。1989 年与我大学同学交朋友，后因男朋友父母不同意（财不上卦）就分手了。1991 年认识了一个山东的男朋友，我们 1992 年结了婚。当时我们结婚双方家长不知道，什么家具都没有。因我没找到工作，后怀孕做了流产。我是 1993 年参加工作，当年较为平顺。1994 年生个女儿，是早产。当时生下来 3 斤多重，严重休克，差一点死去。我是 1995 年开始做发廊生意，着实发了一把。1996 年，我走动较多又开了一个发廊，让我丈夫去管理，谁知丈夫跟小姐搞上关系。尽管如此那年还是发了财。1997年常和丈夫打闹，各自分居一方。到1998年，丈夫为了钱财方面的事，打伤了人，进了监狱。发廊被公安局查封。我与丈夫离了婚，跑到山东烟台继续开发廊，年底进财。1999年我结识了一个男朋友，处得不错，财运也好。到2000年春天我们脾气合不来就分手了。到5月份，有个年轻的画家要和我交朋友，相处两个多月性格不合就分手了。9月份，结交了一个银行的，有50多岁，关系相当好。2001年破财是五千多元买一个摩托车，被人偷走。我从小到大脾胃不好没有食欲，从来没吃胖过。1996年做阑尾手术。我的母亲血压高常头晕头痛，腿是风湿性关节炎。父亲是支气管炎，我父亲1996年与我妈分手，在外边和一个女的同居。1997年女儿不小心被烫伤，1999年女儿得急性肺炎，2000年到目前女儿身体健康。"

解析：

1. 1989年有谈婚之象，是旺官与世相合之故。难以成功，因申巳合，必定有相刑之意，是先好后分手之象。1990年大专毕业是官星临太岁生父母爻，父动生世爻，故此年拿到毕业证书。1991年谈婚成功是卦中父母爻未土动化财爻卯木，未为财之库未土又合官星午火，是财官同库生助世爻，所断此年谈婚成功。1992年结婚是世爻临太岁而旺与五君爻巳火相合。为什么取巳火之官不取二爻午火之官？因巳火之官在五爻。因五君位为正位为真正的丈夫，当然要取五爻之官星，所以此年有结婚之象。二爻之官为桃花应看作偏官。可见此女终生没有真正的丈夫，因卦象阴阳反错，虽官星一位，但必定官星午火化巳寅木之财，生合午火，此官星午火又伏一个财爻卯木，说明官星二火家中有妻子，亦是风流成性之人，也说明午火官星之妻也是红杏出墙之人，午火不能论作此女的真正丈夫。卦中官星临桃花，兄爻爻持世，财星不现，又世应阴阳反错，兄父同旺、都是婚姻终生不顺，此为经验之谈，望各位学者加以领悟。此年做流产是取初爻子水为用，主卦亥水不能作为用神。原因是子为大亥为小，此年是子水临长生。1992年为壬申年，与初爻申子辰三合局，应为小孩旺象，能保住。但初爻辰土发动化子孙爻子水，辰土是水之库，辰土又坐在艮宫，艮为鬼门，父母爻又代表工作单位，不正是工作没解决好张女士做了流产，子水入库进鬼门吗？1993年参加工作是世临太岁，生助子孙爻亥水，关键是初爻辰土与五爻酉金相合，说明有贵人相助。五爻为正职大领导相助，又生亥水得力，子孙为进财之源，所断此年有工作。1994年生女儿是子孙爻亥水得地。1994年为甲戌年，戌冲初爻辰土为破，女子为破身，生子亦为破身。辰动合五爻酉金生四爻亥水，因阴位亥水为阴又化为阴爻所断为女孩。有生死大灾，是子孙爻亥水化父母爻未土回头克之故。好在上有酉金下有申金相生，是死里逃生。结婚时一无所有，是兄弟爻持世，财不上卦，父兄同动，所断结婚时一无所有。若卦中财旺生官，官生世成婚时，女方嫁妆好，钱财多，男方有钱成婚时气派。可张女士所摇之卦却没有这方面的信息。

2. 1993年财气大有贵人相助，发财之象，是子孙爻临太岁，兄弟爻行弱地不劫财，又亥卯未合成财局。三合者得财，必贵人相助。1996年财运更好，发大财是财临太岁。古人云，子午卯酉为大财。世与子孙爻又合局，是必得大财之象。1997年破大财是子孙爻受制丑又为世爻之库。应爻虽旺毕竟岁破，太岁又冲应爻，应爻可代表丈夫，官星又巳酉丑三合局，所以与丈夫分居。1998年有大的走动，此年为戊寅太岁冲克世爻之故。与丈夫离婚是太岁冲世爻克应爻，太岁克用神必有大灾，张小姐这个灾就应在婚姻方面。丈夫有刑狱之灾，第一点是卦中寅申巳三刑，第二点是主卦寅午半合局，官星午火又与应爻父母未土相合临朱雀动。初爻辰土临勾陈动，午未合，入辰库，所以丈夫此年有牢狱之灾。

3. 1999年结识了一个男朋友是此年临桃花之故。此年进财是

周易一卦多断精解

财爻临岁五行流通，所以此年财运好。2000 年春天与男友分手是世爻申金化父母爻辰土，回头生又与五爻位兄弟酉金相合，兄旺劫财，子孙爻亥水见辰为库财爻无原神，官星无制，所以分手。九月又认识一个岁数大的男朋友是寅午戌三合局之故。

4. 2001 年生意改行是世爻与太岁相合，官星代表名气工作单位，所以生意上改行。此年破财是申巳相刑，财衰之故。本人脾胃不好是卦中金多化泄土神，又辰未土发动，化木回头克之故。小腹做过手术是下卦艮化回头克，二爻官鬼临螣蛇，必有伤灾。二爻代表小腹，1996 年做阑尾手术，1996 年为丙子年、正应子水冲动官鬼为手术之灾。

5. 母亲有头痛病，左腿有风湿病，是上官爻父母未土为母亲又主头部，化财爻卯木回头克，所断其母有头痛病。血压高是亥水化父母未土回头克，当然母亲心脏不好，主要是血液不流通，供血不足而头痛。父亲有支气管炎，是五爻为父为呼吸气管，五爻兄弟酉金化巳火回头克之故。

6. 女儿在 1994 年、1997 年、1999 年均有大灾，是子孙爻亥水化未土回头克。我的经验是逢土之年女儿必有大灾。为什么 2000 年无灾呢？卦中辰酉合生亥水。1997 年是金之库不生亥水克用神。1994 年，是戌未刑引动未土回头克亥水，1999 年是卯木冲破酉金，亥水处死地，所以此三年女儿有大灾。女性摇卦兄弟持世和男性摇卦兄弟持世一样，都是婚姻不顺，多妻多夫之象。唯一不同的是男人败财，女人易得财。还有一个共同点都是多情多义，事业不成，易有刑狱之灾。如此卦，本卦主不但一生事业多变化，官非口舌多，另外此人还高傲好强。

阴阳反错断流年

李先生测运气

辛巳年	庚寅月	丁巳日	（子丑空）
《火风鼎》	**《雷风恒》**		**六神**

	《火风鼎》	《雷风恒》	六神
	兄弟巳火○	子孙戌土、、应	青龙
	子孙未土、、应	妻财申金、、	玄武
	妻财酉金、	兄弟午火、	白虎
	妻财酉金、	妻财酉金、 世	腾蛇
	官鬼亥水、 世	官鬼亥水、	勾陈
父母卯木	子孙丑土、、	子孙丑土、、	朱雀

我观此卦为《鼎》变《恒》,《鼎》为木火通明, 去旧取新之象,
《恒》乃日月长明, 四时不忒之象, 主变相合意为木火通明, 日月恒
远之象, 应为大吉之卦, 于是我断:

1. 你是个有官职之人, 文化水平应是大学毕业。

李先生说:"对的。××省大学毕业, 现在学校工作是副科级
的正主任。"

2. 1991 年运气最差;1992 年、1993 年有转折, 但不得志。

李先生说:"的确这样。"

3. 1993 年调入重点学校。1994 年辞职做生意, 但财气一般。

李先生说:"哎呀, 一点都不错。那时 ×× 正是开放初期, 大
家纷纷下海经商, 我也就辞职做生意去啦, 可是没挣到什么钱。"

4. 1995 年结婚生子、发财。

李先生说:"很对, 1995 年是双喜临门, 很顺的。"

5．1996 年发财，很风光，但比 1995 年稍差一些。

反馈说："总体还很不错。"

6．1997 年进财有贵人帮助。李先生说："我的朋友很多，都很帮忙的。"

7．1998 年得贵人帮助，调入园林局工作。

李先生说："不错，我经商几年下来是挣了不少钱，可是很辛苦，于是有朋友帮忙，我又去了园林局工作。"

8．1999 年事业顺心，2000 年贵人多，事业顺心，但下半年犯小人。

李先生说："没错，没错，一点没错。在单位上班工作是稳定，就是这人际关系复杂。比起来做生意是辛苦，可是没这些烦人的事。"

解析：

1．世爻临官鬼，子孙丑土空亡，不克官，五爻子孙未土化妻财申金来生官，三爻四爻妻财酉金贴生官鬼亥水，兄弟巳火动入戌土之库，戌土坐震宫无力克官鬼，官鬼爻无伤，所断是个有官职之人。大学毕业是父母月上透出来合世爻官鬼，父母主文，又卦中亥卯未合父母局，所以是大学生。

2．1991 年辛未，子孙未土临太岁克世，太岁克世主一年难伸，运走下坡，所断这一年运气最差。1992 年壬申、1993 年癸酉，太岁生世爻亥水，运气上扬，比上年有所好转。

3．1993 年癸酉，世爻亥水受太岁酉金之生，父母卯木从伏下冲出，与世爻应爻成亥卯未三合父母局，父母为卯木为正牌重点学校，所以是调入重点学校。1994 年甲戌太岁戌土临值合走父母卯木，世爻亥水又受太岁之克，父母卯木与世爻亥水脱离关系，所以是辞掉工作。

4．《鼎》卦世应反错应反看。1995 年乙亥，世爻亥水临太岁，又亥卯未三合木局，兄弟巳火受生不受冲，世与太岁合必有好事，所以是1995年结婚。卦中巳火动合克申金，申金为应爻未土化出，太岁亥水冲克巳火，申金得出，所断1995年生子。卦中六爻兄弟发动，太岁冲克兄弟，财爻解放，大胆地去生世爻亥水，所断1995年发财。一年之中又结婚又得子，财气又好，显见是双喜临门，财运亨通。

5. 1996年丙子，世得太岁帮扶为旺兄弟受克有利，但因太岁子水冲动了兄弟午火，所断一年财旺气顺，但比1995年稍差。

6. 1997年丁丑，卦中巳酉丑三合金局生世，合为大为贵，所断有贵人帮助。

7. 1998年戊寅，太岁合世，解了巳亥冲，父母卯木得太岁扶而旺，父母为工作单位，为文化部门，父母与世合寅卯不同宫，所以是又调入新的工作单位。

8. 1999年己卯，卦中亥卯未合局，贵人多朋友多，事业顺心如意。2000年庚辰，太岁生合酉金，生助亥水，世虽有入墓之象，但还是较平顺，未月、戌月、丑月，丑未戌三刑克世、应犯小人而烦心。

周易一卦多断精解

八卦细批流年

李先生摇卦测运气

	庚寅月	丁巳日	（子丑空）
	《火风鼎》	《雷风恒》	六神
	兄弟巳火○	子孙戌土、、应	青龙
	子孙未土、、应	妻财申金、、	玄武
	妻财酉金、	兄弟午火、	白虎
	妻财酉金、	妻财酉金、 世	腾蛇
	官鬼亥水、 世	官鬼亥水、	勾陈
父母卯木	子孙丑土、、	子孙丑土、、	朱雀

此卦是连续相生，兄动生子孙，子动生财，财生官，说明此人一生多遇贵人，有财有官位。我据卦中所反映出的信息，给李先生断如下几条：

1. 本人文化程度高，应是科级干部。

对方讲："是中山大学毕业，正是科级。"

解：

因父母爻当月坐巽，丑土旬空，父母爻透出，主卦是木火通明，卦爻又金水相生，故文化程度高。读书时学习成绩一直名列前茅。亥水坐二爻，虽是财官相生，但因其不旺相，所断是个科级干部。

2. 1991年运气最差，工作不顺心。

李先生讲："此年刚毕业，分到下面一个镇上去教书，各方面条件较差，思想压力大，有不得志之感。"

解：

1991年辛未年，太岁克世，未又冲起丑土财爻酉金入库不生世，亥卯未合局，父母爻入库，所以此年事业上不顺，运气不通压力大，具有怀才不遇之感。

3. 1992年壬申、1993年癸酉，太岁生世，财官相生，是人生最大的转折点。此年工作往好的单位调动，又有财运。

李先生讲："此两年调到××市一重点中学任教，后在校承包几亩地种花，赚了一些钱。"

解：

1992年虽太岁临财生世，但在卦中是寅申巳三刑，运气略差。1993年酉金临岁入卦生世，故1993年比1992年运气好。以大小限分析，二十六岁临三爻酉金生世，财旺身旺，说明运气好转，故是一个转折点。

4. 1994年工作有变动，但财运一般。

对方说："此年离职经商，财运平平。"

解：

1994年为甲戌年，卦中组合是丑未戌相穿。子孙爻代表财的源泉，相穿而动，说明工作有变动。但双财临门户，相穿而动，还有生财之余气，故此年财运一般。

5. 1995年官星临岁君，必有贵人提携升官，财运好，有发财之喜，又有双喜临门之庆，同年结婚生贵子。

李先生讲："此年学校让我承包学校的一个公司，做老板，也算有官运，也发了财，此年结婚生儿子，实为双喜临门。"

解：

1995年世临太岁旺相，由于卦爻连续相生，是财旺世旺，父旺，必然有好运，官世临旺必得财，所断此年有结婚之庆。卦中亥卯未合子孙入局化财，故此年结婚生子。按大小限飞宫28岁正走子孙

周易一卦多断精解

未土，生财，财生世，正说明此年命主春风得意人财双丰。

6. 1996年丙子，此年同样发财，顺心如意。不过比起1995年略差。

对方讲："正确。"

解：

世爻虽处旺相阶段，但财星已进入死地，此大限在三爻财位，小限在六爻巳火之位，组成巳酉丑三合财局，所断此年同样发财。由于财弱故而不如1995年。

7. 1997年进财并有贵人相助升职。

对方回答："此年市长点名要自己到园林管理局任科长，而我自己又有几十亩的花圃，所以是发了财。"

解：

1997年为丁丑年巳酉丑三合财局，丑冲动五爻未土生财，财生世，说明此年有大贵人相助提携升职又发财。

8. 1998年戊寅，我断李先生此年有名气，工作上提升、进财。

对方讲："此年因工作成绩突出，有幸去北京开会既涨工资又提职。"

解：

此年父母爻旺合世，太岁合世爻者必有喜事临门，父母爻临岁合世爻，一般多指有名誉之喜，考工能如愿以偿，具有好的信息传递。若是官星生合世爻必有提升之喜或逢官贵相助。按大小限，运行官鬼亥水官父相生合，官旺印旺必是有名气，提升之象。

9. 1999年是父旺，财官两旺，常见大领导，事事顺心是相当风光的一年。

对方讲："此年领导三次到××省，我都跟随陪同，事业上顺心，生意上兴隆，你测的确是如此。"

解：

此年亥卯未三合局，财虽为岁破，但卦中巳火发动，生五爻未土，土去生金。卦中又巳酉丑三合财局，未土在五君位通关，故此年能见大领导，工作顺心。按三限飞宫运行三爻酉金生世，财官相生，与五君爻三合局，常见大领导，贵人多。

10. 2000年事业上有新的计划，事业立项较多，有大生意可做，并能实现理想。

对方讲："完全正确。打算办两个厂子，正在准备。"

解：

2000年为庚辰年，为子孙临太岁，与财爻相生相合生世，说明此年有新的计划，卦中子孙多财多，与太岁生合，说明经营生意门路多。辰酉生合临蛇生世，说明计划建厂扩大经营之意。

11. 2000年下半年至今命犯小人，现正在策划一件事，三月、四月定能实现同时发财；五月、六月防破财；七月、八月、九月、十月注意车祸，犯小人、招小人排挤。

对方讲："确实从去年下半年犯小人，总挨告，所以受到纪检委的审查，虽没有问题，但确实烦心，我就是来问这事的。"

解：

2000年命主34岁，大限在变卦财爻酉金当令，小限在上六爻子孙当令辰土冲起戌土克世爻亥水，本是发财之象，子孙旺生酉金，酉金生亥水，但卦中辰戌丑未全四库大开，财入库世归库，均为不吉之象。下半年是金水之旺，世与子孙爻相抗，发生冲突，辰戌丑未为四冲，就是逢吉也变凶。子孙爻克世当然是犯小人，子孙爻又代表干部管理部门，因此纪检委必然找你麻烦。卦中组合丑未戌三刑，意味着有不顺心之意。好在太岁合财生世，只不过是虚惊一场。今年2001年是官破，特别是从农历七月到八月，都有可能被小人把官位冲掉。巳火是子孙之原神而动，临青龙动，又巳酉丑合局生世，说明正在谋划一笔生意。三月、四月正是合财之月，当然谋划可成功。五月、六月防破财，是财爻受克世爻弱不胜财，所以告知防破财。七月到十月是世爻旺相相冲太岁，所以一防车灾，二防小人。后来经我给李先生化解使其平安度过此年。

12. 我给李先生讲："你是兄弟三人，均为大学生，兄弟三人中你为佼佼者。老大虽有官位，但太古板不灵活，不善于交际，在这方面你比他强，将来官职也比他高。"

对方点头称对。

解：

兄弟三人是卦中兄弟巳火发动，得月生临日，世爻与月又合，木主三数也！老大应选月令寅木为用，木主慈，主硬，所断老大古板，不善交际。世爻为水主动合生较多，当然会交际，办事比较灵活。父母寅木生巳火，有木火通明之象，当然兄弟三人是大学生。

13. 最后谈到身体健康，我跟李先生讲："你肾虚，前几年脾胃不好，脑神经衰弱，睡不好。"

李先生点头称："是。"

解：

六爻巳火月生临日发动而旺，化成土火库，六爻主头木火相刑主神经，说明脑神经衰弱，睡眠不好。三爻酉金临蛇，泄土太过，脾胃主土，当然是脾胃有病。二爻官星亥水化亥水被日令相冲暗动，水主肾是官鬼暗动，必然肾部虚弱。

14. 李先生问："父母的身体健康如何？"我讲："父亲身体较好，但母亲身体较差，主要是偏头痛，腰腿痛。"

对方说："正是如此。"

解：

五爻为父，二爻为母，上六爻兄弟巳火动冲亥水，那么财旺官旺反冲克巳火，水火相冲克，亥水主血液。亥水在天门，主头，所断其母偏头疼。日令在人体主左边，月令在人体主右边，此是奇门遁甲配八卦断易之法。腰腿痛是正月木旺，三爻酉金受伤，金主筋骨在三爻，主腰，初爻父母爻卯木克丑土，所断腰腿痛。按八卦飞宫法而断，阳爻父母代表父亲，阴爻代表母亲，当然月令寅木为父当令身体好。初爻卯木为母亲伏空，卦中财多，又受冲克，当然其母身体不好。卯木合卦中戌土，当然主头有病，亥卯未合局，冲财酉金，当然腰腿有病。生世者酉金也可看作父亲，金克卯木者为母亲，卦中三酉冲克一卯，可断其母寿辰在72岁，其父寿辰在87岁。

15. 李先生问到婚姻时，我是直断相告："你共交过两个女友，现在的妻子为第二个女友，两个均为俊俏之女，皮肤白嫩，个子苗条，方形脸。第一个对象脾气不好，是单眼皮。现在的妻子是双眼皮，戴眼镜，性格温柔，平时不发脾气，若要发脾气也很厉害。你妻子原是方脸，现生过孩子变瓜子脸了。"

李先生说："八卦真太神奇了，的确如此啊！"

解：

内卦之财为妻子，外卦之财为初谈不成之女友。两个女友是主卦两财之故，方形脸者，乃酉金也！金主白，所断皮肤白嫩，身材苗条，一财在巽宫，一财在离变震卦之故。第一个女友脾气不好是离卦变震卦，四爻财化午火回头克，必然脾气不好。单眼皮者，是五爻子孙未土化申金，申与日令巳火相合与月相冲克之故。现在的妻子是双眼皮、戴眼镜，是三爻酉金生亥水。亥水在天门代表眼皮为双，若是子水，为单眼皮。戴眼镜是巳酉丑合局与亥卯未合局相冲之故。性格温柔是三爻财坐巽宫，巽木主柔和之木。方形脸变瓜子脸是五爻子孙未土化申金之故，因五爻代表妻子的脸形，子孙爻化财爻申金，所断方形脸生孩子后变瓜子脸。

卦爻全息释人生

2000 年的秋季，一位好友请我为刚来本地出差的客人预测运气。摇的《萃》之《颐》卦

乙酉月	庚午日	（戌亥空）
《泽地萃》	《山雷颐》	六神
父母未土×	妻财寅木、	螣蛇
兄弟酉金○　应	子孙子水、、	勾陈
子孙亥水○	父母戌土、、世	朱雀
妻财卯木、、	父母辰土、、	青龙
官鬼巳火、、世	妻财寅木、、	玄武
父母未土×	子孙子水、　应	白虎

　　被测者从表面上看是一个很普通的人，着装一般，个子不高，看上去不像个干部，30 岁出头，气色相当好，一双眼睛虽然不大，却神力十足，说话和气，谦和中透着威严。

　　我看了卦象，《萃》是出类拔萃之意，《颐》卦是风光华丽好看之意。二重父母爻发动是文才出众，名气大。官星持世，化财回头生，临日旺。我说："你是个实干家，没有靠山，是一步一个脚印走出来的，你在 1998 年、1999 年人员调动中被提拔为正处。"被测者连声说太神奇了，正是如此。父兄子同动，断他必是搞大企业的领导。上下贯通一气相生，断此人办事工作处处逢贵，均有提升。被测者赞叹道："你讲的完全对，我没有靠山，全是靠自己拼搏上来的。"这是《萃》卦的突出的特点。

　　接着被测者笑哈哈地说："李计忠先生，你看看我以前家中情况，

如学业、事业、妻子、孩子、身体健康如何？父母身体情况如何？"

1. 我断他是大学生，有官位，平步青云，工作出色，性格有两重性，一半靠知觉，一半靠感觉。工作性急，抗上，但最后是和领导的意见不谋而合，一拍即成。工作效率高，有时六亲不认，同情心强，爱护下级。

2. 本人是靠自己的才华和智能，白手起家，一步一步地升级，每在关键时刻有贵人相助。本人为官清正廉洁，守法奉公，得到上下级的一致好评。

3. 我断他和上边的一把手关系好，但此人爱听好话，小心眼。上级有个领导是女同志，是他的贵人。他顶头上司在冬季要提升，他本人可升为厅级干部（注：今年正月，对方打来电话告诉我，顶头上司提升为部级领导，他已经接任一把手的工作）。

4. 我测他本人血压高，肝上有病，患有鼻炎、咽炎，其他部位正常。

5. 我说："你妻子长相漂亮，长方形脸，皮肤很白，细高个，一双眼大而有神，但是单眼皮。妻子出身应是书香门第，才华出众，多才多艺，特别对音乐、美术、文学均有造诣"。

6. 家庭经济状况较好，父母必是公务员，均是干文行的。特别是父亲，在单位德高望重有名气。父亲呼吸气管有病，1995年腰部有伤灾。母亲身体健康，只是脾胃不好。

对方讲："我是××大学毕业，因干工作出色，提升很快。脾气不好，常与领导争论，但最后总能统一观点。1999年提为正处，在××集团任书记。我是白手起家，但常有贵人相助。我和一把手的关系相当好，因我们是大学的同学，此人确实爱听好话。上边确有个女领导对我很好。我本人是高血压、鼻炎、咽炎全占。我岳父岳母都是大学教授，我妻子长相漂亮，单眼皮，她是博士生，是××大学高级教授，会弹钢琴、拉小提琴、唱歌、跳舞、绘画、书法都精通，当过体操、游泳老师，在文学、诗歌方面有一定造诣。我父母亲是大学的老师。父亲是多年的气管炎，1995年出过车祸，撞伤了腰部。母亲是慢性胃炎。我半生以来请别人看过多少次命，直到今天才算是大开眼界，李计忠先生你说的全对。"

对人生履历的决断：

我对他讲："你23岁大学毕业，同年谈过一个女友，不成功，但至今你都不能忘情。"对方讲："对，是我大学的同学。"

"你24岁工作，25岁提升，同年谈婚。"对方讲："是提副科，这年谈恋爱。"

我讲："你26岁同居，妻子怀孕做了流产。此年提升。"对方讲："正确。"

"你27岁结婚，工作调动提升。"对方讲："此年结婚，调到市里当团委书记。"

"你28岁妻子生孩子，是女儿，29岁有提升之象，但没提成，有走动之事。"对方讲："正确，领导找我谈过话，但后来没提，这年调到××市搞经营，当老总。"

"你30岁丙子年，财旺升官，在事业上、工作上业绩做得特别好，创利润特别大，此年提升。"对方讲："此年创利2亿多，提副处。"

"你1997年31岁，工作必有调动，但职务没提。"对方讲："1997年，任经营部老总，职务没提。"

"你33岁1999年被提为正处，2000年你好运来临，要做一笔大生意，多为房地产方面，规模大、投资多，定发大财。"对方讲："集团买地一万多亩，投资一百多个亿，是我们国家目前开发最大的地产项目。"

解析：

1. 此人是大学生。卦中父母爻二重发动，官父相生，官位平步青云。工作出色是官星临日连续相生。上六父母爻临蛇动，世爻临玄武，所以断一半知觉，一半感觉。巳午临日持世，所以断性急。财官相生，子父同动，所以断效率高。爱抗上，是二爻克五爻之故。六亲不认是子孙爻动冲世。卦中亥卯未合局，所以断同情心怜悯心强。

2. 有才华和智慧是官旺父旺。白手起家是父兄同动。步步升级是五爻发动与世爻半合局。有贵人相助是六爻顺生之故。为官清正，是子孙爻发动，财上月破。能得到上下级一致的好评，是卦爻连通一气相生合之故。

3. 与上边一把手关系好，是上六爻父母未土代表一把手，动与世爻相生。爱听好话，是坐在兑宫。小心眼儿是临螣蛇。上级有个领导是女同志，是贵人，是兄弟酉金在五爻动与世爻相合，酉金为阴爻，坐在兑卦，代表是女同志。上司冬季要提升，是卦中亥卯未合局，目前卯木月破，合不成局，冬季卯木临长生，官星世旺，上六未土动又与日上午火相合，与日合就有牵动之意，所以断上级一把手冬季提升。本人提升是官星巳火，化财爻寅木，寅在冬月旺，那官星化寅不也是长生吗？化回头生力最大与日月同功，所以断提升为厅级干部。

4. 本人血压高，是子孙爻亥水发动冲巳火，亥水动化戌土回头克。由于卯木月破，所以断肝上有病。五爻兄弟酉金动化子水与日令午火相冲，所以断呼吸气管有病。

5. 妻子长相漂亮，皮肤白，个高。是五爻酉金动冲卯木，卯木为妻，又为花草之木，说明妻子漂亮；酉金坐兑卦，说明妻子皮肤白；木主细长，当然个高；五爻酉金动化子水，所以断妻子两眼大而有神。因子水得月生，亥水主双，子水主单，所断是单眼皮；卯木为文昌星，化出父母爻辰土为龙，为文星对位，所以断出身书香门第；由于财爻卯木临青龙化辰为龙化震为龙，所以断妻子多才多艺，对音乐、文学等有大的造诣；内卦坤变震临龙虎，坤为库，震为大城市，所以断妻子是高等学府的高才生。

周易一卦多断精解

6. 家庭经济状况较好，是财官父在内三爻。父母是公务员，因父母未土发动与日令相合，又得官星相生。是干文行的，是卦中父母双动，上爻动坐兑主说，坤亦主大的机关学校，化震主文昌，所以父母均是大学的老师。父德高望重有名气，是卦中初爻代表父亲，临白虎化震主青龙坐文昌，又父官同宫，所以断父亲名气大。

其父1995年有车祸伤在腰部，是卦中财爻卯木临长生，父母爻受克，玄水冲巳火，未土无原神，卦象坤化震又回头克，亦是凶象，白虎动主血光，当然是父亲有灾。三爻卯木被月令酉金冲破，三爻为腰部，所以断其父1995年车祸伤在腰部。其父呼吸气管有病，是初爻动化震，震主头，因二爻官鬼巳火临玄武之故。上六爻父母未土，代表母亲，与日相合，坐在兑卦在八月本气旺，所断其母身体健康，化寅木回头克，所以断其母脾胃不好。

纨绔奢靡令人叹

2001年春，一青年人找我预测

辛巳年　　卯月　　甲申日　　（午未空）

《水泽节》	《山地剥》	六神
兄弟子水 ×	子孙寅木、	玄武
官鬼戌土○	兄弟子水、、世	白虎
父母申金、、应	官鬼戌土、、	腾蛇
官鬼丑土、、	子孙卯木、、	勾陈
子孙卯木○	妻财巳火、、应	朱雀
妻财巳火○ 世	官鬼未土、、	青龙

看到这个卦，我不禁皱起眉头，对小伙子说："年轻人，发生在你身上的事情比较多，有些话说出来你可不要介意。"他说："您看出什么来尽管说。"

1. "你出身富豪之家，家有千万以上财产，父母均为能力非凡之人。你母亲长相漂亮，口才极好，是女能人，应为自办企业的大老板，她社会交往能力强，常与省市级甚至更高级别领导来往。"

"对！对！李计忠先生果真名不虚传。"

卦中兄子财连续相生，且兄旺、子旺、财旺，财源绵长，子孙卯木临月令坐于二爻宅爻，必是大富之家。初爻为父，动而化官临青龙，父必为官，能力非常。二爻为母，生我者亦为母，临卯木桃花，长相漂亮；临朱雀，口才好；二爻卯与五爻戌土官星相合，常与高官来往；子孙为礼品，合官为礼尚往来；子孙临母位又当令而旺，母亲是搞企业的大老板。

2. "你父母虽能，可你却不学无术，从小你就不爱学习，现在只有中学文化。""李计忠先生，我可有大学文凭。""你连学都没上，你那文凭是靠关系用钱买来的，是不是！""不好意思，是托人弄的。"

父母申金被巳火所克，临腾蛇是虚假文凭。

3. "你文化不高，但个性直爽，这是优点，所以我看你是同时在黑白两道上混的人物，而且两方面都有点影响。你个性中又有暴躁的一面，这是缺点，它已经让你吃过大亏了。""很对。"

世爻巳火入五君爻官星戌土之库，世爻又自化官星未土临青龙，说明此人与领导阶层来往多。五爻官星戌土化兄弟子水临白虎，为路上劫财为黑道。巳火持世旺，脾气暴。

4. "你这个人过于风流，常开高级轿车出入各种娱乐场所，大把花钱，吃喝嫖赌都喜好，尤其是酒色二样。小伙子，你年纪还轻，要节制啊。""这也能看出来？""能看出来的还有很多呢！"

世爻妻财巳火动化官鬼未土临青龙，财官相生又临青龙主酒色

周易一卦多断精解

荒淫；世爻化出之未土又居坤卦，坤为娱乐场所；巳火动合父爻申金，是开车前去娱乐场所（未库、坤宫）之象；世爻临巳火，火旺则性欲强。

5．"你一生当中会伤灾不断。目前，你身上头部、胸部，脚部都有过较重的伤。你刚出生时只有二斤半重。""哇！我妈说我当时真的只有二斤半。""你出生后身体多病，2岁时有一次灾，5岁时有一次灾。""我2岁时生过一场病；5岁时姐姐领我过马路，我乱跑，结果被车轧伤。""近几年，1994年，你又有一次伤灾。""1994年我与人打架受伤。"

巳火持世，卦中有寅巳申三刑，三刑主伤灾，巳火就像一把弯刀。初爻为脚，化鬼临巳火逢三刑——脚有伤；四爻申金，逢三刑，申金就是一把刀——胸有伤；六爻为头，化子孙，卯月建刑六爻子孙，临玄武血液——头部流血。

初爻为少年，临世爻化鬼，小时多灾，流年以限运推，巳火为2数，2斤多。二爻卯木生财星世爻巳火，巳化未鬼，二岁有病灾。五爻戌土临白虎，临道路收巳火，5岁有车祸。1994年甲戌，世爻入库，结合限运，又是伤灾年。

6．"1997年你有牢狱之灾，1998年你有重伤灾，部位在胸部。""唉！看来周易真是科学，这两年我死中得活。1997年，我和几个朋友到饭店吃饭，他们上的菜风味不地道，把我们吃恼了，不愿给钱，与饭店的人打起来，结果朋友开枪打死人，此事我虽无重大责任，但毕竟受连累，跑到庙里躲藏半年，在母亲多方奔走之下才得以开脱。1998年，在酒店与人口角打架，头上被人用酒瓶砸伤，胸口被扎两刀，差点没命！"

1997年，卦中丑未戌官鬼三刑，三爻丑土官星临门户并勾陈，主因官司牢狱之事而破财。巳火入戌库，戌化子坐艮卦，艮为山为庙，跑到庙里。子孙卯木紧贴克丑土，是母亲帮助摆平此事。1998年，寅巳申三刑，胸部受刀伤。

7."1999年，你风流作孽，使一女孩流产。""这种事也不能全怪我一个人啊，她也有责任。"

1999年，兑卦（少女）桃花卯木临太岁生世爻，同居欢爱之象。但桃花卯木临子孙与官鬼戌土相合临白虎，必有孕而流产。

8."最近，你在一个女人身上破财十万元。""对。""这个女的与你同居过，她跟你说她母亲生病需要押金七万元，你主动给了她十万。""你怎么知道？""此女这样做是受你一个朋友所托，她故意来引你上钩，目的就是骗取钱财！这都是你父母的血汗钱哪！"

子水为桃花为女子，居坎卦（坎为险）临玄武旺来克世，乃此女为世爻之钱财而来。申金临日建半生合子水，且申金临父母爻，此女必以母病为由借钱。父母申金临螣蛇，螣蛇虚诈，此乃编造之借口。申金临应爻，应爻为他人、为朋友，乃是有与世爻相识之人（申与巳合）暗中策划此事。父申化鬼坐艮卦，艮为七数，此女以母病为由要七万元，子水兄弟为一数，临日旺相劫财，实得十万。

9."你也不必恼怒，这些事情的发生都是你自身行为不端而造成的。你现在有杀害你姐姐的想法，对不对？你为了独占家产，这种想法越来越强烈了吧？""最近偶尔会有。""我劝你及早放弃这种危险的想法，这会毁了你全家，也毁掉你自己。"

兄弟爻子水类象为姐姐，世爻巳火合克申金，有使申金不生子水的象意，申金临螣蛇，想掐死姐姐。

我和这个年轻人交谈了许久，除了预测他以后的运气外，更花了很多时间去开导他，从他的眼神中我可以看出来，他难以理解我的劝导，我深深地感到惋惜。

周易一卦多断精解

第五章
怎样运用
八卦分析阳宅吉凶

　　六爻八卦测阳宅是难度大的工程，阳宅是地理科，如果预测者对风水不了解，不但从六爻八卦中提取不出风水信息，就是能察出阳宅风水上的点滴情况，也难辨别其吉凶，这就要求我们在易学的道路上多学些学科。

　　六爻八卦断阳宅风水，总章论述得比较透彻，本章不做重复。

　　占家宅定诀：

住宅休占火泽睽，鬼临人口定分离；

龙交大壮人财旺，虎并同人宅舍衰；（初爻青龙为盘根必出文官，

虎临六爻为封侯必出武将之才）

二畜见龙财帛进，杀交两过栋梁推；（大畜、小畜二卦）

贵持震巽生财本，喜入风雷立福基；（天乙贵、禄马、福德）

离坎交重宜谨慎，艮坤安静莫迁移；（交重是阳、阴动）

户无徭役占逢贵，家有余粮卜得颐；

田宅兴隆因大有，血伤财损为明夷；（大有卦吉，明夷卦凶）

乾坤旺相增人口，逢萃生成聚宝资；

革鼎长男能干事，晋升宅长有操持；

妻财内旺为财断，官鬼爻兴作怪推；

木鬼寿棺停有日，金官硬物畜多时；（寿棺是为老人准备的当喜断）

休囚铜钱皆先定，旺相金银尽预知；
水鬼井池中出现，土官墙壁有偷窥；（井池有淹死人的现象，墙壁
有挖洞盗窃）
火官内动无他事，古器多年再发辉；（藏有古物发亮之意）
克世克身皆无用，生身生世始堪为；
水财内旺宜穿井，内发土财堪作池；
金旺妻财金玉进，火财内发火光飞；
木财到底宜营建，若犯空亡总是非；
子若空亡家绝后，父母空亡宅必危；
父子妻爻都旺相，丰盈财货莫猜疑；
更兼天喜青龙助，富贵康宁天赐伊；
凡占家宅之凶吉，初井二灶三床席；
四为门户五为人，六为栋宇兼墙壁；
好与随爻仔细看，鬼临门户家不宁；
腾蛇妖怪梦魂惊，杀爻旺相官魔起；
杀遇休囚疾病生，六爻动多带土木；
若非起造即修营，更被空亡并杀害；
狼藉破败少人丁，初为小口二妻妾；
三为次长弟连兄，四位乃母五为父；
六为祖宅及坟茔，五行亲属更取用；
更论旺相与休囚，一家祸福自然明；
乾兑休囚鼎铛破，卦如死气分明课；
坎衰左井及枯池，离衰灶鬼将祸临；
震巽伤兮梁栋摧，坤艮伤兮土动陷；（倒塌之意）
卦中震巽重重旺，兴工欲创新楼阁；
卦中坤艮杀兼鬼，因知坟墓欲为灾；
内卦为宅外为人，内外相生宅可亲；

周
易
一
卦
多
断
精
解

宅若克人居不稳，人能克宅住无凶；

灾煞鬼凶交重恶，祸患游魂及八纯；　　（交重是阴动阳动）

世在二三为大吉，身居三四守常伦；

本宫旺相宅堪居，卦内休囚祸未除；

财若动时妻有疾，空亡死气主儿孤；

忽逢白虎家防哭，更值丧门暴病殂；

阴化为阳忧女子，阳化为阴损丈夫；

世间占卜能推类，天地神明可感乎。

以上风水家宅歌诀，可供断卦参考，不可死搬硬套，熟练掌握，灵活运用才是。我在占卦时，多数是借题发挥，有独到之处，实例可见其效。

门向不吉　灾事连连

邢先生测运气

辛巳年	癸巳月	甲戌日	（申酉空）
《地水师》	**《山水蒙》**	六神	
父母酉金× 应	子孙寅木、	玄武	
兄弟亥水、、	兄弟子水、、	白虎	
官鬼丑土、、	官鬼戌土、、世	螣蛇	
妻财午火、、世	妻财午火、、	勾陈	
官鬼辰土、	官鬼辰土、	朱雀	
子孙寅木、、	子孙寅木、、应	青龙	

依卦而断，我说："你是多婚之象，婚姻极为不顺，一生官司口舌多，伤灾多。"

1. 你1987年离婚，1989年又结婚，并在1989年经济收入转好。邢先生讲："我是1987年离婚，1989年结婚。1989年除了上班还和朋友一起做生意，发了一点小财。1990年到1991年发小财。"我接着断："1992年是你人生的大转折，应自己改行做大生意。"对方说："1990年到1991年做小生意，手里存了点钱。1992年辞去工作，自己当老板开个食品厂，效益还不错。"

2. 我断他在1993年发财；1994年发大财，名气大；1995年发大财。邢先生讲："李计忠先生断的完全正确。1993年、1994年是发了大财，1995年特别顺，发了财，又买了两台车，名气也大。"

3. 1996年虽发财，但此年耗财较多，多为扩大厂地，增添新的设备而耗财。此年厂里有官司口舌，管理人员不团结闹分裂。因你母亲和女儿之事引起夫妻之间不和闹离婚。

邢先生讲："1996年我又租了一栋楼，又买了新机器耗了几十万。此年为经济问题打官司，股东闹不团结退股。我母亲和女儿经常与我这个妻子吵架，妻子要跟我离婚。"

4. 1997年厂子有改动、破财。1998年打官司，家中不安宁，思想压力大。

对方讲："我是1997年改厂子大门以后连续破财，还打经济官司。家中女儿跟她后妈是经常吵架，搞得我里外不是人，此年运气不好，确实压力大。"

5. 1999年厂子里，犯小人耗财。2000年厂里车祸，破大财，是2000年中最大的不顺。

邢先生讲："1999年股东退股，当时厂子没钱，我费了好大力，到银行办贷款退了股。2000年厂里的车发生撞车事故，新车报废，把人撞成重伤，损失20多万，此年最倒霉。"

6. 我跟邢先生讲："之所以不顺是厂子大门的门向不对，若把风水调好，往后几年大发。"

解析：

1. 多婚之象是世应相克，二官夹一财。诸书有二鬼一财是多婚之象。官司口舌多是官鬼旺临朱雀之故。伤灾多，是卦中兄弟化兄弟，官鬼化官鬼所主有伤灾。1987年离婚是因为1987年为丁卯年子孙爻旺财旺，兄弟爻处死地财无制，官星处死地。1989年结婚是世爻临岁，巳酉丑合财官局，与太岁合局必有喜事，所断此年结婚。

2. 1990年发财是财临太岁。1991年是太岁合世，亦是发财之象。1992年是壬申年父母爻临旺地，父母爻又代表工作行业，所以此年有大的转折辞工经商。

3. 1993年发大财，亦是父母爻旺生兄弟爻亥水，与初爻寅木相合生财之故。1994年发大财是卦中寅午戌三合为发大财之象。1995年为乙亥年子孙爻寅木得长生生财有力。因兄弟爻旺，子孙爻旺，是求财根深蒂固，财源滚滚，所断此年发大财。

4. 1996年是丙子年，冲动财星，财助官鬼，官鬼为库，库为厂房。所断此年扩大生产而耗财。此年厂子里有官司口舌是兄旺官旺临朱雀，必有经济官司。家中不合闹离婚是财行破地，兄弟爻旺相之故。厂子股东闹分裂是二爻坐官鬼之故。

5. 1997年厂子里改大门，是四爻官鬼丑土化戌土为相穿相刑，刑有动之意。1998年打官司，家中不安宁，是初爻寅木克二爻辰土之故。此二年官旺耗财之大，所以思想压力也大。

6. 1999年厂子里犯小人耗财，主要是应爻受伤。应爻代表厂子和所要办的事。破主诸事不利之象。2000年车祸破财是日令冲起官鬼辰土，引起众鬼起动，旺而无制，所以有车祸破财。

阳宅风水差　家中灾事多

李女士摇卦测阳宅

<table>
<tr><td>丁卯月</td><td>乙酉日</td><td>（午未空）</td></tr>
<tr><td>《山火贲》</td><td>《巽为风》</td><td>六神</td></tr>
<tr><td>官鬼寅木、</td><td>官鬼卯木、　世</td><td>玄武</td></tr>
<tr><td>妻财子水×</td><td>父母巳火、</td><td>白虎</td></tr>
<tr><td>兄弟戌土、、应</td><td>兄弟未土、、</td><td>螣蛇</td></tr>
<tr><td>妻财亥水、</td><td>子孙酉金、　应</td><td>勾陈</td></tr>
<tr><td>兄弟丑土×</td><td>妻财亥水、</td><td>朱雀</td></tr>
<tr><td>官鬼卯木○　世</td><td>兄弟丑土、、</td><td>青龙</td></tr>
</table>

我给李女士讲了如下6条：

1. 此宅为前高后低，房基下是空的。

2. 房宅的东北和西南方、东南方，全是坟地，本房屋下亦有坟地。

3. 房子西北方有条弯水沟，而且是脏水沟。

4. 房子是坐北朝南，主房为四间，房后有河或池塘，房前有条大路冲门。

5. 厨房门是坐南朝东北，厨房比主房高。

6. 家中破财，子孙难立，男孩难以成活，家中有凶死之人。此宅好在不易出现脑神经或肾上之病。但主家中犯口舌，主夫妻关系不好。

李女士讲："我这宅基地是前面高，后边低洼，房基下是地下室。我这宅子四周都是坟地，东北角是公墓，我这房基下的确有坟。房子西北方是条臭水沟，房子后边是个养鱼塘，房子是坐北朝南主房四间，房前是有条大路冲着我家的大门。厨房是后盖的，是比主屋高。这几年是在连续破财，1997年我婆母被车撞死，我生的头一胎是男孩，五岁时，在1998年被水淹死。我大哥自搬到这地方住，得了一种怪病，整天胡言乱语，经常死过去，嘴里吐白沫，医生说为癫痫病。每年耗费好多钱也治不好。我丈夫是个酒鬼，每次喝醉酒，就打我骂我，我一直想跟他离婚。"

解析：

1. 此宅前高后低，外卦是艮主高，内卦离主低。房基下是地下室，是二爻房屋临丑库化亥水，父母爻午火伏丑土之下，初爻官鬼动又化丑土之故。

2. 房宅的四周有坟地，是卦中官鬼四重，官鬼之库在东南，应爻戌土代表西北东北两个方位，与官鬼爻卯木相合。初爻官鬼动化丑库。所以断房子四周有坟地，房基下亦有坟地。

3. 房子西北有臭水沟，是三爻亥水化酉金临勾陈之故。

4. 房子坐北朝南是二爻丑土坐离宫伏下父母爻午火。午火主南主立向，丑动化亥为坐山，亥主北。房为四间是四库也。房前有池塘是变卦丑土临青龙与三爻酉金合局生三爻亥水之故。房前有条大路冲门，是四爻克三爻之故。

5. 灶房比主房高，是四爻戌土坐艮宫之故。为大凶之宅，是初爻临官鬼发动克二爻，鬼在卦中重重，临月而旺，又二爻克五爻，五爻动化绝地，子孙爻又不上卦鬼无制，伤人口损财、犯口舌。

6. 家中破财是卦中财爻被官鬼所耗泄，被群兄所劫。子孙难立是子孙爻不上卦，在月处死地。家中有凶死之人，是二爻克五爻、并且五爻临白虎发动化绝地，必主宅中有凶死之人会出现脑神经之病，因六爻官鬼化进神，卯酉相冲之故。夫妻关系不好，是卦六合变六冲官旺财因之故。

阳宅形势与流年吉凶

黄女士打电话来预测租栋楼作商场风水如何

丁亥月　　　甲申日　　（午未空）

《风地观》　　　　　　　**六神**

妻财卯木、　　　　　　　玄武

官鬼巳火、　　　　　　　白虎

父母未土、、世　　　　　腾蛇

妻财卯木、、　　　　　　勾陈

官鬼巳火、、　　　　　　朱雀

子孙子水　父母未土、、应　青龙

断：

1. 此房风水太差，做生意很难赚到钱。

2. 房子没有正门，左右两边各有一个小门。

3. 进门要拐两个弯，刚进屋，房中间就有一个大柱子。

4. 此房地面潮湿。

5. 门口从西北方过来一条大路。

6. 左侧一条大路，右侧一条小路。

7. 东南方是大海。

8. 楼左右两侧各有一个烟囱。

9. 东北方向有条臭水沟。八白方位有煞主破财。

10. 使用此房犯口舌。管理房子的是两人。

11. 你1997年离婚，现在交了一个男朋友，是有妇之夫，脾气不好，财运不佳，1998年做生意赔钱，1999年生意平平，无财可赚。

解析：

1. 此房二爻坐官鬼临朱雀，主经营使用后易生口舌是非。初、四爻旬空，二、五爻月破，又被日辰合去，兄弟、子孙皆不上卦，故言风水太差。财在亥月虽得长生旺相，但财库旬空，看起来挺赚钱，结账的时候却又没有多少，问题多，漏洞大。

2. 四爻为大门，旬空表明此房无大门，三爻为二道门，财爻卯木上下二现，主左右各有一个小门。

3. 卯木克未土，表示门要拐弯而进。未土两现说明要拐两个弯。卯木得长生旺相，坐坤卦表明进门有方形柱子。

4. 子水临月建，又在申日得长生旺相，伏于初爻未土之下，初爻为地，说明此房地面潮湿。

5. 巳亥冲，与二爻冲者为路，故而在西北方有一条路。

6. 父母爻未土坐坤临青龙为大路，坤主大。父母爻未土坐巽临腾蛇为小路。青龙为左，腾蛇在右。

7. 卯木临玄武位于六爻，亥卯相合，十月之水旺极，故为大河、大海。卯木坐巽，巽为东南，故东南方是大海。

8. 二爻五爻皆为官鬼巳火，卯木生巳火，巳火生未土，火土相生，故断左右各有一个烟囱。

9. 东北方有臭水沟是因为子水伏于未土之下，子丑合，丑未冲，子水代表北方，丑土代表东北，又代表臭水沟、排水沟，所以东北方有臭水沟。东北方为八白方，八白方有臭水沟为煞，易破财。

10. 卦中财生官，官生父。故断管房子的是两个人，官鬼月破，临朱雀、白虎是有争执之象。对方反馈："说管房子的两个人因要价不一致而发生争吵。"

11. 卦中二财二官，婚姻不顺，五爻为夫，官鬼月破，又被日辰合去，有离去之象。世应俱空，1997 年被太岁所冲，父母爻代表离婚证，1997 年临太岁旺，故断 1997 年离婚。

二爻可看作现在男友,鬼巳火有三爻卯木紧贴相生,为有妇之夫。巳火月破,巳亥冲,水火相战,脾气不好,运气也差。

1998年寅申巳三刑,为破财之象,非但不赚,反而赔钱。1999年财虽临太岁生官鬼,但子孙爻伏藏受克,卯年处绝地,故而无财可求。

黄女士听完我的卦后,非常兴奋,反馈说完全正确。

风水不吉　宅主多病

刘女士摇卦测阳宅

戊寅年　　子月　　乙卯日　　（子丑空）

《地山谦》		《水风井》		六神
兄弟酉金、、		子孙子水、、		玄武
子孙亥水×	世	父母戌土、	世	白虎
父母丑土、、		兄弟申金、、		螣蛇
兄弟申金、		兄弟酉金、		勾陈
官鬼午火×	应	子孙亥水、	应	朱雀
父母辰土、、		父母丑土、、		青龙

（妻财卯木 伏于官鬼午火爻下）

断:

1. 房下有坟地,前后有高楼,气场不通,光线不足。

2. 厕所门对准大门、卧室门对准厨房门,为一忌。

3. 宅地是前高后低,阴盛阳衰亦为凶宅。

4. 二爻与五爻相克亦是大凶。我断宅主头部必有脑血管之病,心脏有病,肺部呼吸气管有病。对方讲是脑血栓,肺气肿。

5. 我断宅主腰筋骨有病，腿上有病。对方讲是腰骨增生，有严重的风湿性关节炎。

6. 子孙的运气较差，犯官司口舌，破财。对方讲："我儿子跟人打官司，破财十六万多，我浑身是病家运不好，求李计忠先生救我。"

解析：

1. 初爻父母辰土化丑土又是艮卦，动化巽所断房下是坟地。世爻亥水动化父母爻戌土，初爻辰土又为世爻之库，又艮化巽，所以断前后有高楼，卦中财爻不上卦火处死地当然是气场不通，光线不足。

2. 五爻亥水发动化戌土，与四爻丑土相穿。四爻为大门又为卧室，与二爻官鬼午火相生，所以是厕所门对准大门，卧室门对准厨房门，在阳宅风水上为一大忌。

3. 上卦为坤下卦为艮，坤主平艮主高，所断前高后低。主卦是五阴一阳，五爻临白虎动二爻坐鬼月破，当然是阴盛阳衰，为大凶之宅。

4. 二爻为宅发动，与世爻亥水相克。因二爻为月破宅经上讲：宅破精气散，必耗财、伤人体，所以断此宅为凶宅。

5. 上六爻酉金为头在月上为死地，日冲为破，酉金为脑血管脑神经，破也病也！金亦主肺又五爻亥水动化戌土回头克，又临虎动，说明此病为老毛病，和肺部有关。

6. 二爻临官鬼午火虽月破，但如发动为明显的病变。二爻为腿骨神经部位，酉金为日破又处死地，综合而断腰脊骨和腿上有病。二爻午火受水回头克月破，正说明腿上有风湿性病变。

7. 卦中官鬼午火动化子孙亥水，临朱雀财爻卯木伏午火之下，为泄气，正说明子孙运气较差，打官司，破财之象。卦中子孙化官鬼或官鬼化子孙，俱是败财官司口舌之象，严重者是伤病灾或牢狱之灾。

年运卦中断阳宅

冯小姐测年运卦

乙卯年	丙寅月	乙丑日	（戌亥空）

《艮为山》	《坤为地》	六神
官鬼寅木〇　世	子孙酉金、、世	玄武
妻财子水、、	妻财亥水、、	白虎
兄弟戌土、、	兄弟丑土、、	螣蛇
子孙申金〇　应	官鬼卯木、应	勾陈
父母午火、、	父母巳火、、	朱雀
兄弟辰土、、	兄弟未土、、	青龙

卦象成立我断了如下6条：

1. 你丈夫1998年有肝病，今年正月你丈夫有车祸，伤在头部，胸部和腿部，是死里逃生。冯女士讲："你测的很对。我丈夫1998年确有肝炎，今年正月我丈夫开车出门与人撞车，伤在头部胸部小腿骨折，至今还在医院治疗。"

2. 我断她农历三月、四月破财，下半年丈夫仍有伤灾。后来冯小姐电话告之四月家中失盗，八月丈夫修车折断了手腕。

3. 我告诉冯女士住宅大凶，是阴盛阳衰。

4. 宅前有条大路冲门，犯大煞，冯女士讲门前确有条大路对着门。

5. 大门东南方位有大垃圾堆，西门南方有个大铁架射着门，犯白虎大煞主家中有血光之灾。

6. 房后有屋脊冲房屋。讲到此事，冯小姐放下电话到房子后边去看，的确如我所测。屋脊冲房，主家中主人易有伤筋动骨之灾，破财。

解析：

1. 丈夫1998年患肝病，是卦中官鬼为其丈夫，寅木为肝，卦中的动态是官星寅木发动，化子孙爻酉金回头克，应爻申金发动直冲克世爻，并申金化卯木亦说明其夫肝上有病；虽在寅月，金不旺相，但申金必定发动，酉金是回头克，我的经验是衰爻发动一样可克旺相之爻。旺相之爻化回头生是没想到的好事会来临，并有贵人相助，而要是化回头克，那当然就没有好事啦；在看五爻子水化退，被日令所合克、被众兄所克制，水无力泄金去生木，形成金木相战所断是肝上之病。水也代表血液，子水化退，说明有病状，肝是造血的机器说明肝上病。1998年鬼临太岁，故1998年有肝病。1999年正月丈夫有车祸，首先看卦像是六冲变六冲，坤卦代表车象。1999年为己卯，官星旺象，与应爻相冲克，所断有车祸。七月只能断有小的伤灾。正月正是官鬼旺相之月，鬼旺病发狂，气大无制。此时子孙爻弱动去克制官鬼寅木。形成金木交战，所以正月有车祸。七月子孙爻旺相能制服官鬼，子孙爻为福神，所以七月不会有车祸。上六爻化回头克是伤在头部。四爻戌土临腾蛇受年月之克，所以伤在胸部。腿上有伤是初爻辰土化未土月克日冲之故。艮化坤是不入鬼门必进病房之象。

2. 三月、四月破财是群兄劫财，子孙爻被合克之故。八月丈夫手腕折断是艮卦代表脚代表手。卦中兄化兄官动受克制必有小的伤灾。

3. 此宅是阴盛阳衰是艮卦变坤卦之故。

4. 有大路对着门，是五爻为路冲二爻午火，冲者为路，三爻为路与六爻相冲，路冲门为犯冲箭煞，主家中会出现伤灾手术灾和凶死之灾。

5. 大门东南有垃圾堆是兄弟爻辰土在初爻之故，主家中破财，人易长疮和浓血之灾。西南方有铁架，是三爻申金化卯木之故。图卯木坐在坤宫所断在西南方位。犯白虎煞易出血光之灾和牢狱之灾。

6. 房后有屋脊冲房屋，是六爻官鬼冲三爻申金之故。

兄旺无制　运厄多灾

1998年10月31日，有位姓唐的先生打电话让我给他预测运气

戊寅年	壬戌月	辛亥日	（寅卯空）
《天泽履》		《水天需》	六神
兄弟戌土○		妻财子水、、	螣蛇
子孙申金、	世	兄弟戌土、	勾陈
父母午火○		子孙申金、、 世	朱雀
兄弟丑土×		兄弟辰土、	青龙
官鬼卯木、	应	官鬼寅木、	玄武
父母巳火、		妻财子水、 应	白虎

我看了看他的卦，断了以下几条：

1. 你父亲在1995年或1996年发生车祸，有血光之灾，另外你父亲患有高血压。

唐先生说："特别准。我父亲是在1996年10月，不小心让汽车给撞了，头部、腿部受伤，住院手术治疗，另外，他老人家血压高、心脏不好。"

解析：

初爻父母巳火处阳爻阳位为得位，阳爻代表父亲。日建亥水冲克，化子水回头克，又临白虎，同时又入六爻戌土之墓库，凶灾信息明显。忌神行至1995年、1996年临太岁，引发了卦中的不利信息，

周易一卦多断精解

且父母又有车象，巳亥冲有冲撞之意，临白虎为血光之灾，所以发生车祸。

八卦诊病，午火为心，午火居阳爻，为左心室，入戌土之墓，又化申金为病地，所以是心脏动力有问题，供血不足。午火受日建亥水克，水火相战仍然反映的是心血管病症。丑戌相穿实为相刑，戌在六爻为头部，化子水临日建。亥子水主血液，旺相就是高血压或脑血栓。

2. 母亲因病在小腹做过手术，同时她有偏头疼之病症。唐先生说："这点断的也很对。"

解析：

父母午火居四爻为母亲，化子孙申金为午火化病地，母亲化出病来了。四爻为腹部，申金居坤位，坤也代表腹部。子孙又为医药，申金代表手术刀，所以其母腹部因病动手术开刀。

父母午火动与戌土相合为合库。戌土在六爻位为头部，六爻变爻之子水直冲父母午火，戌土临月直克六爻子水，子水在六爻也为头，所以其母偏头疼。

3. 今年4月头上有灾，腰椎、颈椎有病变。1988年还得过肝上之病。

唐先生说："你这一提醒我想起来啦，大约在今年的四月份，我去地下室拿东西，地下室过道有个突出的水泥横梁，我一不小心，撞在头上，差点给我撞闷了，疼了我好一阵子。至于腰椎颈椎是有些难受，但关系不大。1988年的时候好像是在四五月份得过急性肝炎，很快就治好啦。

解析：

三爻兄弟丑土发动刑六爻戌土，戌土居六爻为头，且丑土动变辰土冲六爻戌土，辰月辰土临月建旺冲戌土，戌土月破，冲有碰撞之意，故头上有灾。子孙申金居五爻为脖子，申金为颈椎，官鬼寅木，临太岁冲申金，所以颈椎有病症。

兄弟丑土动居三爻与戌土相刑，但又兄弟化兄弟有病伤，三爻为腰，又刑又冲，故腰椎有病症。

1988年为戊辰年，太岁辰土收卦中子水入库，木失去原神，子孙申金旺冲官鬼寅木，寅木为肝，故肝上有病。

4. 泌尿系统有病症。唐先生说："我是尿频，喝点水就尿尿。"

解析：

官鬼爻临二爻，且鬼化鬼，临玄武，玄武之水为阴水恶水，主泌尿系统着凉受病。

5. 家中没有当官的，唐先生一笑，然后很干脆地说："一点不错，没当官的。"

解析：

子孙申金持世得戌土动生，直冲克二爻官鬼，官鬼又卯寅化退，日上旬空，所以没有当官的。

6. 今年农历五月哥哥有破财之事，家中没有什么积蓄存款。唐先生感到有些惊讶地说："怎么连我哥哥的事都能看出来。"我说："能看出来，八卦包罗万象，关键是你会看不会看。"我又问："你哥哥家是不是破财啦？"唐先生说："的确是破财啦。他家里不小心失了一把火，但也没大事，有惊无险。"

解析：

五月乃午火之月，世爻申金坐下午火，午火旺克申金而生兄弟，兄弟旺而子孙伤，财爻又不上卦，所以其家贫寒无积蓄。六爻兄弟戌土在世爻申金之上为其兄长，戌土动变财爻子水在午月为破，所以哥哥家破财。

7. 家里房子二室一厅，门向偏西南。唐先生说："一点不差。"

解析：

主卦两重父母爻代表是两室。世应之间是厅堂，丑动化库居乾宫为一数,故一厅堂。午火居四爻为大门,午火为南方位变申为西南方位。

8. 后边有门,此门与邻居相对。唐先生说:"我们家后面有门对着邻居的前门。"

解析:

四爻为前门,二爻官鬼卯木化寅木,是空化空坐乾宫,所断此房西北方有门,二爻与日令相合,合者为门,既与邻居家门相对,门对门必伤人,此家所以有伤灾。

9. 房两边有条路。唐先生说:"对!"

解析:

冲二爻者为路,二爻居卯木,酉金冲之,酉乃西方,故是西方有条路,主老三婚姻不顺。

10. 家里下水道向西北流水,厨房在西北,紧靠卫生间。唐先生说:"对。"

解析:

三爻丑土动合子水入辰墓又兑化乾,玄武又坐乾宫,玄武也代表下水道,故下水道向西北方向流。戌土为火库为厨房,化出子水合丑入墓,戌辰均居乾宫,故厨房厕所在同一方位,紧挨着。

11. 房间阴气重。唐先生问:"什么是阴气重呢?"

解析:

二爻是宅爻是家中,官鬼居之,所以是阴气重,因为官鬼代表的是阴气,再一点初爻是父母巳火入月库,日克也是阴气大的一种信息。

12. 先后谈两个女友没谈成。唐先生说:"有这么回事。"

解析:

主卦无财不利婚,又兄弟发动也是不利婚的信息。世应相克,应与日月合申子半合丑土合走财,也是婚姻不利之象。变卦二重财爻、与世爻相生,但她是泄世爻之气,而不是生世爻,同时又被发动的兄弟克掉，所以是两个女友没谈成。

选购住宅　洞察吉凶

某学员打电话问测房屋风水吉凶

<pre>
        己卯年   丁卯月   乙亥日   （申酉空）
    《火风鼎》   《天泽履》   六神
      兄弟巳火、   子孙戌土、   玄武
      子孙未土× 应   妻财申金、 世   白虎
      妻财酉金、   兄弟午火、   腾蛇
      妻财酉金○   子孙丑土、、   勾陈
      官鬼亥水、 世   父母卯木、 应   朱雀
  父母卯木 子孙丑土×   兄弟巳火、   青龙
</pre>

断：

1. 你家住宅和想要买的房子都不理想，且旧房不吉，新宅无绪，资金不够，只是设想。

2. 此房东北方、西南方均有坟地。

3. 你的腹部有过手术，是泌尿之疾而引起的，事发于丁丑年（1997 年）。

4. 门门相对，犯穿心煞，破财且不利主妇。

5. 房子南方有一条路，不积财，有财必散。

解析：

1. 测买房子，父母爻为用神，主卦代表过去和现在，变卦代表今后和将来，主卦父母卯木伏于初爻丑土之下，原住宅是大凶之象。

周易一卦多断精解

这里要说明的是断房宅（旧宅）要以内外卦之分，内卦为宅，外卦为人，兼看爻位，二爻克五爻谓之宅克人，凶，五爻克二爻，人克宅，更换门庭。二爻生五爻谓宅生人，主吉。如果外卦持世，则需反论。父母卯木伏于初爻克飞又克五爻入未土之墓，宅克人，人丁不旺，或说原住宅是临时租住或根本没有住房。

2. 卦逢丑未相冲，巳亥相冲，酉酉自刑，无一是处。官鬼亥水持世逢六爻巳火而冲，亥水临日旺自刑却临月休囚，亥卯合未同入未库，丑未冲又齐动，变出乾，兑坐艮宫，艮为山，丑为东北，也为房基，未为西南，丑未同动入艮宫，房基有坟，东北、西南方均有坟。问测者问所测的是原来的房子还是未来的房子，这就要问你的命运了，命好会变好，命凶则更凶。所测的当然是现在，又代表着这些凶象变出乾、兑坐艮宫，艮为山、庙、坟同样没有好的结果。

3. 官鬼亥水持世受日刑月休，两卯泄气，又受六爻巳火冲，五爻子孙未土临白虎发动与初爻丑土动来克世之鬼，二爻为腹，亥水主腹部，泌尿系统必有病，开过刀。被测者1997年因患肾结石动过手术。

4. 三爻、四爻两酉金毗邻，酉酉自刑，家中门门相对。酉金自化午火回头克，三爻动化丑土入墓，损财，妻子身体有病。被测者钱财破耗，妻子患有胃病和心脏病求医问药不见明效。

5. 五爻子孙未土发动化泄，又见初爻子孙丑土发动化兄弟与变卦五爻申金相合，主房子的西南方有条泄财路正对大门，不利子孙，不利财。

卦主测买房子主看变卦参看主卦，变卦世应相克，午丑相害，不可妄动，看来卦主的运气很不好，建议你暂时不要买，待到来年运转才能相遇称心如意的新房。

家宅阴气重　破财败人丁

袁先生打电话测阳宅

己卯年	庚午月	己酉日	（寅卯空）

《地山谦》	《地天泰》	六神
兄弟酉金、、	兄弟酉金、、应	勾陈
子孙亥水、、世	子孙亥水、、	朱雀
父母丑土、、	父母丑土、、	青龙
兄弟申金、	父母辰土、 世	玄武
官鬼午火× 应	妻财寅木、	白虎
父母辰土×	子孙子水、	螣蛇

　　八卦断阳宅风水，不同于其他的风水派别，也无须到现场去观测，不论天南海北，只要把卦传过来，风水吉凶便一目了然。袁先生自己摇的卦，用电话传给我看。总的感觉此房风水一般，于是我断：

　　1. 你家住在农村，是平房，门向西南，主房门与大门相对。房中之人易患心脏病。

　　2. 此宅西南、东北方位有坟，阴盛阳衰，财上不聚，家中不安宁，夫妻不合，小孩有血光之灾。

　　3. 房子东北方位有路，门前有小水沟，门前之路绕弯进家门。

　　4. 房子左前方低洼，房后从西北有来路，第三道门对着窗口，此为四兽张口路不抢宅，为凶煞之象。

　　南方有路西北有一道水直冲房屋，主家中无做官之人。

　　5. 对其中一子有利，可使其出人头地。

　　袁先生听我断完卦，概述了他家中的情况："家是平房，你说的情况就是我家的实际情况。我总觉着这房子住着不得益，小孩出车祸，大人有病，各方面都不太顺当，我想让老师帮我调理一下，改变一下运气。"

　　首先我答应他此房风水可以调理，然后我又给他分析了卦中之理。

　　1. 世为坐基居坤宫，坤乃平坦广阔之地，农村也。合二爻午火之未土为门，未为西南方位，三爻申金为门，西南方位有申金，四爻为大门丑土居坤为西南，综合推断门向西南方位。三爻申金入四爻丑土之库，乃是主房门与大门相穿，且大门大，主房门小。五爻亥水世爻居之冲二爻午火，水火相战，水主血液、火主心，另外，五爻位乃心胸之位，亥水居之，又受申金之生为旺，克心之火，主心脏血液之病。午火反克世爻，那一定是卦主心脏不好。

　　2. 二爻官鬼午火居之，临白虎，午火又坐艮宫，艮主东北，外卦坤变坤，坤中有未土，合午火之鬼，西南方有坟，官鬼午火化乾宫入戌土之墓，西北方有坟，艮为子孙山，主少男，所以综合断之，此宅阴气重，小儿有血光之灾。

　　3. 二爻为路，子水居乾宫为西北，五爻为路，亥水化亥水，主西北，坐坤宫主西南，所以西北，西南方位有路。四爻为门前，丑土居之，丑合子水，丑中有癸水坐坤宫水受克，故是小水沟。五爻亥水为路临勾陈，有弯勾之象，故门前有路绕弯进家门。

　　4. 青龙为左居四爻，申金化辰土，土高金低，申金又居主卦，故主房前左边低洼。二爻克三爻主门窗相对，为四兽张口主血光之灾。所以家中出现车祸不幸之事。

　　5. 五爻为路，居坤宫，又亥水化亥水，故西南有路西北有水，直冲二爻官鬼午火，家中定无做官之人。但子孙亥水化亥水，水主聪明，又在西北，乾主天门，所以断其子能出人头地。

六爻静卦断阳宅

李先生求测阳宅风水

戊寅年　癸亥月　癸酉日　（戌亥空）

《水地比》　　　　　　　　　　　**六神**

妻财子水、、应　　　　　　白虎

兄弟戌土、　　　　　　　　螣蛇

子孙申金、、　　　　　　　勾陈

官鬼卯木、、世　　　　　　朱雀

父母巳火、、　　　　　　　青龙

兄弟未土、、　　　　　　　玄武

李先生自己摇了卦，用电话传过来，待我伏案观卦片刻，然后断道：

1. 李先生所住之房是新盖的二层三间楼房。

李先生说："对呀！去年盖的。"

2. 你家门向东南方位。下水道向西方流水。

李先生连声说："对，就是向西流水。"

3. 你家房西北边有一条大路，房子的东南方位也有一条路，同时还有一条河。

李先生说："一点都不错。"

4. 厨房坐西向东，主房门对着窗口。

李先生说："对。"

5. 你家房子的西南方位有坟，房基下有坟。

李先生迟疑地说："这我还真不太知道，听人家说好像有坟地。"

6. 东北方位五米远，有个高大的铁东西。

李先生说："东北边有一变压器。"

7. 你家楼房顶部漏水，北墙角漏水。

听到此处李先生烦烦地说："盖房的时候防水没做好，一下雨就漏，很烦的。"

8. 你本人从事文职工作，头一胎是个女孩。

李先生说："我是教师，头胎是女儿。"

9. 你老婆是个很能干的人，能说会道，长得很漂亮，就是单眼皮，瓜子脸，身高 1.60 米是个吃官饭的人。

李先生说："我老婆是在法院工作，长相说得很对，身高 1.61 米。"

10. 此宅利官利财利子，但阴气较重，女人易得病。

李先生说："这几年家里还是挺好的，就是老婆总睡觉不稳，心脏也不好。"

解析：

1. 世爻为坐基，卯木持世得寅年太岁帮扶月生日冲为暗动，又与日建初爻成亥卯未三合局而旺，所断房子是近年新建。世爻卯木坐坤宫，应爻为案山，坐坎宫，木、土、水相比，水低、土高、木高，卯木坐高土之上，所断是楼房。二层三间者是二爻为父母为室，世爻卯木居三爻坐下父母，又卯巳相生，月建亥水，初爻未土，与世爻卯木三合而生宅爻父母，所以是二层三间楼房。

2. 三爻为门向，卯木坐之，门向为东，二爻巳火为房得亥卯未木局旺生，日建亥水冲之暗动，巳为东南，世爻卯木生二爻暗动之巳火，木火相生，人从门出入之象，所断门向东南。玄武为下水道，未土居之，坐坤宫主西南，又五爻戌土空而居之，坐坎为水为低，戌为西北，空不挡水，综合而断水向西方流。

3. 五爻为路，戌土居之临螣蛇，弯曲之象，故房西北边有一条路，冲二爻者为路，亥戌同居一宫，所以是房西北有一条路，青龙为路归巳火为东南，所以房子东南方有一条路，东南又有水库临青龙，有河象，所以东南方位有一条大河。

4. 戌为火库为厨房，卯木生之，戌为西北，卯为东，所断坐西向东。三爻卯木为主房门二爻巳火为窗口，卯巳相生为相对，所以是主房门对着窗口。

5. 官鬼卯木坐坤宫为西南，初爻为房基，鬼墓居之，所以是西南和房基底下有坟。

6. 申金得日建之帮扶为旺居坎宫，为水低金高，又得五爻戌土之生，戌为火库，金为金属铁器之物，所以是在北方有一个高大的铁东西（变压器有火象）。

7. 六爻为房顶，月拱日生为旺，又临白虎，说明房顶防水出现问题，而漏水。因子水为北，又坐坎宫，所以是北墙角漏水。

8. 世爻卯木坐坤宫，坤主文，所以是做文职工作的。头一胎是女孩子，是二爻为腹，又是卯木之子孙，阴爻阴位，又坐坤为女。

9. 子水为世爻之老婆，月拱日生，坐坎为旺极，所以是很能干的人。子水为桃花，所以是个貌美之人，坎宫为子水，水主肾，肾气通目，子水为单，亥水为双，所断是单眼皮。身高1.60米，水的五行河洛数为1.6，相加1.60。应爻子水为妻，临白虎有武将之风，得子孙申金之生，子孙代表公、检、法、司，所以是公门之人，做法院工作。

10. 官鬼临门世得应生，与五爻合，临朱雀，家中必出做官之人。官鬼是护财之神，又应爻为财来生，财又得月帮日生为旺，所断利财。子孙申金得日帮五爻戌土贴生，又与二爻巳火相合，临青龙，所以是利子孙。《比》卦五阴一阳，阴盛阳衰，六爻为头子水旺临白虎，戌土坐下相克，头上有病，休息不好。五爻戌土火库，巳火受冲为破，所以妻子心脏不好。

电话测房屋　吉凶亦可知

李先生电话求测房屋风水

　　　　庚辰年　　　己丑月　　　乙未日　　（辰巳空）
　《雷地豫》　　　　**《天山遁》**　　　　**六神**
　妻财戌土×　　　　妻财戌土、　　　　　玄武
　官鬼申金×　　　　官鬼申金　应　　　　白虎
　子孙午火、　应　　子孙午火、　　　　　螣蛇
　兄弟卯木×　　　　官鬼申金、　　　　　勾陈
　子孙巳火、、　　　子孙午火、、世　　　朱雀
父母子孙　妻财未土、、世　妻财辰土、、　　　青龙

我看完卦，在电话里跟他说：

1. 住宅是独门独院，而非楼房。

2. 房子坐北向南，房基为三角地，前高后低，主家中易破财耗财，易犯口舌官非。

3. 房子大门前有条路，路是由西北过来，转为由西向东的路。

4. 大门口靠左边有一个很高的东西，是电线杆。家人印证，是一个高压电线杆。

5. 大门朝南有条小路，正南方有个铁桥，为白虎煞，主家中不宁，易出现伤灾或牢狱之灾。

房后东北方低洼，有水坑或下水道，不利子孙。

7. 房子地基的东南和西南方位原来都有坟，阴气重。

8. 主房西北角的房顶漏水，不利身体健康，宜患神经衰弱症。

关于此房的风水，我就讲了这么多。李先生逐条印证后，不禁

感叹六爻断风水之神奇。为了让他更深入地体会一下一卦多断的妙处，我又继续给李先生断了几条。

9. 你的住房不利子孙，尤其对长子不利，头部、脑神经方面，应该是有问题。

李先生答："老大小时候吃药造成脑神经方面的后遗症，智力低下。"

10. 你的肾不太好，呼吸器官也有病。

11. 你太太应该有头晕之病。

李先生回答："是的"。

12. 1995年、1996年、1997年财运都不错。1998年开始走下坡路，年上破财。1998年出车祸，破财，有官非。1999年仍然破财。2000年家中不宁，有官司。

李先生答道："1998年开车撞伤人，又破财又招官司。2000年正月有人无端来家中闹事，把窗户玻璃都砸了，还打人，为了这事又打官司，这几年事就没断过。这些事断的都对，没想到摇一个卦能看出这么多的事来，我真是服了。"经过我的详细解释，使李先生认识到家庭居住风水的重要性，并请我为他的住宅进行了调理，现在李先生和我已经成了好朋友。

解析：

1. 住房是独门独院。

父母爻伏于初爻未土之下受克，又受日月之克，说明住的是平房，独门独院，而且是旧房。

2. 房子坐北向南，前高后低，而且是三角地。

四爻为大门，午火代表南方。父母爻子水代表北方，故而房子是坐北朝南的。震主高，坤主低，所以房屋前高后低。上卦为震主尖，下卦为坤主宽，说明地基是三角地。这些都主钱财不聚，易耗财，易生官非。

3. 大门前有条由西北而来又转为由西向东的路。

五爻为路，申金化申金，震化乾，说明有一条由西向东的路，路是由西北而来。

4. 门口左边有一个电线杆。

震主高，乾也主高，上卦震化乾，震为长圆之物，又有戌土在六爻发动，午戌合，戌土为火库，故而说明门前有电线杆。

5. 出了门向南有条小路，经过一个铁桥。

四爻午火化午火临螣蛇，主南边有条小路。乾卦有桥象，五爻官鬼申金化申金临白虎，说明是一架铁桥，桥上有钢轨可视为铁桥。此煞主家中不宁破财。

6. 房后东北角有水坑或下水道。

初爻未土化辰土，辰土为水库，为水坑、水道等，艮为东北方，故断东北方有下水道。此煞主男主人肾衰，呼吸气管有病。

7. 房子东南和西南角原来有坟。

初爻未土化辰土，坤化艮皆主坟地，故断西南，东南方位有坟。阴气重，主家中是非多，破财。

8. 主房西北角屋顶漏水。

六爻为房顶，丑未戌三刑临玄武，说明漏水，说明主人有血压高之病患。

9. 长子脑神经有问题。

子孙爻午火坐震宫为长子，子孙爻日月休囚，戌土发动，午戌合，午火有入墓之象。戌土在六爻代表头，丑未戌三刑，说明头部有问题。

10. 李先生肾不好，呼吸系统有问题。

三爻代表腰肾，兄弟化官鬼，金木相战，说明腰疼，肾不好。五爻为咽喉，官鬼化官鬼临白虎，有病疾之象，申金又受四爻午火之克，故断呼吸器官有问题。

11. 李太太血压高、头晕。

应爻为妻，火土旺而克水，子水不现，子午冲，故断血压高，丑未戌刑，有时会头晕。

12. 1995年、1996年、1997年财运不错。

1995年乙亥，亥卯未合局，兄弟爻旺相生子孙午火，午未生合为得财之象。1996年丙子，午火虽然冲岁破，但仍有巳火可化泄卯木生财，此年运气仍然不错。1997年财临太岁而旺，也是得财之年。

13. 1998年出车祸、破财、打官司。

1998年戊寅，寅午戌合局，午火入戌库，不生世爻，寅申巳三刑财无原神，世爻受太岁之克，为破财之象。五爻为道路，寅申相冲，白虎凶神发动，乾震均有车象，故断此年有车祸、破财。五爻官鬼化官鬼临白虎，三爻兄弟化官鬼临勾陈，主有官司。

14. 1999年破财，2000年家中不宁，打官司。

1999年兄弟卯木临太岁旺相发动克世，为破财之象。2000年世爻虽临太岁而旺，但丑未戌三刑，世又化库，官鬼旺相耗财，又临白虎发动，说明仍然有官司。

六爻卦中信息千变万化，没有一成不变的既定规律，不同的卦例，分析方法千差万别，要想以不变应万变，只有刻苦实践，勤学苦练。

第六章
怎样运用
八卦五行诊病

六爻八卦诊病和中医把脉诊病同出一理，都是按照抑旺扶弱、祛邪扶正、平衡阴阳的原理去预测诊断病症，运用得法，它的准确程度是惊人的，能及时地解除患者的痛苦，从而造福于人类。

2000年农历九月××市田女士来我处预测，她说："××医院检查我怀孕了，要我去做人工流产，不知顺利吗？"我用八卦直接断她没有怀孕，七天后准会见到真情。到了第七天，她电话告诉我："你真神，比医生还要准，既给我减少了痛苦，又节省了一笔钱。"

其实六爻五行诊断疾病，其理论依据来源于《黄帝内经》，在具体细节上要灵活掌握运用。

六爻定病的部位，总章有论，这里再强调一下：初爻足、二爻股、三爻腹、四爻心胸、五爻颈、六爻头。五行上又爻支分位的。

五行外体歌： 子耳丑肚寅手数，卯指辰肩胸乳走；

巳面咽齿午眼位，未脊申络酉血流；

戌系命门连腿足，亥为末位却居首。

五行内体歌： 寅胆卯肝巳在心，午火小肠辰戌胃；

丑未共脾申大肠，酉肺亥肾心包遂；

子下膀胱三焦处，黄帝传旨莫敢违。

纳音综合五行： 火心眼，木神经，水血液，金骨骼，

土脾胃。

在疾病的诊断中，肿瘤的良性与恶性的区别是十分重要的，它直接关系到患者的生命问题。通过这些年的实践我总结出一些经验：辰丑之土有病，肿块属凉性，只当一般疾病治疗；而戌未之土为热性燥土，有病应加以分析，很可能是癌症。

凡测病能否痊愈，当看用神、忌神旺衰和相互关系。用神关键是要采取飞爻法和飞位法才能确定；另外，六爻全是用神，关键是要找出哪个爻最弱；那种测父母，就取父爻为用，测妻病就取财爻为用的方法是大错特错。如自己之病，世爻为己身，克世爻的为忌神，如果财爻持世，兄弟就是忌神，细加辨别真假才能断准。另外，还要看卦宫、卦位、爻位定六亲。用神、忌神确定后再看日月建生克制化，刑冲合害，一般日月建冲克用神入墓必死，以"入墓之时命夭亡"断之无疑。入日墓应近，入月墓迟，入爻墓近，入卦墓迟。艮、坤二卦多指山、坟墓万不可忽略。

实例中受一卦多断之限，不可能只断一件事，凡是经我预测的，都是以一件事为主，触一反三，从一卦中断出许多事来，有些是有联系的，有些是与主要事宜毫无牵连的，但所断之事件件应验，这就是我断卦的手法和风格。后面各章节都是如此，不一一说明。

官爻家中坐　神仙也难医

2000 年 7 月 25 号，某省一客户打电话预测兄弟病情，得《需》之《节》卦

庚辰年　　　癸未月　　　甲申日　　　（午未空）

《水天需》　　　　**《水泽节》**　　　**六神**

妻财子水、、　　　　妻财子水、、　　　　玄武

兄弟戌土、　　　　　兄弟戌土、　　　　　白虎

子孙申金、、世　　　子孙申金、、应　　　腾蛇

兄弟辰土〇　　　　　兄弟丑土、、　　　　勾陈

官鬼寅木、　　　　　官鬼卯木、　　　　　朱雀

妻财子水、　应　　　父母巳火、　世　　　青龙

根据爻象，我断：

你兄弟得的是肝胆之病，是从 1998 年开始得病的，1999 年肝病恶化，2000 年病情加重，特别是农历五月、六月期间。卦主难过今年十月。你兄弟 1999 年得脾胃之病，有手术之灾，属死里逃生。

对方反馈，其兄弟的肝炎病是从 1998 年开始得的，1999 年病情加重住院，2000 年五月、六月一直住院，目前此病已转成肝硬化，其兄弟 1999 年是得胃病，大手术，胃部分切除，休克 3 天，确实是死里逃生。

解析：

测病，不论何人测何六亲，首先要看整个卦爻的动态，每个爻是何五行，其旺衰程度如何。由此才能决断出是何病以及病的轻重，从而准确地测出病的根源，如这个客户测兄弟病，按常理应取兄弟爻为用，但我认为不论测何事，六个爻均为用神。

主卦最弱之爻为官鬼寅木，寅木化卯木，在月入库，在日受冲克，寅卯木主肝胆，可断为肝胆之病。子孙申金代表医药，虽可制鬼，但子孙泄兄弟原气，故病难以治好。

1998 年其兄弟得病是官鬼临太岁而旺，1999 年是官鬼临帝旺，鬼旺病发狂。2000 年病情加重，因兄弟辰土临太岁发动，冲起五爻戌土，财爻子水归库，血归心。又白虎动主孝服，勾陈动是入土之象。财爻子水，代表饮食，财受克，说明吃不下东西，所以是病情加重。农历五月，子孙爻受克又冲克财爻，病人饮食减退；六月四库俱全，墓门大开。难过十月者，是官鬼临长生，主病发狂无治，子孙申金处死地，医药无效。

1999 年得胃病有手术之灾，是太岁官鬼卯木克三爻辰土，三爻辰土代表腹部，太岁克用神，必有伤病之灾。其兄弟因病动手术是乾卦化兑卦，兑为手术之象。断其兄弟死里逃生，是三爻发动临勾陈之故。

水火相战病灾多

卢小姐测年运

丙寅月　　　　　戊子日　　　　（午未空）

《水火既济》			《地山谦》			六神
	兄弟子水、、应		父母酉金、、			朱雀
	官鬼戌土〇		兄弟亥水、、世			青龙
	父母申金、、		官鬼丑土、、			玄武
妻财午火	兄弟亥水、	世	父母申金、			白虎
	官鬼丑土、、		妻财午火、、应			腾蛇
	子孙卯木〇		官鬼辰土、、			勾陈

断：

1. 本人心脏不好，血压不正常。
2. 血液不流畅，有脑血管堵塞之患。
3. 肺、呼吸系统有病。
4. 腰疼、肾水不足、泌尿膀胱系统功能很差、小便不畅，易疼。
5. 腿脚不利，一只腿行走不便。
6. 四月、五月心脏犯病，且行走不便。
7. 六月、七月、九月、十二月对本人极为不利。

解析：

父母申金居四爻为月破，且申金受月冲而化墓，主心脏系统之疾。三爻兄弟亥水主血液，原神申金月破不能生，是造血功能衰竭。卦中戌土动克亥水，卯木动而化泄亥水，亥水受伤主血液之疾，世爻亥水化月破，是不利信息。午火代表心脏，伏于亥水之下受克，又遇子日冲，午火为心脏，受克主心脏之疾，午月火出现而受克，易得大病。卯戌克合，卯木旺，戌为五爻主肺疾。六爻子水为头，受戌土之克，是易发生的脑血管堵塞。三爻亥水为腰、肾，水受克主肾、泌尿之病。又亥水化申，申临月破，申金为腰椎，破则腰脊椎有病。二爻官临之必有病，鬼丑土化午火相害，丑中癸水受伤，小便不畅。初爻为腿脚，子孙卯克辰土，子孙化鬼不利脚腿，丑土克世亥水，此宅不利你本人，必须化解。主卦官鬼戌土化兄弟亥水，官化兄主凶，变爻亥水是变卦之世爻，与主卦信息相同，变卦世应水火相战，亦主对心脏、血液不利。

卦打六合　病难医治

子摇卦测父病情如何

戊寅年　　　戊午月　　　庚戌日　　　（寅卯空）

《泽水困》	《地山谦》	六神
父母未土 、、	兄弟酉金、、	螣蛇
兄弟酉金〇	子孙亥水、、世	勾陈
子孙亥水〇　应	父母丑土、、	朱雀
官鬼午火×	兄弟申金、	青龙
父母辰土〇	官鬼午火、、应	玄武
妻财寅木、、世	父母辰土、、	白虎

　　此卦为六合卦，测病遇六合说明其父的病难治，父母爻辰土发动，化官鬼午火回头生，临日月生而旺，卦中官鬼多现临月而旺。《黄金策》上讲：鬼旺病发狂，测病最怕用神化官鬼，官鬼化用神，遇之是九死一生。

　　今父母爻辰土发动化官鬼午火，卦中子孙爻亥水虽发动，但必定处死绝之地，制不了官鬼，说明其父之病医治无效。卦中辰戌丑未四库全土重，变卦是坤卦和艮卦，加之火旺。测病遇土旺，特别是卦逢艮坤之卦多为恶性的肿瘤，看来其父之病多为癌症。卦中四爻乱动，说明癌细胞已扩散，其父病有凶危之象。是什么癌呢？初爻寅木化父母爻辰土临白虎，寅木在月上处死地，又旬空，木代表肝，木处死地，正说明其父得的是肝癌扩散。

　　卦中亥水为血液，整个卦中一片耗克，以生助不了寅木，再一点寅木也不受生，不正说明此病为肝癌吗？子孙爻又为医药，正说明滴水难救干枯之苗，医治无效，肝己失去造血的功能，病症已到晚期无治。五爻为咽喉，处休囚之地，说明癌细胞扩散到咽喉，大限期将至。

卦中官鬼午火发动，说明病情继续恶化，高烧不退，财处死地饮食难进，鬼父同动在卦中，不到丰都必是黄泉之客。我告诉对方："你父亲是肝癌已扩散无治。"

对方问："父亲还有多长时间？"我讲："7日到9日，最迟不过14日，准备后事吧。结果9日其父病故，应在9日是丁巳日，冲去子孙爻亥水医治无效，鬼临旺地之故。

忌旺无制丧车来

许某来电话测父何时去世

<table>
<tr><td>庚辰年</td><td>丑月</td><td>戊子日</td><td>（午未空）</td></tr>
<tr><td>《雷水解》</td><td>《地水师》</td><td>六神</td></tr>
<tr><td>妻财戌土、、</td><td>官鬼酉金、、应</td><td>朱雀</td></tr>
<tr><td>官鬼申金、、应</td><td>父母亥水、、</td><td>青龙</td></tr>
<tr><td>子孙午火〇</td><td>妻财丑土、、</td><td>玄武</td></tr>
<tr><td>子孙午火、、</td><td>子孙午火、、世</td><td>白虎</td></tr>
<tr><td>妻财辰土、　世</td><td>妻财辰土、、</td><td>腾蛇</td></tr>
<tr><td>父母子水　兄弟寅木、、</td><td>兄弟寅木、、</td><td>勾陈</td></tr>
</table>

看完卦象我在电话中决断如下：

1. 你父亲是肺上之病，是老病复发，目前处于昏迷之中，危在旦夕。

2. 医治无效难过寅日。

许讲：“我父亲是十多年的肺痨，每次犯病打几天的针就好转了，可这次犯病打针不顶用，血管硬化，吊水已经不吸收了,已昏迷三天多了。”

后验证，其父死于寅日子时。

解析：

肺上之病是取父母爻为用神，兼看应爻。主卦父母爻伏在初爻寅木之下为化泄，虽临日令，但月克，卦中一片耗泄无生机。再一点应爻临官鬼申金化父母爻亥水，是不祥之兆。五爻申金为肺为病申金在日处死地，在月为墓，又午火发动相克，虽午火不旺，但必定是阴阳二气失落不调，所以为肺痨之病。老病复发，处在昏迷之中。测长辈之病最怕财爻旺相，财旺克父必有倾危之险。今财爻五重克制父母爻，又财爻持世是老病复发之兆，处在昏迷之中是父母爻不上卦临勾陈之故。

医治无效难过寅日，是子孙爻在月上化泄，又日破逢空，就是子孙爻发动亦不克制官鬼而是去生财克制父母爻，所以医治无效。难过寅日是卦中寅午戌合局，父母爻子水受冲克，这是其一；其二是申金为子水之原神，寅日冲去申金合去父母爻亥水，子水处死地之故。主卦变归魂亦归去之意，四爻动震卦变坤卦，财爻多子孙爻多，下卦坎化坎，说明丧礼隆重，车辆多。

周易一卦多断精解

水爻受克　血液不通

1998年第三期学习班，我在讲课时结合学员摇的卦当堂断事讲解，一位东北姓肖的学员当场摇卦让我给他看母亲身体如何，有没有病。

戊寅年　　己未月　　癸酉日　　（戌亥空）

《风火家人》	《火雷噬嗑》	六神
兄弟卯木、	子孙巳火、	白虎
子孙巳火○　应	妻财未土、、世	螣蛇
妻财未土×	官鬼酉金、	勾陈
官鬼酉金　父母亥水○	妻财辰土、、	朱雀
妻财丑土、、世	兄弟寅木、、应	青龙
兄弟卯木、	父母子水、	玄武

我在黑板上排好卦，当场断定："你母亲身体有病，是脑血栓半身偏瘫。"姓肖的学员当场连声说："太准了。我母亲是多年的脑血栓半身不遂。"接着姓肖的学员又问母亲还有多长的阳寿，我讲难过今年八月，后来验证其母死在本年的农历八月。

解析：

其母脑血栓半身不遂，是父母爻亥水月克日生，虽发动，但变为辰土为墓库。官鬼伏在父母爻之下，定为其母有病。应爻动冲克亥水，四爻未土发动，临月而旺冲起二爻的丑土，夹克父母亥水，水主血液，说明其母具有血液受阻之病。六爻卯木为头入月墓，日冲克，六爻为头，说明头部血液不流通，当然是脑血栓之病。初爻卯木为足同样入月之库，日冲血不流通，不正是半身不遂之病吗？

八月其母去世，是官鬼酉金旺，子孙爻处死地鬼无制，病发狂之象，八月金旺虽父母爻得生，但亥水化辰为库，辰酉合库，父母爻随鬼入墓。再一点是酉金冲破上六爻卯木，说明脑血管破裂，脑溢血而死。

火土旺极　热瘤为癌

某女士打电话来预测父亲患的是什么病，能不能医好

戊寅年　　　戊午月　　　丙申日　　（辰巳空）

《火泽睽》	《山泽损》		六神
父母巳火、	官鬼寅木、	应	青龙
妻财子水　兄弟未土、、	妻财子水、、		玄武
子孙酉金〇　世	兄弟戌土、、		白虎
兄弟丑土、、	兄弟丑土、、	世	螣蛇
官鬼卯木、	官鬼卯木、		勾陈
父母巳火、应	父母巳火、		朱雀

　　我们平时在测卦中，首先要理解测卦之人的来意，否则不准。测卦不是猜谜语，更不是事后诸葛亮，这就要有精湛卦技。如此卦问父母是什么病，那首先要看卦意，和整个卦象的动态。此卦为姜太公贩卖猪羊不遇之卦。《睽》卦在婚姻上是夫妻反目之象；在测运气上是伤灾牢狱之象，破财之卦；在病情上是难治之病，变损是折也。再从六爻分析，首先看卦中动爻，然后再看卦中哪个爻最旺、最衰来判断病情。本卦是四爻子孙酉金持世独发，化成回头生，上有未土，下有丑土父母爻重重，是火土旺极，大有土多金埋之象。酉金虽临日令，但月克。官鬼卯木虽可制土，但在日月处死地，在寅年

酉金处绝地，说明酉金最弱。主卦是离火克兑金，也代表肺上有病，酉金在四爻代表胸部，金主肺，酉金动化戍坐艮，艮主鬼门关，癌瘤之症。戍为火库，说明为热性瘤，热瘤为癌，不治之症，断为肺癌。再卦中卯木代表肝，肝为造血的机器，子水代表血液，目前木处死地水处绝地，说明病人目前已不能吃东西了，全靠药物维持。卦中父母爻巳火逢空化空，说明病人是入土之象。卦中虎动主丧，我告诉某女士父亲得的是肺癌已扩散，难过八月，准备后事吧。对方说，确是肺癌，医院讲无法治疗了。

后信息反馈，其父确实死在八月。八月者是酉金冲破卯木，父母爻无原神处死地之故。

旺金克木　病在肝部

某女士打电话测子病情

<table>
<tr><td>壬申月</td><td>癸亥日</td><td>（子丑空）</td></tr>
</table>

《天雷无妄》	六神
妻财戌土、	白虎
官鬼申金、	螣蛇
子孙午火、世	勾陈
妻财辰土、、	朱雀
兄弟寅木、、	青龙
父母子水、应	玄武

此卦很明显，其子患有严重的肝病，已经肝腹水。《天雷无妄》

是旺金克震木五爻官鬼申金冲克二爻寅木，寅木又月破，木主肝，所断病在肝部。

卦中申子辰三合水局，初爻子水又临日令冲四爻午火，阴阳失调，肝功能失其造血功能。三爻辰月为水之库为腹，有肿大之意。兄弟爻寅木月破，不受水生，使水不流通，说明已腹水、肚子肿大、脚浮肿。子孙爻午火月日耗泄，原神寅木处绝地，看来其子病情已到晚期，难以回春。

我给此女士讲，她的儿子是肝腹水，属肝炎晚期。

后来反馈，其子死于九月，九月者是子孙爻入库之故。

水火既济　肾患恶症

张女士测侄女的病情

壬申月	甲寅日	（子丑空）
《泽地萃》	《水地比》	六神
父母未土、、	子孙子水、、应	玄武
兄弟酉金、　应	父母戌土、	白虎
子孙亥水〇	兄弟申金、、	螣蛇
妻财卯木、、	妻财卯木、、世	勾陈
官鬼巳火、世	官鬼巳火、、	朱雀
父母未土、、	父母未土、、	青龙

我断此侄女所患的是肾和泌尿系统之病症。

对方反馈说是尿毒症。

此卦子孙爻独发，在月临长生化回头生，可说是亥水旺相。再看三爻卯木临日令虽然月克，但亥水独发，泄金生财爻卯木，可说卯木旺相。二爻官鬼巳火日生月耗，但亦与月令有相合之意。子孙爻亥水发动又冲起巳火，又卦中亥卯未三合财局生官鬼巳火，可说巳火亦是旺相之爻。二爻为肾、泌尿系统。二爻巳火化巳火，被亥水冲起，形成水火济既，所断为尿毒症。卦中寅申巳三刑又连续相生忌神，说明此病难治，六合卦测病难治，《萃》卦亦是病难治之象。

四库相穿　身长脓疮

陈某占父全身红肿脱皮是何病

庚辰月	丙寅日	（戌亥空）
《火天大有》	《山泽损》	六神
官鬼巳火、应	财金寅木、　应	青龙
父母未土、、	子孙子水、、	玄武
兄弟酉金○	父母戌土、、	白虎
父母辰土○世	父母丑土、、应	螣蛇
妻财寅木、	妻财卯木、	勾陈
子孙子水、	官鬼巳火、	朱雀

有些病，从外感可以断明病情，如此卦测其父全身红肿脱皮是何病，取动爻父母辰土为用神，辰土临蛇，应爻巳火为蛇，辰土本身就是大蛇，加之月令亦为大蛇，共四条蛇缠身，蛇每年春季脱皮换季，陈某的父亲全身红肿脱皮亦与蛇有关。卦中又辰戌丑未四库相穿，我问陈某："你父亲是否全身都长着肿血疙瘩？"陈讲："正

如老师所断，我父亲全身都是疙瘩，破了头啦，对外流血流肿，到医院检查不出来是什么病，吃药打针不见效。"

我告诉陈某此病难治，五月有生死关口。

后反馈其父确死在五月，五月者子孙子水处绝地鬼旺无制之故。

三爻辰土持世临螣蛇，三爻为腰，病从腰起，凡龙（辰）蛇（巳）缠腰，必主带状疱疹，此病属带状疱疹(俗称蛇泡疮)如治疗方法不当，医治不及时，蛇疮头尾连接，并扩散全身无救。

木破土旺　　肝患绝症

张某打电话求测父病：

己卯年　　　壬申月　　　丙辰日　　　（子丑空）

《山水蒙》	《山地剥》	六神
父母寅木、	父母寅木、	青龙
官鬼子水、、	官鬼子水、、世	玄武
妻财申金　子孙戌土、、世	子孙戌土、、	白虎
兄弟午火、、	父母卯木、、	螣蛇
子孙辰土○	兄弟巳火、、应	勾陈
父母寅木、、应	子孙未土、、	朱雀

我看了卦象给张某讲："你父亲患的是肝癌，现癌细胞已扩散无治，难过农历八月。"张某听后很悲痛地告诉我："父亲确是肝癌扩散。还有没有办法调解治疗？"我告诉张某癌细胞已扩散现无法治疗，如果早一年化解治疗，还是有希望的。后信息反馈其父死在

八月酉日。

测父之病，据六爻动态来分析，财爻当月而旺不利父。五爻官鬼子水月上长生而旺，说明病情严重。其初父母爻寅木月破化库，有入墓之相。且父母爻坐坎卦，化坤卦回头克是大凶之象。外卦是艮化艮，坤艮均指癌症之类的病象，亦指坟墓，卦中勾陈独发，也为凶象，说明父亲有入土之象。再一点，应爻寅木可断作父亲，卦中寅卯木处死绝之地木主肝，卦中子水虽旺难生父母爻寅木，子水不但入日墓，又入卦中辰土动爻之库，说明其父造血的功能病变衰退。四爻戌土化戌土临白虎，被日令冲被动爻冲起，成为火库，主热性的癌病，亦为绝症。卦中寅午戌合、卯戌合故为肝癌，辰戌冲，说明病已封喉，不出一月必死。五爻也可看作其父，临官鬼空化空，亦说明父亲有归去之意。死在酉月是财临帝旺之地，财旺损父，酉日者是父母爻处死地之故。

阴阳失衡　身多病症

郑女士打电话测病

己卯年　　壬申月　　癸亥日　　（子丑空）

《水山蹇》	《山地剥》	六神
子孙子水×	妻财寅木、	白虎
父母戌土○	子孙子水、、世	螣蛇
兄弟申金、、世	父母戌土、、	勾陈
兄弟申金○	妻财卯木、、	朱雀
官鬼午火、、	官鬼巳火、、应	青龙
父母辰土、、应	父母未土、、	玄武

李计忠解《周易》

250

我静观片刻，然后断道：

1. 你现在有高血压病，偏头痛，右边严重。

2. 你右心室左心房有病，心脏跳动过快。

3. 你腰椎疼，原因是骨质增生。

4. 你肾部不好，泌尿系统有病。

5. 你子宫长有肉瘤，后年有手术之象。

郑女士认真地听我断卦，不置可否，当我断完以后，郑女士说："李计忠先生你说的都对呀！我身上的病都让你讲出来了，我得的是脑血栓，每天都得吃降压片。另外，我腰间盘突出，现在发现是肾炎三个加号，三年前检出子宫长瘤，直到现在还没手术，医生说最迟别拖过明年，劝我尽早把手术做了。"

解析：

1. 六爻子水临白虎发动，月生临日建而旺，又得卦中兄弟申金动生，说明子水旺极。但子水旺而无泄处，因寅木月破，卯木处死绝之地，又有戌土贴身克，使子水不能流动，子水代表血液，旺而受阻又居高位，所以是血压高。因变爻寅木月破，居上六爻为头部，故头部严重。

2. 五爻戌土为火库发动克制旺水，又坎卦变艮卦，大象回头克，主卦为左，变卦为右，戌土在主卦收火制水，子水在变卦旺极受阻。说明左心房右心室有病。

3. 三爻代表腰部，申金发动直克变爻卯木，卯木在月上处绝地。金木为筋骨，又坐在坤宫，坤代表柔软物，腰椎应属此列。内卦艮变坤，在病理上代表突起、骨刺、肿瘤，所以是腰间盘突出。

4. 二爻代表泌尿系统。官鬼临之，又鬼化鬼，同时坐艮宫变坤宫，说明有病。午火化巳火，属阴阳不调，病变之象，所以是泌尿系统有毛病。

测病遇艮变坤又土旺，所反映出的信息就是肉瘤，这是经验之谈，望朋友们多实践验证。坤宫代表女同志的生殖器官，又代表肿瘤，所以是子宫长瘤。因午火化巳火为退，又在申月，火处休囚之地，所以是冷性肿瘤。巳火代表弯形刀，可引喻为手术刀。2001年巳火临太岁，故有做手术之象。

冲变归魂　病呈凶象

某女士测母病

<table>
<tr><td>丙子年</td><td>庚寅月</td><td>壬戌日</td><td>（子丑空）</td></tr>
<tr><td>《坤为地》</td><td>《地水师》</td><td>六神</td></tr>
<tr><td>子孙酉金、、世</td><td>子孙酉金、、应</td><td>白虎</td></tr>
<tr><td>妻财亥水、、</td><td>妻财亥水、、</td><td>螣蛇</td></tr>
<tr><td>兄弟丑土、、</td><td>兄弟丑土、、</td><td>勾陈</td></tr>
<tr><td>官鬼卯木、、应</td><td>父母午火、、世</td><td>朱雀</td></tr>
<tr><td>父母巳火×</td><td>兄弟辰土、、</td><td>青龙</td></tr>
<tr><td>兄弟未土、、</td><td>官鬼寅木、、</td><td>玄武</td></tr>
</table>

断：

1. 你母亲得的是脑血栓。

2. 你母亲还患有心脏病。

3. 你母亲已半身不遂，大小便失禁。

某女士听后说道："丝毫不差，这些病全让我妈摊上啦。"

解析：

1. 此卦六冲变归魂为大凶之象。

2. 应爻鬼化父母午火，卯戌、午戌合，有随鬼入墓之象。

3. 坤卦代表坟墓，官鬼临月而旺，子孙处绝地，医院没有多大作用，病情严重。

4. 卦中父母巳火，旺动冲五爻亥水，水火相战，说明心脏有毛病。应爻官鬼卯木临月而旺冲六爻酉金。酉金临白虎，有脑血栓之象。

5. 坤卦代表柔软之物，六冲卦坤克坎，土克水，初爻化官鬼回头克，说明下肢瘫痪。

6. 二爻巳火代表肛门，化辰土做坎宫有腹中积水之象，辰土日破，故断大小便失禁。

卦中官爻多　身体多病灾

1999年寅月沈阳的郭女士身体不适，故打电话来找我预测

己卯年	丙寅月	庚戌日	（子丑空）

《坎为水》	《水火既济》	六神
兄弟子水、、世	兄弟子水、、应	腾蛇
官鬼戌土、	官鬼戌土、	勾陈
父母申金、、	父母申金、、	朱雀
妻财午火× 应	兄弟亥水、 世	青龙
官鬼辰土○	官鬼丑土、、	玄武
子孙寅木×	子孙卯木、	白虎

我看完卦，这样断道：

1. 你是脑神经有病，发作时胡言乱语，处昏迷状态。

2. 常做噩梦，睡不好觉。

3. 你的病冬天比夏天重。

4. 你肾上有病。

5. 你腿上有病。

6. 你女儿是大学生，是从事科研工作的。

7. 你女儿有出国之象。

郭女士听我断完后，语言有些激动，她说："简直跟大夫一样，你是不是学过大夫呀！"我说："要想断好卦，知识必须要丰富，医学方面的知识必须要有。"然后郭女士接着说："关于我女儿的事断的很准，她在单位是技术总工，领导说要派她出国考察。"

解析：

1. 兄弟子水居六爻，被三爻午火动冲，又与官鬼合，入官鬼之墓，说明头上有病。临螣蛇，为虚惊怪异之症，所以是胡言乱语，严重时昏迷。

2. 六爻为头临螣蛇主虚惊，且又二爻为宅临鬼化鬼，所以是做噩梦，睡不好觉。

3. 兄弟爻为子水冬天旺相，并与午火对冲，故冬天病情加重。

4. 二爻为肾，官鬼辰土临之动而克水，水主肾《坎》也主肾，受官鬼克之，所以是肾上有病。

5. 初爻为腿脚，子孙寅木化卯木，临白虎克之，又日建刑寅木，故是腿上有病。

6. 寅午戌合火为旺生官戌土，戌土月合日值，月建生财爻午火，午火生官，官旺财旺，戌土之官临五爻表示名气大，五君爻之官又贴生四爻之父母申金，是大学生。

7. 二爻之辰土动冲五爻官鬼戌土，五爻为道路旺相，又与子孙寅木合，所以是子孙有名气。辰戌二官坐坎宫，又是六冲主有漂洋过海之象，可以引喻为出国。

官爻旺动　子息难成

某女士测何日得子

	庚辰年	庚辰月	庚戌日	（寅卯空）

《水泽节》	《震为雷》	六神
兄弟子水、、	官鬼戌土、、世	螣蛇
官鬼戌土○	父母申金、、	勾陈
父母申金×应	妻财午火、、	朱雀
官鬼丑土、、	官鬼辰土、、应	青龙
子孙卯木○	子孙寅木、、	玄武
妻财巳火、世	兄弟子水、、	白虎

我看了卦象，告诉她：

1. 婚后不孕，主要原因在你丈夫身上。他肾气不足，前列腺有炎症，精子成活率低。

2. 你丈夫身体多病，肺部有炎症，肝上有病变，心脏功能不好。

3. 你本人有妇科病，头上供血不足，平时总头晕。

4. 以后难有子息。不过命中还有一子之象，但不是亲生，而是抱养他人之子。

某女说："我和我丈夫的身体确实不好，这些病都让你给说出来了。我们曾到医院检查过，医生也说是我丈夫的毛病。"

解析：

1. 卦中官鬼丑土在三爻主肾部，化出辰土临月日为旺极，但辰戌相冲，又官鬼化官鬼必是病情加重之象，土旺极必制水，所以断其夫肾阴有病，肾气不足。下卦兑金克震木，震主神经系统、经脉、

周易一卦多断精解

血管、男人生殖器等。官鬼居下卦三爻受克，亦说明前列腺有炎症。精子代表血脉，三爻丑土化辰土，辰为水库加上月令为库，水严重受克制，所以断其精子成活率低。

2. 四爻父母申金发动化午火回头克，因金主肺所断肺部有病。肝上有病是卦中官鬼戌土动生父母爻申金，申金动克制卯木，卦中子水无力通关，卯木主肝胆，所以断肝上有病。

四爻申金动化财爻午火回头克，午火入戌土之墓库，火为心脏，戌为火库，火归库归心，所以断心脏有病。

3. 六爻子水化官鬼戌土回头克，变世为自己，水代表人体中的血液，众土相克有受阻之象，所以此女因供血不足而头晕。初爻巳火化子水回头克，二爻卯木化退不能生，故妇科有病。

4. 卦中官鬼四重，得月日生为旺相。父母爻申金受旺鬼所生，动克子孙卯木。子孙卯木又动而化退，卯戌相合，子孙与鬼合。子孙卯木之原神兄弟子水受旺土之克杀。《黄金策》有云：子孙爻若空化空，子孙难以成形，若被克杀，是无子之兆。卦中官鬼多而旺，又有父母旺动，则难为子孙。今卦中所现之信息，与卦诀一致。综合推断子息难成，抱养他人之子，是子孙爻卯木化子孙爻寅木，分坐两宫，子孙卯木坐兑，子孙爻寅木坐震，不是同宫，虽有子也是收养他人的。所以断其今后有抱养他人之子的信息。

忌神入库　用神得意

李先生来电话测妻手术何时愈

庚辰年　　癸未月　　乙未日　　（辰巳空）

《水火既济》		《水雷屯》		六神
	兄弟子水、、应	兄弟子水、、		玄武
	官鬼戌土、	官鬼戌土、	应	白虎
	父母申金、、	父母申金、、		螣蛇
妻财午火	兄弟亥水○ 世	官鬼辰土、、		勾陈
	官鬼丑土、、	子孙寅木、、	世	朱雀
	子孙卯木、	兄弟子水、		青龙

据卦象我断之：

1. 妻子是因小孩难产，做剖腹产手术。

2. 第一次手术后伤口发炎，又做第二次手术。

3. 所生是女孩，孩子平安，妻子产后身体虚弱。

4. 妻子虽有二次手术，但没有生命危险，到壬寅日，妻子身体开始恢复好转，甲辰日伤口可愈合。

李先生说："你说得可真叫对呀！我爱人真是生了一个女孩，因生不下做剖腹产。7 月 22 日做的手术。后来刀口发炎，31 日又做了第二次手术。现在孩子挺好的，就是爱人身体太虚弱。听你这么一说没有生命之危，过几天就好，我就放心啦，谢谢你李计忠先生。"

后李先生又打来电话，告诉我甲辰日伤口愈合。

解析：

1. 测女人生小孩，遇乾卦、离卦、坎卦、兑卦都主顺生，因为乾为头、离为目、坎为耳、兑为口，这些器官都在头部，又显示头朝下，当然是顺生。如遇坤、艮、震、巽就是难产，因为坤为腹、艮为手、震为足、巽为股，胎位不顺，所以是难产。此为经验之谈，望学者领悟。本卦子孙卯木在初爻居离宫，应为顺产，但因三爻动而使离变震，所以是难产之象。另外子孙卯木与三爻亥水及月日之未土合局，又与卦中官鬼戌土合，合者绊也！也表示是难产之象。若月日冲子孙爻，或子孙爻冲世爻，生的就快。今子孙爻安静被合，即使不临震卦，也是难产之象。这就是看卦的活变之法。《黄金策》有云：子孙爻若被官鬼合住、父母爻合住或日辰合住，皆主难产。

剖腹产是二爻丑土为腹部，受月日冲之，又二爻丑土暗动化子孙寅木回头克，丑土之下，又坐子孙卯木克之，另外水火既济，火被水克，所以断是剖腹产。

2. 兄弟亥水临勾陈发动，财又伏在兄弟之下受克，表示其妻有凶灾。今兄弟亥水虽不旺相，但发动带杀主有手术之象。午火伏在亥水之下受克，主有炎症。又亥水动化辰库，午火得出与应爻子水相冲克，亦主有二次手术之象。子水虽受众土所制，但有四爻父母申金相生，又卦中申子辰三合水局，父母申金化申金，申金代表手术刀，故也是二次手术之象。所以断是第一次手术发炎，又做第二次手术。

3. 妻子身体虚弱是众鬼耗泄之故，又有亥子水相克。因午火与月日相合，并有亥卯未合局生助午火，所以是没有生命之危。

4. 子孙爻卯木坐离宫故指女孩。若以变爻子孙寅木为用神，也应是女孩才对，因官鬼丑土化子孙寅木，寅木入月日之墓库为难成活之象，但寅木坐震宫为原气不绝，其中还有亥卯未合局，卯木不入库，所以断是女孩。此乃经验之谈，望学者细心领悟揣摩。

火土两旺　身患毒疮

王某打电话测侄儿的病

己卯年	癸酉月	辛未日	（戌亥空）

《雷水解》	《火泽睽》	六神
妻财戌土 ×	子孙巳火 、	螣蛇
官鬼申金 、、应	妻财未土 、、	勾陈
子孙午火 、	官鬼酉金 、世	朱雀
子孙午火 、、	妻财丑土 、、	青龙
妻财辰土 、 世	兄弟卯木 、	玄武
父母子水 兄弟寅木 ×	子孙巳火 、应	白虎

此卦是蛇虎齐动，官鬼爻临月而旺，子孙爻午火在月上处死地化官鬼，又入动爻戌之库。看来侄儿之病非一般之病，而是恶性难治之病，综上所述卦中的动态，决断如下：

1. 你侄儿从头上至全身有皮肤病或长有脓疮肿瘤之类的病状。特别是脖子比较严重。

2. 病情正在恶化，治疗无效，病情见危，此病属一种血液皮肤癌病。

3. 难过九月。

对方说："我侄子现在患的是老鼠疮，也就是一种癌症，已住院半年了，头上脖子上全身都是疙瘩。现在病情恶化，全身对外流脓血，像活化尸一样。请老师看一下我侄子还有救吗？"我对他说已经太晚了。反馈信息，侄儿确死在九月。

解析：

1. 头上脖子上至全身有脓疮肿瘤之病，是六爻戌土动化巳火回头生而旺，与日令未土相刑，戌为火库代表火疮毒瘤之病。六爻为头也，震卦变离，也说明此病状。五爻为脖子坐官鬼旺象，说明最严重的部位是脖颈，老鼠疮主要是先从脖颈上得。本卦上六爻戌土动，冲起二爻辰土，与官鬼酉金相合，三爻四爻俱午火，初爻寅木发动，寅午戌合火局，说明全身是毒疮。本卦土旺为病，亦说明皮肤长癌瘤之类的症状。

2. 病情正在恶化，是官鬼爻临月而旺，子孙爻入库，官鬼无制，所以断医治无效。病情见危，是应爻坐鬼化未土临勾陈为入土之象，子孙爻入库又化鬼，卦中辰戌丑未四库全且库门大开，俱是凶危之兆。兄弟爻寅木发动虽生子孙爻，但处绝地入日库，临白虎，都是凶险的信号。属血液之病是土旺，水不上卦之故。难过九月，是子孙爻入库之故。

尊口虽不开　八卦亦可知

××市彭先生前来预测，我问他测什么，他不说，于是我让他摇卦测之

戊寅年　　辛酉月　　戊子日　　（午未空）

《泽天夬》	《兑为泽》	六神
兄弟未土、、	兄弟未土、、世	朱雀
子孙酉金、世	子孙酉金、	青龙
妻财亥水、	妻财亥水、	玄武
兄弟辰土○	兄弟丑土、、应	白虎
父母巳火　官鬼寅木、应	官鬼卯木、	腾蛇
妻财子水、	父母巳火、	勾陈

卦象成立，我进行认真审视。卦中子孙爻持世旺相，财爻旺相，父母爻不上卦，伏于鬼下，父母爻在酉月处死地，又受日辰之克，父母爻巳火伏在官鬼寅木之下相刑，很明显，求测人所问的是母亲的病情。于是我断道："你家中有凶事，母亲患重病，头部开刀动手术，现在昏迷不醒。而且第一次手术不成功，要做两次手术。"彭先生听到此处才开了口，激动中带有央求地说："李计忠先生果然名不虚传，我母亲正是脑淤血，头部手术开刀，手术不成功，现在第二次开刀后至今不省人事，今特求老师救我母亲一命"。

解析：

1. 家有凶事，母得重病，头部开刀动手术。

二爻为家中，坐官鬼临螣蛇，化进神，主家中有凶事。母亲有病正如我前面所说，父母巳火酉月处死地，日辰克之，又有旺相之财爻相克，伏于鬼下，必有凶危之象。二爻之父母代表母亲，故断母有重病在身。六爻为头，未土旬空又坐兑宫，兑上缺，主头部有疾，同时父母爻又在乾宫，乾化兑，乾代表头，兑有手术之象，白虎发动主有血光之灾，卦变六冲亦是兑卦，说明是头部手术之象。根据这些情况可以断定，彭先生的母亲头部开刀动了手术。

2. 手术第一次不成功，要做两次，人现在昏迷不醒。

父母爻酉月处死地，六爻又旬空，说明人已昏迷，不省人事。子孙爻酉金临月建旺相，既代表医院，又代表手术。酉金虽旺，却被动爻辰土合住，说明手术不成功。幸而辰土发动化退，说明有两次手术之象。初爻妻财子水变卦父母爻巳火临勾陈，说明其母有入土之象，亦处在昏迷状况。

水土混战　血液有病

1998 年甲子月辛卯日，××市刘女士电话预测兄弟的病情，得《既济》之《贲》卦

	戊寅年	甲子月	辛卯日	（午未空）
	《水火既济》	**《山火贲》**		**六神**
	兄弟子水 × 应	子孙寅木、		螣蛇
	官鬼戌土 ○	兄弟子水、、		勾陈
	父母申金、、	官鬼戌土、、应		朱雀
午火妻财	兄弟亥水、世	兄弟亥水、		青龙
	官鬼丑土、、	官鬼丑土、、		玄武
	子孙卯木、	子孙卯木、世		白虎

断：

1. 你弟弟得的是一种血液病，属怪病，也是老病，是在 30 多岁时得的，现病情恶化难治，已扩散到脖子，全身长疮，吃药无效，难过今年五月或六月（后经信息反馈，其弟死在六月）。

2. 你兄弟姐妹都有血液病，与祖传有关。

3. 你父亲怕是得血液病而死。

4. 你 1997 年就有病，应做手术，但吃药好转，今年如不做手术，2000 年定做手术。你子宫内长一个肉瘤。她问我何因，我说："你妈家住房风水不好，属凶宅；首先，下水道向西北方位流为反弓水，水主血液，主家人有血液之病；其次，房子西南方有烟囱，为白虎大煞。火主血液，也说明此理。"

5. 你家人丁不旺，女多男少。

刘某回答说：“我弟弟是30多岁得的病，已经9年了，到处看都看不好，医生说是狼疮，现在吃药无效，全身都是疮，脖子上往外流油（黄脓水），像化尸一样。我大姐是十多岁死的，死于心血管堵塞；父亲65岁死的，死于脑血栓；我小弟现在是肺上有病，常吐血；我四弟是肝上有病，缺血（因肝是造血的库，肝有病，就失去造血的功能），现瘦得不像人样；现在我家的确人丁不旺。我三弟两个女孩，四弟一个女孩，就小弟一个男孩。我是子宫长瘤，1997年检查出来的，想做手术，后治疗见轻没开刀，直到现在想做手术一直没做，看来2000年难免了。”

解析：

1. 姐测弟是何病，首看卦中兄爻和官爻。今兄弟四重临月而旺，应说没有病，但仔细分析则不然，应取应爻子水为用，因子水坐坎宫为男为弟，且子水又发动，临月令，故取子水为用。

今兄弟爻临月发动又坐在坎宫且旺极，水主血液，物极必反为病，五爻官鬼戌土发动与日相合而旺，诸书有水死乃辰戌丑未四个月，所以戌土制水有力。“戌土”属火库，此病是热性的难治之病。测病如果是辰土、丑土为冷性之病，好治。若是戌土动，丑土也在暗动制水，为什么？只因丑戌相穿，丑又与月令子水相合，与动爻子水也合，所以子水就由强变弱了。兄弟临蛇发动，故断为怪病难治之病。因二爻官鬼丑土化官鬼丑土，为老病。用大小限流年飞宫法而断，世爻为阳爻，应顺数，每爻5年，到二爻丑土是30岁所以是30多岁得的。现病情恶化，因五爻官鬼戌土发动之故。已扩散到脖子，是五爻发动为脖子，在病理上说叫病封喉，没有指望了。吃药无效，是子孙卯木为医药，今戌土动与卯相合不克官鬼，丑与月令合，所以医药无效。全身长有疮，是五爻戌土、二爻丑土之故。难过五月、六月，用流月飞宫法断。五月，火旺鬼旺，鬼旺病发狂。子孙爻卯木为医药，在五月处死地无效，又午火冲克兄弟子水；六月是鬼当令水死，子孙爻卯木入库。又兄弟子水动化艮卦，艮为鬼门，为坟地，五爻鬼动临勾陈皆是入土之相，所以难过五月或六月。

2. 兄弟姐妹都有血液之病，因世爻兄弟亥水化亥水，受三爻官鬼丑土所克制，丑土暗动与月合旺相，卯木被动爻成土合住克不了丑土。

3. 父亲是血液病而死，因四爻父母爻申金与动六爻子水半合生水，子水在六爻动病地，六爻为头，所以父亲是血液病，为脑血栓。为什么不断母亲呢？因申金为阳，在坎宫也主男。父化鬼临艮是入土之相，所以敢大胆地说，他父亲死于血液病。

4. 刘女士1997年有病，是官鬼临太岁之故；吃药好转，是卯木旺相，制官得力。子宫里长一个肉瘤，因官鬼丑土在二爻代表人的小腹，丑中有癸水又临玄武，二爻为离中虚，正说明为子宫。肉瘤是丑土化丑土之故（丑土为病，为疮，为疙瘩），又丑土为冷性病好治。辰年手术开刀，2000年为辰年，官鬼临岁，病情复发。又子孙爻进入衰地，吃药无效；辰土生父母爻申金，申金代表手术，辰土又为世爻的水库，库为医院，所以此年定手术开刀住医院。为什么寅年卯年不住院手术呢？因子孙爻卯木临太岁，吃药有力。下水道向西北流，是官鬼戌土动化子水，亥水化亥水主西北方位。房子西南有烟筒，是父母爻申金化戌土临朱雀，朱雀主火，四爻为大门外，四爻下为离宫也是火，所以西南有烟筒。烟筒为白虎大煞，白虎在初爻为白虎坐堂，主血光，血液凶煞之灾。

5. 人丁不旺，女多男少，是因卦中子孙卯木多，又在离宫，只有六爻子孙寅木在艮宫，所以只有小弟家一个男孩。

二五相冲　家中不宁

万女士摇卦测房屋

己卯年　　　壬申月　　　甲午日　　　（辰巳空）

《震为雷》	《地雷复》	六神
妻财戌土、、世	官鬼酉金、、	玄武
官鬼申金、、	父母亥水、、	白虎
子孙午火○	妻财丑土、、应	腾蛇
妻财辰土、、应	妻财辰土、、	勾陈
兄弟寅木、、	兄弟寅木、、	朱雀
父母子水、	父母子水、　世	青龙

据卦象决断如下：

1. 此房不聚财，不利文书，祖上无做官之人。

2. 1998年家破大财，有官司口舌之事。

3. 家人常做噩梦。你有偏头疼病，浑身筋骨痛，血压不稳，有手术之灾。

4. 你生有四胎，其中二胎夭折。现在你有两个男孩，但学业欠佳。

5. 你的次子可成名。

6. 你夫妻关系表面上好，实际上不好，经常吵架拌嘴，说不到一起。

7. 孩子和你关系较融洽。但也经常犯点小脾气。

万女士看起来是个很有心计，且不善言表之人。我问她："你家的实际情况与我所断是否相符？"万女士说："跟您所说的一样，我们家祖辈上到现在就没有大出息的人。说不上穷，但也不富裕，挣了钱也存不下，总有事。孩子念书也不成，大的还凑合，但愿将来能有出息。我结婚以后，曾有过两次流产，后来生了这两个男孩。丈夫脾胃不好，有肾结石，我爱做噩梦，右边头疼，浑身酸痛，有时就跟散了架似的。血压高，心脏也不好。大腿让车给撞了一下子，缝了八针。"

解析：

1. 主卦六冲，世应相冲，子孙午火发动化妻财丑土。测阳宅，六冲变六合说明此房不吉，犯黄泉大煞，主财上不聚。同时卦中辰戌丑未四库全，说明住宅气场不好。东北、西南方位有粪池或臭水坑，对财、人都不利，所以说此房不聚财。父母代表文书，子水化子水坐震为泄气，卦中土旺克水，文书受损。辰土妻财居之，为父母子水之墓库，"辰"乃巽方青龙之位，文书忌神坐之，对文书不利，另外辰化辰为空化空，显示此房东南方位房屋缺损，说明宅中祖上文书欠缺，没有读过多少书的人。卦中子孙独发克官鬼，官鬼虽居五爻但化亥水为泄气，临白虎为自带凶神为不吉，六爻为祖上化出官鬼酉金去合应爻，综合推断从祖上至今无做官之人。

2. 二爻为宅中，兄弟化兄弟临朱雀，五爻官鬼申金冲之，说明此房西南方位有路直冲房屋，为一大忌。官兄相战，必主官司口舌，破财多多。

3. 初爻子水化子水，说明水井错位，房中男主人脾胃不好，肾部有病。

4. 我生者为子孙，申金为子，金数为4、9，受坐下午火之克为弱，取4数。申金被子孙午火克寅木冲二胎夭折之象。

5. 五爻申金为子，上六变爻酉金也为子。申金居阴爻化阴爻，变为阳，酉金阴与三爻辰土合，阴合阳为阳，所以是两个男孩。申金是大儿子，酉金是小儿子，申金冲寅木临白虎，好打斗惹事。酉金合财临玄武，聪明伶俐，财官相生有名气。

6. 主卦六冲，世应相冲，显示夫妻关系不合。辰戌比合，有表面看好之象，实际不好。二爻为夫克世合亥，也说明夫妻关系不好，有外遇之象。

7. 子孙午火动克五爻申金，五爻为父说明跟父亲关系不好，子孙午火与世爻戌土生合，说明母子关系融洽。午火化丑土刑世爻戌土，刑者克也，爱犯点小脾气。

八卦真神奇　巧断叔父尸

早上刚上班，王老师拿来一卦，他说这是一个学员用电话传过来的，看看是谁有灾，什么灾？

	庚寅月	壬戌日	（子丑空）
	《风水涣》	《山水蒙》	六神
	父母卯木、	父母寅木、	白虎
	兄弟巳火○世	官鬼子水、、	腾蛇
妻财酉金	子孙未土、、	子孙戌土、、世	勾陈
	兄弟午火、、	兄弟午火、、	朱雀
	子孙辰土、应	子孙辰土、	青龙
	父母寅木、、	父母寅木、、应	玄武

待我对卦象审视片刻后，这样断道："是他的父辈人有灾，而且是死灾。应该是心肌梗塞吧？"王老师两手一拍说："对。那个学员在电话里告诉我，是他叔父昨天晚上突然去世了，是心肌梗塞"。

解析：

这个卦断起来确实有些难度。我为什么断他的长辈有灾，而不断他的父母有灾呢？而最后事实证明也确是他的叔父，而不是他自己的父母。这让我们慢慢地分析一下：

1. 首先看世爻。卦中所示兄弟巳火持世，月上得生为旺相，虽化官鬼子水回头克，但子水旬空无力克世爻巳火，临螣蛇，主虚惊怪异。从根本上讲世爻旺相能扛，所以世爻无灾。

2. 看应爻。子孙辰土临应爻，月克日冲，处在不利地位。但五爻巳火可生应爻辰土，应爻又代表卦主的妻子，说明妻子也没灾。如单看财爻伏在四爻未土之下受生而得气，也同样是无灾。

3. 再看兄弟爻。三爻是兄弟午火化兄弟午火，又寅午戌合为旺相也没灾。世爻兄弟巳火居五爻位，说明自己在兄弟中排行老大，故五爻兄弟也没灾。

4. 看父亲如何？初爻为父，寅木临月令而旺，身旺敌百邪，看来卦主的父亲也没灾。

5. 看母亲怎样？六爻父母卯木为其母，化寅为退，临白虎，但是旺不为退，临白虎只说明身体有毛病，体质不好，但绝不是凶灾。

分析到这，世爻自己、妻子、孩子、父母、兄弟都没灾。那么到底谁有灾呢？而我断其长辈有灾是如何断出来的呢？现在我们继续分析：

6. 以爻位论，五爻为父，为长辈，化鬼临螣蛇发动入日墓，又鬼空坐艮，为不在之意，说明家中有人死了。巽卦巳火临螣蛇动，主怪异之病，虚惊之事。兄弟巳火在外卦发动，内卦安静。勾陈、螣蛇、白虎三大凶神都在外卦，说明不是在卦主自己家中出事，而是在别人家中出事。五爻为父辈，叔伯乃父辈也。综合分析自己家没事，自己父母平安，那么这个父辈肯定是叔伯啦。五爻又兄弟居之，那一定是父亲的兄弟，所以是其叔父去世应灾。

7. 昨日其叔父去世。是辛酉日合五爻兄弟巳火，叔父有被合去之意。酉日巳火处死地，六爻父母卯木被冲，五爻变出官鬼子水又刑伤卯木，六爻为头，故有血压高，脑溢血之象。五爻午火代表心脏，入日墓，化官鬼子水回头克，心肌梗塞之象。所以其叔父之死，是由心脑血管之病所致。

此卦重点：

1. 问谁有灾，首先应该看月令，寅月为父得合，父旺损子，但子孙临日，又有动爻巳火相生，可以排除不是子孙有灾。注意，临月旺者如又有生无克旺极也为病。父母爻坐坎巽临玄武，白虎为旺极。且五爻发动化鬼，应首先想到的是长辈。

2. 既然把自己的父母排除了，五爻兄弟就应该是父亲的兄弟。

断卦体会：

每一卦都有很严密的逻辑性。但它又相互交织，错综复杂，怎样从这千头万绪中捋出一条主线，这是关键。有了主线，主要是顺藤摸瓜分开次要矛盾和主要矛盾，吉凶祸福就水落石出。当然这些话说起来容易，但真正做起来非要刻苦学习反复磨炼不可。

另外，朋友们一定要学点辩证法，学会辩证思维，从不同的角度，不同的侧面分析问题，然后再把这些分析问题的方法与所学卦理有机结合起来，断卦才能出神入化。否则死抠卦理，就不会断出好卦。此乃一家之言，望大家领悟。